Colloquial
Welsh

The Colloquial Series

Series adviser: Gary King

The following languages are available in the Colloquial series:

Albanian	Korean
Amharic	Latvian
Arabic (Levantine)	Lithuanian
Arabic of Egypt	Malay
Arabic of the Gulf	Mongolian
and Saudi Arabia	Norwegian
Basque	Panjabi
Bulgarian	Persian
* Cambodian	Polish
* Cantonese	Portuguese
* Chinese	Portuguese of Brazil
Croatian and Serbian	Romanian
Czech	* Russian
Danish	Slovak
Dutch	Slovene
Estonian	Somali
Finnish	* Spanish
French	Spanish of Latin America
German	Swedish
Greek	* Thai
Gujarati	Turkish
Hindi	Ukrainian
Hungarian	Urdu
Indonesian	* Vietnamese
Italian	* Welsh
Japanese	

Accompanying cassette(s) (* and CDs) are available for all the above titles. They can be ordered through your bookseller, or send payment with order to Routledge Ltd, ITPS, Cheriton House, North Way, Andover, Hants SP10 5BE, or to Routledge Inc, 29 West 35th Street, New York, NY 10001, USA.

COLLOQUIAL CD-ROMs
Multimedia Language Courses
Available in: Chinese, French, Portuguese and Spanish

Colloquial
Welsh

A Complete Language Course

Gareth King

London and New York

First published 1995
by Routledge
11 New Fetter Lane, London EC4P 4EE

Simultaneously published in the USA and Canada
by Routledge
29 West 35th Street, New York, NY 10001

Reprinted 1998, 2000

Routledge is an imprint of the Taylor & Francis Group

© 1995 Gareth King

Illustrations by Eve Smith and Kristoffer Blegvad

Typeset in Times Ten by Florencetype Ltd, Stoodleigh, Devon

Printed and bound in England by Clays Ltd, St Ives plc

British Library Cataloguing in Publication Data
A catalogue record for this book is available from the British Library

Library of Congress Cataloguing in Publication Data
King, Gareth, 1955–
    Colloquial Welsh : a complete language course / Gareth King.
        p.   cm.
    includes index.
        1. Welsh language—Textbooks for foreign speakers—English.
    2. Welsh language—Spoken Welsh. 3. Welsh language—Grammar.
    I. Title.
.PB2123.K555   1994
491.6'682421—dc20   94–16232

        ISBN 0–415–10783–0 (pbk)
        ISBN 0–415–10784–9 (cassette)
        ISBN 0–415–10785–7 (pack)

Contents

Acknowledgements

Writing this course-book of modern colloquial Welsh has put me very much in mind of those people who were my own teachers, particularly those who put in long hours of preparation and teaching on the NLU's *ulpan* course at Lampeter to give me and many like me a firm footing in the language that was invaluable in enabling us to progress afterwards. I am glad to be able to take this opportunity to thank them all.

I owe a special debt to the many Welsh-speaking friends and acquaintances from all over Wales who have helped me in one way or another during the writing of this course-book. I particularly thank Linda James for always being on hand to verify phraseology and correct my errors; and I thank Dai and Glenda Davies, Peter and Debbie Bonner, Anne Worthington and Elspeth James also for putting up with my questions about their native language. My students in Aberystwyth, Llanafan and Llanilar have as usual proved effective if at times unwitting guinea-pigs for much of the material in this book, and deserve praise and sympathy in equal measure.

A special mention must go to my friend Dewi Rhys-Jones, who, on top of his tireless and determined work promoting informed co-existence between the Welsh- and English-speaking communities in his corner of South-West Wales and beyond, has been the best publicity agent anyone could wish for.

Special thanks are due to Eve Smith of Trawsgoed for designing and producing the maps of Wales and the sleepy little town of Cwmcysglyd, and to Kristoffer Blegvad for his witty and effective illustrations to the text.

Simon Bell at Routledge has been not only an efficient editor, but – even more important – a supportive and loyal one as well, and I thank him for his part in bringing this project to fruition; *hattâ onu sevmiyenler bile cesaretini inkâr edemiyorlar*. I thank also Louisa Semlyen, Martin Barr and Claire Trocmé at Routledge for all their hard work and friendly assistance.

I am grateful to the following for permission to use material: John Davies and Penguin for permission to use and annotate two extracts from *Hanes Cymru* ('The History of Wales'), Penguin's first Welsh-language title (now also available in English translation); Cyngor Cefngwlad Cymru for various extracts from their magazine *Adain y Ddraig*; the *Western Mail* newspaper for various extracts and publicity materials; Coleg Ceredigion; the Forestry Commission; Penglais Sports Centre, Aberystwyth; Canolfan Hamdden Plascrug, Aberystwyth – all for various publicity materials; Richard Withers of Corris for the Christmas card.

As always, I owe the greatest debt to my wife Jonquil and our sons Adam and Liam for putting up with me and for making a long and at times complex job a little easier in all kinds of ways. I naturally dedicate the book to them.

Gareth King
Llanafan
Mis Medi 1994

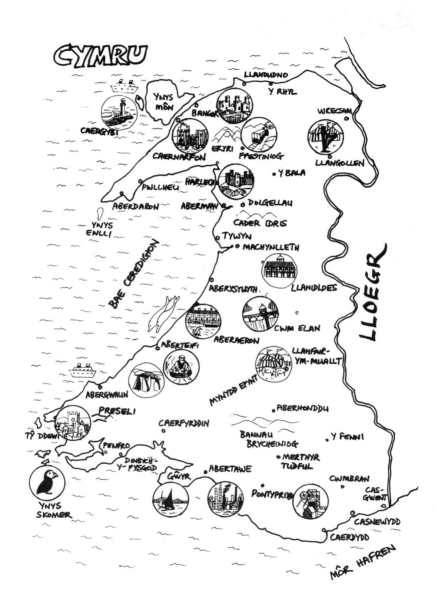

CYMRU

CAERGYBI
YNYS MÔN
BANGOR
LLANDUDNO
Y RHYL
WRECSAM
CAERNARFON
ERYRI
FFESTINIOG
LLANGOLLEN
Y BALA
PWLLHELI
HARLECH
ABERDARON
ABERMAW
DOLGELLAU
YNYS ENLLI
CADER IDRIS
TYWYN
MACHYNLLETH
BAE CEREDIGION
ABERYSTWYTH
LLANIDLOES
CWM ELAN
ABERTEIFI
ABERAERON
LLANFAIR-YM-MUALLT
ABERGWAUN
MYNYDD EPYNT
PRESELI
ABERHONDDU
TY DDEWI
CAERFYRDDIN
BANNAU BRYCHEINIOG
Y FENNI
PENFRO
MERTHYR TUDFUL
CWMBRAN
DINBYCH-Y-PYSGOD
GŴYR
ABERTAWE
PONTYPRIDD
CAS-GWENT
YNYS SKOMER
CASNEWYDD
CAERDYDD
MÔR HAFREN
LLOEGR

Alphabet

The Welsh alphabet uses the following letters:

a b c ch d dd e f ff g ng h i j l ll m n o p ph r rh s t th u w y

Digraphs (double letters and combinations of letters) above count as separate letters in the dictionary; for example, all words beginning with **l–** will come before any words beginning with **ll–**; so *lori* will precede *llawn*. You should particularly watch out for the digraph **ng**, which is placed after **g** in alphabetical order – so **y*ng*hylch** will come before **ymadael** in the dictionary.

k, q and x do not figure in the Welsh alphabet; and j is found only in loanwords.

Pronunciation

It is difficult to give anything more than a rough approximation of sounds in writing. If you have the cassette that accompanies this book, you will be able to imitate native speakers, which is by far the best way of acquiring the pronunciation anyway. Word lists and dialogues on the cassette are marked ▢◉◉ throughout.

Vowels ▢◉◉

There are seven vowels in the Welsh alphabet:

a e i o are like 'm*a*n' 'b*e*t' 'p*i*n' and 'c*o*t';

u   sounds like **i** in the South, but like French *u* or German *ü* (but with unrounded lips) in the North;

w   is the 'oo' sound of 'b*oo*k';

y   sounds like **u** above when in a final (or only) syllable of a word; otherwise it is like the indistinct 'uh' sound of 'butt*er*' (British English pronunciation) or 'sof*a*'.

afal amser llan siarad achos rhannu arall
Elen erbyn denu hefyd diwedd heno pell
dewin esgid ill silff pibell selsig cyllid
hongian torri Chwefror doniol os pont
crwn pwll dwli dwsin hwn hwnnw cwm

All vowels can be lengthened by adding a circumflex '^', but in single-syllable words the vowel is sometimes long even though there is no accent. So the rule is: all circumflexed vowels are long, but not all long vowels are circumflexed.

Long vowels:

da cig nos dyn cul hyd
mân bôn clêr sŵn tîm tŷ

Notice the difference between the following pairs:

tan	**tân**
man	**mân**
ffon	**ffôn**
gem	**gêm**

Where an **e** occurs in a final unstressed syllable, Northern speakers generally pronounce it **a**. If you have the cassette, listen to the following words as pronounced first by a speaker from the North, and then by someone from the South:

rhedeg bore bwyell dynes poced carreg

The following words have the 'ee' or 'i' sound for **y**: **dyn, cryn, sych, cyn, hyn, hŷn, mynd, llyn, llym, syth, nyth, gwŷr, hyd, llyfr, cylch, cyrff, tŷ.**

The following words have the 'uh' sound for **y**: **dynion, crynu, sychu, hynod, mynedfa, llynnoedd, syndod, nythod, hydre, llyfrau, cylchynu, tynnu.**

Listen to the two different sounds for **y** in the following: **ynys, ymyrryd, dysgwyr, mymryn, cyhyd, sychydd, synnwyr, tywydd, tywyll, ysgwydd, llythyr, trydydd.**

Pick out the two sounds in other words: **Aberystwyth, crynu, ewyllys, gwlychu**, and the ones that do not obey the 'last or only syllable' rule: **y, yr, yn, dy, (fy).**

Diphthong 📼

ae, **ai**, and **au** all sound very like the English word 'eye' or 'sigh'. But it is important to remember that, in Colloquial Welsh, unstressed –ai and –au at the end of a word are pronounced –a in the North and –e in the South. The same is broadly true of –ae– in an unstressed final syllable. But stressed –ae– often sounds like –â– in many Southern dialects. If you have the cassette, listen to these words as pronounced first by a speaker from the North, and then by one from the South:

cae nai dau dylai llyfrau llaeth gwahaniaeth

ei and **eu** within words sound rather like 'uh' + 'ee' run together very quickly. Note that the common words **ei** *his/her* and **eu** *their* are idiosyncratically pronounced 'ee' (Lesson 4).

tei teiar neidio meini creu creulon neu dweud

ew is simply a combination of **e** + **w**, and so sounds like 'eh–oo'. It does not rhyme with English 'new'.

tew llew mewn olew drewi newydd dewr ewch

iw does sound quite similar to the diphthong in English 'new', but with a longer first element.

ffliw criw Niwbwrch rhiw lliw lliwgar

oe sounds like 'oi' as in 'noise':

croeso oerach poeni troed croes croen

wy generally sounds something like 'oo–ee':

twyllo mwyn ffrwyth trwyn ŵyn drwy llwy

but **gwy**– generally sounds like 'gwi–' as in the personal name Gwyn:

gwyntog Gwynedd gwyllt gwyrth gwylio

yw (and occasional words with **uw**) sounds similar to **iw**, but with the **y**– pronounced further back in the throat in the North.

rhyw clyw byw menyw llyw duw duwiau

In the combination –**ywy**–, the first –**y**– is in the previous syllable and sounds like 'uh', while the diphthong is the –**wy**–, sounding like 'wi':

bywyd tywyll

Consonants 📼

b d l m n p and **t** all sound similar to their English equivalents.

c   is always hard, as in English 'cat', even when followed in Welsh by **i** or **e**.

ch is like the last sound in (Scottish pronounciation of) 'loch', or in German *ach*, *noch*.

dd is the *voiced* 'th' sound in English 'these', 'then'; notice that the unvoiced equivalent is spelt differently (**th**) in Welsh.

f   is as 'v'; at the end of words in Colloquial Welsh it is often dropped.

ff corresponds to 'f'.

g   is always hard, as in English 'game', even when followed in Welsh by **e** or **i**.

ng almost always has the sound of 'si*ng*er'; but in Welsh this sound can come at the beginning of a word.

h   is always sounded, except in some Southern dialects.

ll   is an *aspirated* 'l' – get your tongue and lips in position to pronounce an 'l', and then blow gently instead of using your voice. Easy when you know how, and actually not nearly as tricky as **ch**.

ph corresponds to 'f' as in English, but occurs only as the result of mutation of **p** (see Lessons 3 and 4).

r   is always sounded, even at the end of a word, and is pronounced as a 'flap' of the tongue (i.e. not like American and Southern English type).

rh is an *aspirated* 'r' – in practice it generally sounds as if it were written **hr**.

s   always sounds as 's' (never as 'z' except in loanwords in some Southern dialects), unless followed by **i** + vowel, in which case it sounds as 'sh'.

th is the unvoiced 'th' sound of English 'think', 'thirty'.

Only two letters can be doubled, **n** and **r**: **nn** and **rr** – this does not affect their pronunciation. Remember that **dd**, **ff** and **ll** are not double letters but different letters from **d**, **f** and **l**.

cath acen chwech alarch drws diod ddolen gardd fantais tyfu ffôn rhaff golau gem maneg gwenu angen ngŵr halen jwg lori canol llan llenni tywyll mam noddi talcen pant tâp phan radio telynor torri rhosyn gwisgo dynes siop creision sinema taro atsain twt ystwyth thawel

Stress

There is nearly always a strong stress-accent on the last-but-one syllable in Welsh:

gáir géiriau geiriádur geiriadúron

Changes to the first letter of a word (Mutations) are an integral feature of Welsh, and this aspect of the language is dealt with in Lessons 3 and 4. In this book, a special sign ° is used to indicate the presence of the most common mutation, the Soft Mutation, and its use is explained in Lesson 3.

1 Cwrdd â phobol

Meeting people

In this lesson you will learn how to:

- greet people
- ask how people are, and say how things are with you
- introduce people
- ask who other people are
- talk about occupations

Sgwrs (conversation) 🔲

A: Noswaith dda.
B: Noswaith dda. Neis gweld chi.
A: Sut mae'r teulu erbyn hyn?
B: Pawb yn iawn, diolch.

A: *Good evening.*
B: *Good evening. Nice to see you.*
A: *How's the family these days?*
B: *Everyone's fine, thanks.*

Sgwrs 🔲

Alun, Elinor and Siân introduce themselves to each other

ALUN: S'mae? Alun dw i.
ELINOR: Neis cwrdd â chi, Alun. Elinor dw i.
A: A dyma nghariad Siân.
E: Helo, Siân.
SIÂN: Mae'n dda gen i °gwrdd â chi, Elinor.

A: *Hello. I'm Alun.*
E: *Nice to meet you, Alun. I'm Elinor.*
A: *And this is my girlfriend Siân.*
E: *Hello, Siân.*
S: *I'm pleased to meet you, Elinor.*

Sgwrs 〇〇

Gwilym takes his brother Elfed next door to meet Mrs Williams

GWILYM: Bore da, Mrs Williams.
MRS W: Bore da – Shwd ych chi bore 'ma?
GW: Go lew, diolch. Ych chi wedi cwrdd â mrawd i o'r blaen?
MRS W: Nadw, dw i ddim yn meddwl.
GW: Elfed, dyma Mrs Williams sy'n byw drws nesa. Mrs Williams, dyma mrawd Elfed.
ELFED: Mae'n dda gen i gwrdd â chi, Mrs Williams.

GW: *Good morning, Mrs Williams.*
MRS W: *Good morning – How are you this morning?*
GW: *Alright, thanks. Have you met my brother before?*
MRS W: *No, I don't think (so).*
GW: *Elfed, this is Mrs Williams who lives next door. Mrs Williams, this is my brother Elfed.*
E: *I'm pleased to meet you, Mrs Williams.*

Greetings 〇〇

Like other languages, Welsh has a variety of set formulae for greeting people at different times of the day. Many of these involve **da** *good*: **Bore da** *Good morning*, **P(ry)n(h)awn da** *Good afternoon*, **Noswaith dda** *Good evening*. These are used exactly as their English equivalents, with the expression repeated for the reply. **Helo** is very common as well. Note that **Nos da** *Good night* is, as in English, restricted to leave-taking. There is no commonly used equivalent of *Good day*.

Other common formulae involve asking how the other person is. This requires **Sut . . .?** *How . . .?*, which in these expressions particularly is often heard as **S'** in the North and as **Shw(d)** in the South. So *How's things?* can be **S'mae?** or **Shwmae?** depending on the

area. Similarly, *How are you?* is **S'dach chi?** or **Shwd ych chi?**.
There is a wide choice of answers:

Iawn	Fine
Da iawn	Very good
Go lew or **Yn °o lew**	Fine
Gweddol	Fair/OK
Dim yn ddrwg	Not bad

To any of the above can be added the expressions **. . ., wyddoch chi**
(North) or **. . ., chimod** (South) . . ., y'know.

Finally, **Beth amdanoch chi?** *What about you?* or **A chithau?** *And
you?* returns the question.

To say *Goodbye*, use any of the following:

Hwyl!
Hwyl fawr!
Hwyl nawr!
Wela i chi! (*I'll be seeing you*)
Da boch chi! (more formal)

Exercise 1

Fill in the gaps in this conversation:

A: Bore _____. S'_____?
B: _____ lew, _____. A _____?
A: Dim _____ _____.

Exercise 2

Rearrange the order of the Welsh phrases to match their English
equivalents:

A: Good morning	**Iawn, diolch**
B: Good morning . . .	**Wela i chi**
. . . how are you?	**Bore da**
A: OK, thanks . . .	**Dim yn ddrwg, chimod**
. . . what about you?	**Hwyl nawr**
B: Not bad, y'know	**A chithau?**
A: Be seeing you	**Bore da**
B: Goodbye	**Shwd ych chi?**

Introducing yourself and other people 📼

For yourself, give your name first, and then . . . **dw i** *I am* . . . . So
Dafydd Jones dw i, *I'm D.J.* To ask someone else's name, use
Be(th) ydy'ch enw chi? (N) or **Beth yw'ch enw chi?** (S), *What's your
name?* All you need for introducing one person to another is
Dyma . . . *This is* . . ., or rather more formally **Ga i gyflwyno . . .?**
May I introduce . . .?

The following are of use in identifying or introducing family and
friends. Some of the words are awkward for beginners to pronounce
– if you have the cassette, listen to them and try to imitate the native
speakers:

nhad my father	**mrawd** my brother
fy mam my mother	**'n chwaer** my sister
ngŵr my husband	**fy mab** my son
ngwraig my wife	**fy merch** my daughter
nghariad my boy/girlfriend	**nghyfaill** my friend
weddill y teulu the rest of the family	
nghymydog my neighbour	**nghymar** my partner
	(person I live with)

So, for example, **Dyma ngwraig Jeni** or **Dyma Jeni, ngwraig,** *This is
my wife Jeni* – or, more formally, **Ga i gyflwyno ngwraig Jeni?** etc.

Notice that **Dyma** . . . means *This is* . . . or *Here is* . . ., while **Dyna**
. . . means *That is* . . . or *There is* . . . . In rapid speech they are
frequently shortened to **'Ma** . . . and **'Na** . . . respectively: **'Ma
nghariad Sioned** *This is my girlfriend Sioned*; **'Na Ronnie yn y
gornel** *That's Ronnie in the corner.*

Exercise 3 📼

How would you:

1 introduce your mother
2 introduce your brother Ronnie
3 point out your brother
4 introduce Mrs Williams (formally)
5 point out your sister
6 point out the rest of the family behind her
7 introduce you friend who lives next door
8 introduce your husband (formally)?

Sgwrs 🔲

Delyth and Mari are at a party. Mari doesn't know anyone, so Delyth is pointing out who's who

MARI: Pwy yw honno, 'te?
DELYTH: Anthea yw honno – Anthea Edwards sy'n byw gyferbyn.
M: A'r dyn ifanc tu ôl iddi – pwy yw e?
D: Ei gŵr hi, gobeithio. O, a dyna Ronnie a Fifi!
M: A beth am y ddau yn y gornel – pwy yw'r rheiny?
D: Dw i ddim yn nabod nhw.
M: Awn ni i gyflwyno'n hunain, 'te.
D: Pam lai?

M: *Who is that (woman), then?*
D: *That (woman) is Anthea – Anthea Edwards who lives opposite.*
M: *And the young man behind her – who is he?*
D: *Her husband, I hope. Oh, and there's Ronnie and Fifi!*
M: *And what about the two in the corner – who are those (people)?*
D: *I don't know them.*
M: *Let's go and introduce ourselves, then.*
D: *Why not?*

Identifying people and things – Beth . . .? Pwy . . .?

We have already seen that **. . . dw i** *I am* . . . is used for identifying yourself. To refer to things, we need **ydy** (N) or **yw** (S) . . . *is* . . .; so **Beth ydy/yw . . .?** means *What is . . .?*:

    Beth ydy hwn?   What is this?
    Beth yw hwnnw?   What is that?

A useful way of acquiring vocabulary is to point to the object and ask **Beth ydy hwn (/hwnnw) yn Gymraeg?** *What is this (/that) in Welsh?* Alternatively, for things not to hand, you can substitute the English word for **hwn/hwnnw**: **Beth ydy** 'window' **yn Gymraeg?** *What is 'window' in Welsh?*

    Hwn and **hwnnw** are fine for *this* and *that* with objects, but when pointing out people, and using **Pwy ydy/yw . . .?** *Who is . . .?*, it makes a difference whether they are male or female: **hwn** (m) or **hon** (f) *this (person)*, and **hwnnw** (m) or **honno** (f) *that (person)*. For example:

Pwy ydy hwnnw?	Who is that (referring to a man)?
Pwy ydy honno?	Who is that (referring to a woman)?

Exercise 4

How would you ask:

1 who that woman is over there
2 what this thing is
3 what that thing is
4 who this man is
5 who this woman is
6 who that man is over there?

Talking about occupations

The identification patterns used for introducing yourself or identifying others can also be used to refer to occupations. For example, in answer to the question **Beth ydy'ch gwaith chi?** *What is your job/work?*, you can answer: (occupation) **dw i**, *I'm a (. . .)*.

Beth ydy'ch gwaith chi?

adeiladwr			builder
diffoddwr tân			fireman
athro			teacher (m)
athrawes			teacher (f)
nyrs			nurse
meddyg			doctor
ffermwr			farmer
gyrrwr lori	**. . . dw i**	I'm a . . .	lorry-driver
garddwr			gardener
mecanydd			mechanic
myfyriwr			student (m)
myfyrwraig			student (f)
heddwas			policeman
cyfreithiwr			lawyer
cyfieithydd			translator

Similarly, to identify someone else's occupation:

Cyfieithydd ydy/yw hi	She's a translator
Heddwas ydy/yw e	He's a policeman

Myfyriwr ydy/yw hwnnw   That [man] is a student
Athrawes ydy/yw honno   That [woman] is a teacher

Definite article – words for 'the'

The word for *the* appears in three forms, depending on what sounds come before or after it:

y   is used before consonants: **y bws, y tacsi, y llong** (ship)
yr is used before vowels: **yr amgueddfa** (museum), **yr afal** (apple)
'r is used after vowels: **i'r bws** (to the bus)
                              i'r llong (to the ship)
                              i'r amgueddfa (to the museum)

You will see from these examples that a preceding vowel overrides any other considerations: in this case, all nouns have the **'r** article regardless of whether they begin with a consonant or vowel.

Although Welsh nouns are masculine or feminine (see Lesson 3), this has no bearing on the form of the definite article. Nor does it matter whether the noun is singular or plural. Notice, however, that there is no word for *a/an* in Welsh. Where it appears in English, it is simply left out in Welsh: **tacsi** *taxi* or *a taxi*; **llong** *ship* or *a ship*.

Exercise 5

Fill in the gaps with the correct word for *the*:

1 _____ siop   5 gyda _____ bara
2 i _____ siop   6 _____ allwedd
3 i _____ siopau   7 gyda _____ allwedd
4 _____ bara   8 _____ cyllyll a _____ ffyrc

Geirfa

siop shop   **allwedd** key (S)
bara bread   **a** and
gyda with   **cyllyll** knives
                         ffyrc forks

'These (ones)' and 'Those (ones)'

The plural forms of **hwn/hon** and **hwnnw/honno** are **y rhain** *these (ones)* and **y rheiny** *those (ones)*. They are used of people and objects alike, masculine or feminine. Notice that they incorporate the definite article (see p. 12), and so the **y** element will appear as **'r** after a vowel: **am y rhain** *about these*, but **i'r rhain** *to these*.

Exercise 6

Using the vocabulary (**geirfa**) below, translate the following into Welsh:

1 Who are those people?
2 How much is this?
3 What is this in Welsh?
4 I'll take these, please
5 How much are those?

Geirfa

faint? how much? **gymera i . . .** I'll take
yn Gymraeg in Welsh **os gwelwch yn dda** please

Commenting on the weather 🔲

As in English, this is simply a convenient way of showing friendliness by initiating a conversation. You will need **Mae hi'n . . .** *It's . . .* (usually **Mae'n . . .** in rapid speech), followed by one of:

braf	fine
ddiflas	miserable
boeth	hot
dwym	hot
oer	cold

These are the only comments needed for the purposes of exchanging pleasantries. More detailed discussion of the weather and weather forecasts is dealt with in Lesson 7. Finally a 'tag' question should be added at the end to elicit a response: **. . ., on'd ydy?** (or **. . ., 'tydy?**) (N), **. . ., on'd yw hi?** (S) *. . ., isn't it?* So, for example:

    Mae'n braf bore 'ma, 'tydy?   It's fine this morning, isn't it?
    Mae'n oer heddiw, on'd yw hi?   It's cold today, isn't it?

The answer will almost certainly be **Ydy** *(Yes) it is*, or **Ydy**, **wir** *(Yes) it certainly is*.

Exercise 7

Make brief comments about the weather according to the symbols, and whether you are in the North or South:

1   (N)

2   (S)

$-4°C$

3   (S)

4   (N)

$40°C$

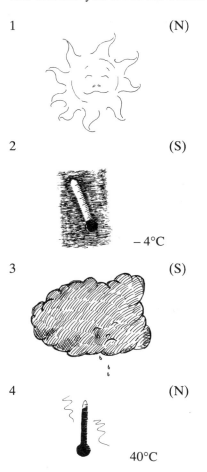

> Ti **and** Chi – **'you'**
>
> As in other European languages, Welsh has two words for 'you'
> – **ti** for addressing a friend, member of the family, child or animal,
> and **chi** for all other cases. **Chi** is also the plural in all cases. Which
> to use with acquaintances is very much a matter of subjective
> judgement. If in doubt, and especially with people of the older
> generation, you should stick to **chi**. With younger people and
> your peers, wait and see what they use to you, and do the same.

Exercise 8

Decide whether you would use **ti** or **chi** in addressing the following:

01 your brother
02 a shop assistant
03 your three nieces Fifi, Katy and Lisa
04 Arnold Schwarzenegger
05 Arnold Schwarzenegger's cat 'Terminator'
06 the bank manager
07 your twin sisters (aged 22)
08 your twin sisters (aged 3½)
09 the bank manager's 5-year-old nephew
10 Pontardawe Male Voice Choir (close personal friends)

Darllen-a-Deall (Reading comprehension)

Read and try to understand as much of the following dialogue as
possible. There is a short vocabulary at the end to help you, but
otherwise try and guess unfamiliar words from the context.

Euros has just moved in next door to Phyl and Sandra.

EUROS: Bore da, Euros dw i. Beth yw'ch enw chi?
PHYL: Bore da. Phyl dw i. Dw i'n byw drws nesa.
E: (*shakes hands*) Mae'n dda gen i gwrdd â chi. Mae'n braf
        heddiw, on'd yw hi?
P: Ydy, wir.
(*Sandra comes out*)
        O, dyma ngwraig Sandra. Sandra, dyma'n cymydog
        newydd Euros.

SANDRA: Croeso i'r ardal, Euros. Eich car chi ydy hwnnw, 'te?
E: Ie. Beth amdano fe?
S: Mae'n blocio'n mynedfa.
E: O . . . symuda i fe i chi nawr.
P: Diolch.

Geirfa

'n our   **beth amdano fe?** what about it?
newydd new   **symuda i** I'll move
ardal area

Exercise 9

Now see if you can find the Welsh equivalents for the following:

entrance   _____
welcome   _____
now   _____
thanks   _____
next door   _____
neighbour   _____

2 Dod i nabod pobol

Getting to know people

In this lesson you will learn how to:

- talk about your family
- say where you come from, and where you live
- answer yes or no to various questions

Sgwrs 🔲

Siôn is sitting next to Susan, an American, on the train to Aberystwyth. He notices she has an airline tag on her bag, but a Welsh newspaper in her hand, and introduces himself

SIÔN:	Shwmae – Siôn dw i.
SUSAN:	Mae'n dda gen i gwrdd â chi. Susan dw i.
SIÔN:	Cymraes dych chi, Susan?
SUSAN:	Nage – Americanes dw i.
SIÔN:	Wir? Ac o le dych chi'n dod yn America?
SUSAN:	Dw i'n dod o Efrog Newydd.
SIÔN:	Dych chi'n siarad Cymraeg yn dda.
SUSAN:	Diolch. Ond dw i eisiau gwella!

SIÔN:	*Hello – I'm Siôn.*
SUSAN:	*Pleased to meet you. I'm Susan.*
SIÔN:	*Are you Welsh, Susan?*
SUSAN:	*No – I'm American.*
SIÔN:	*Really? And where do you come from in America?*
SUSAN:	*I come from New York.*
SIÔN:	*You speak Welsh well.*
SUSAN:	*Thanks. But I want to improve!*

Sgwrs 📼

Jane is also on her way to Aberystwyth, but hitching. A car with a CYM plate stops to pick her up

JANE: Dych chi'n mynd i Aberystwyth?
ELERI: Ydw. Ych chi eisiau lifft?
J: Diolch yn fawr. Jane ydy'r enw, gyda llaw – Jane Williams.
E: Eleri Roberts dw i. Rhowch eich bagiau yn y cefn.
(they drive on)
E: Felly, Jane – Cymraes ych chi?
J: Nage – Saesnes dw i.
E: Ond ych chi'n siarad Cymraeg yn dda.
J: Cymro yw nhaid. Felly dw i'n deall Cymraeg, ac yn siarad ychydig hefyd.
E: Gwela i.

J: *Are you going to Aberystwyth?*
E: *Yes. Do you want a lift?*
J: *Thanks a lot. The name's Jane, by the way – Jane Williams*
E: *I'm Eleri Roberts. Put your bags in the back.*
E: *So, Jane – are you Welsh?*
J: *No – I'm English.*
E: *But you speak Welsh well.*
J: *My grandfather is a Welshman. So I understand Welsh, and (I) speak a bit as well.*
E: *I see.*

Exercise 1

Decide between **yw** and **dw** for each of the gaps:

1 Cymraes _____ i, ond Saesnes _____ Anne Smith.
2 Ffrancwr _____ hwn, a Ffrances _____ honno.
3 Americanes _____ Susan, ond Saesnes _____ i.
4 Almaenwr _____ Franz, a Ffrances _____ Anne-Marie.
5 Cymraes _____ fy mam, ond Gwyddel _____ i.

Geirfa

Ffrancwr Frenchman
Ffrances Frenchwoman
Americanwr American (m)

Almaenwr German (m)
Almaenes German (f)
Gwyddel Irishman

Americanes American (f)   **Gwyddeles** Irishwoman
Sais Englishman
Saesnes Englishwoman

'I am, you are' etc.

The verb **bod** ('to be') is especially important in Welsh because, in addition to its normal use as in English, it is used to form nearly all of the tenses of the verb. For this reason it is vital to master it if fluency is to be achieved. The forms for the present tense are as follows, with certain regional differences pointed out:

sing.	1	**dw i; wi** (S)	I am
	2	**(wyt) ti**	you are
	3m	**mae e** (S); **mae o** (N)	he is
	f	**mae hi**	she is
pl.	1	**dan ni** (N); **(d)yn ni** (S)	we are
	2	**dach chi** (N); **(d)ych chi** (S)	you are
	3	**maen nhw**	they are

Notice that the 'he' and 'she' form (**mae**) is different from the **ydy/yw** used for identification purposes in Lesson 1 and in Exercise 1 of this lesson.

Exercise 2

Using the vocabulary below, translate the following into Welsh:

1 Mari is outside.
2 They are over there.
3 She is upstairs.
4 It's under the table.
5 We are away tomorrow.
6 I am here.
7 You are in time.
8 Dafydd is at home today.

Geirfa

tu allan outside   **draw fan'na** over there
lan y grisiau upstairs   **o dan** under
bwrdd table   **i ffwrdd** away
fan hyn here   **yfory** tomorrow
mewn pryd in time   **gartre** at home

Verbs in Welsh

The verb in Welsh, and other Celtic languages, has two unusual characteristics: first, and most important, in ordinary sentences it comes *before* its subject – so **i**, **chi**, **e** (note: **o** in N), **hi**, **ni** and **nhw** explained above correspond to *I, you, he, she, we, they*, with the appropriate form of the verb 'to be' preceding. Similarly, for example, *Delyth went* is **aeth Delyth** (literally 'went Delyth'); and *Delyth saw Sioned* is **welodd Delyth Sioned** ('saw Delyth Sioned'). This takes a bit of getting used to, but you will soon get the hang of it with practice.

Second, unless the word **nhw** *they* is specifically mentioned, plural subjects take a singular verb. In other words (using the forms of **bod** described above), we say *Maen* **nhw fan hyn** *They are here*, but if we identify who 'they' are and so remove the need for **nhw** *they*, then the 3rd pers. sing. **mae** is used: *Mae* **Morgan ac Eddie fan hyn**, *Morgan and Eddie are here*.

As regards the pronouns, remember the distinction between **ti** and **chi** mentioned in Lesson 1; and notice also that, as in French, there is no word in Welsh corresponding to *it*.

Question-forms (INT – interrogative) of bod, **present tense**

While English swaps round the subject and verb ('I am' becomes 'am I?'), the verb–subject word order does not change in Welsh; instead, the verb-form itself is altered:

sing.	1	**ydw i?**	am I?
	2	**(wyt) ti?**	are you?
	3m	**ydy e?** (S), **ydy o** (N)	is he?
	f	**ydy hi?**	is she?
pl.	1	**ydan ni?** (N),	
		(yd)yn ni? (S)	are we?
	2	**(y)dach chi?** (N),	
		(yd)ych chi? (S)	are you?
	3	**ydyn nhw?**	are they?

Notice how the 3rd pers. sing. **mae e/hi** *he/she is* is changed completely to **ydy e/hi?** *is he/she?*, and a similar process happens with **maen nhw** *they are*, **ydyn nhw?** *are they?*

The 2nd sing. question form is heard either as **wyt ti?** or simply **ti?: Wyt ti gartre heno?** or **Ti gartre heno?** *Are you at home tonight?*

Exercise 3

Rearrange columns 2 and 3 so that the correct translation reads across from column 1:

1	2	3
is she?	**ydyn**	**nhw**
we are	**ydw**	**ti**
are they?	**ydych**	**hi**
I am	**wyt**	**ni**
am I?	**ydy**	**i**
you are	**dan**	**i**
are you?	**dw**	**chi**

Exercise 4

Tag-questions send a statement back to the originator for confirmation. Example:

(statement)	(tag)
Mae Gwenllian i ffwrdd heddiw.	***Ydy hi?***
Gwenllian is away today.	Is she?

Find the Welsh tags for the following statements:

1 Maen nhw fan hyn rywle.   _____?
2 Dan ni gartre heno.   _____?
3 Dw i eisiau gwella Nghymraeg. _____?
4 Mae Morgan ac Eddie tu allan. _____?
5 Mae hi'n bwrw glaw.   _____?
6 Dych chi (sing.) gyda ni.   _____?

Sgwrs 🔲

Aled meets Glyn in the pub, but he is really looking for Rhys and Delyth

ALED: Shw mae pethau, Glyn?
GLYN: O, go lew, timod.
A: Gwranda, ydy Delyth a Rhys fan'ma heno?
G: Mae Rhys fan hyn, ond dyw Delyth ddim.

A: Lle mae hi, 'te. Gartre?
G: Dyw hi ddim gartre chwaith. Mae hi i ffwrdd dros y Sul, dw i'n meddwl.

A: *How are things, Glyn?*
G: *Oh, alright, y'know.*
A: *Listen, are Delyth and Rhys here tonight?*
G: *Rhys is here, but Delyth isn't.*
A: *Where is she, then? At home?*
G: *She's not at home either. She's away for the weekend, I think.*

Negative (NEG) forms of bod, present tense 'I'm not, you're not' etc.

These require changes to some of the verb-forms themselves, and the addition of **ddim** *not* after the pronoun:

sing.	1	**dw i ddim**	I am not
	2	**(dwyt) ti ddim**	you are not
	3m	**dydy e ddim, dyw e ddim** (S)	he is not
	f	**dydy hi ddim, dyw hi ddim** (S)	she is not
pl.	1	**(dy)dan ni ddim, (d)yn ni ddim**	we are not
	2	**dach chi ddim, (d)ych chi ddim**	you are not
	3	**(dy)dyn nhw ddim**	they are not

Exercise 5

Translate into English:

1 Dw i ddim gartre yfory.
2 Dych chi i ffwrdd trwy'r wythnos?
3 Dyw Siân ddim fan hyn ar hyn o bryd.
4 Ydw i mewn pryd?
5 Ydy Dewi a Silfan fan hyn?
6 Maen nhw draw fan'na rhywle, dw i'n meddwl.
7 Dyn nhw ddim lan y grisiau.
8 Ydyn nhw yn y gegin, efallai?

Geirfa

trwy'r wythnos all week
rhywle somewhere
yn y gegin in the kitchen

ar hyn o bryd at the moment
dw i'n meddwl I think
efallai perhaps

Present tense of other verbs

You are now equipped to use any verb in the present tense, because this is done by taking the basic or dictionary-form of a verb, known in Welsh as the **berfenw** or verb-noun (VN), and joining it to the present tense of **bod** by means of the linking particle **yn** (written and pronounced **'n** after vowels). So, for example, in the previous exercise we saw **dw i'n meddwl**, where **meddwl** is *think* and **dw i** is *I am*; linked by **yn**, these make *I am thinking* or *I think* – there is no distinction in Welsh between the two English present tenses. Similarly, if **dysgu** is *learn*, then *I learn* (or *I am learning*) will be:

Dw i	**'n**	**dysgu**
I am	[link]	*learn*

Further examples:

Mae **Ron** *yn deall* **Cymraeg**
Ron *understands* Welsh
*Mae***'r plant** *yn mynychu* **ysgol gynradd Gymraeg**
The children *go to* [lit. *frequent*] a Welsh primary school
Dyn **ni'***n mynd* **i Lundain dros y Sul**
We're *going to* London for the weekend
Ti'*n gyrru***'n rhy gyflym**
You're *driving* too fast
Maen **nhw'***n adnewyddu***'r tŷ**
They're *doing up* the house

Exercise 6

Two words have swapped places in each of the following sentences – identify them and rewrite the sentences accordingly:

Example: Mae Dafydd *trwy* gweithio fan hyn *yn* 'r wythnos
  – **Mae Dafydd** *yn* **gweithio fan hyn** *trwy'r* **wythnos**

1 Chi dach 'n siarad Cymraeg yn dda.

2 Mae Eddie 'n Paula a mynd i ffwrdd yfory.
3 Dan gartre'n siarad Cymraeg trwy'r amser ni.
4 Darllen mrawd yn mae yr *Independent*.
5 Maen yfory'n hedfan i Iwerddon nhw.
6 Mae'r plant teledu gwylio'r yn.

Geirfa

trwy'r amser all the time   **darllen** read
hedfan fly   **Iwerddon** Ireland
plant children   **gwylio** watch
teledu television

Exercise 7

Using the VNs and other vocabulary below, translate the following into Welsh:

1 Sioned doesn't work here.   6 Is he coming tomorrow?
2 I don't speak French.   7 Do they know?
3 We are leaving next week.   8 Do your parents know?
4 I buy too many books.   9 Are you reading this?
5 Alun is selling the car.   10 Does your mother speak Welsh?

Geirfa

gweithio work   **dod** come
gadael leave   **prynu** buy
gwerthu sell   **gwybod** know (a fact)
Ffrangeg French (language)   **wythnos nesa** next week
gormod o lyfrau too many books   **'ch rhieni chi** your parents
'ch mam chi your mother

Present tense questions and negatives of verbs are done in the same way, using INT and NEG forms of **bod** with linking **yn** and dictionary-form of the main verb. So, for example, *Does he speak* (**siarad**) *Welsh?* will require **Ydy e . . . ?**:

Ydy e   **'n**   **siarad Cymraeg?**
Is he   [link]   *speak Welsh?*

Again, this example could also mean 'Is he speaking Welsh?' – Welsh does not distinguish between the two types of present tense in English.

Negative present tense follows the same principle:

Dydy/Dyw hi ddim   **yn**   **mynd**
She is not   [link]   *go*

to mean either 'She isn't going' or 'She doesn't go' as required.
Further examples:

Dyw **Eleri fach** *ddim yn siarad* **Saesneg eto**
Little Eleri *doesn't speak* English yet
*Ydy'*ch gŵr *yn dod* 'da ni heno?
Is your husband *coming* with us tonight?
Dyn ni *ddim yn prynu* anrhegion eleni
We'*re not buying* presents this year
Sut *dych* chi'*n sillafu* 'ny?
How *do* you *spell* that?
Ydw i'*n ysgrifennu* fe fel hyn?
Do I *write* it like this?
Lle *dach* chi'*n gweithio* erbyn hyn?
Where *are* you *working* these days?
Dach chi *ddim yn edrych* yn rhy iach
You *don't look* too healthy
Dach chi *ddim yn deud* hynny'n iawn
You'*re not saying* that right
Ydy hi'*n bwrw* glaw?
Is it *raining?*
Dyw hi *ddim yn bwrw* glaw ar hyn o bryd
It *isn't raining* at the moment

Other tenses of the verb – imperfect, one of the futures, and conditional – are formed on the same (**bod**) + **yn** + (verb) pattern, using the appropriate tense of **bod**. See Lessons 7 and 14.

Exercise 8

Unscramble the following sentences:

1 bryd Sioned gweithio yn hyn mae o ar
2 o gormod i prynu 'n dw lyfrau
3 ddim Ffrangeg mrawd siarad yn dydy
4 hyn byw chi erbyn dach lle 'n
5 allan oer mae'n tu
6 gwraig hyn 'ch fan gweithio ydy yn

'Yes' and 'No'

Although Welsh does have words corresponding to these (**Ie** and **Nage** – see Dialogues), they are much more restricted in use than in English. More usually, the affirmative answer to, say, 'Are you going to town?' will be not 'Yes' but 'I am' – the verb is turned round and sent back to the questioner. Similarly:

'Is your brother here?'	'He is'
'Am I late?'	'You are'
'Are they ready now?'	'They are'
'Do you speak Welsh?'	'I do'

We must look, therefore, at the start of the question (where the verb is) to work out what the answer 'yes' will be:

Ydy'ch brawd fan hyn?	Ydy
Ydw i'n hwyr?	Ydych
Ydyn nhw'n barod nawr?	Ydyn
Ydych chi'n siarad Cymraeg?	Ydw

Obviously, the 3rd person verb-forms (*he, she, they* etc.) will simply be repeated, as in the first and third examples above, while the 1st and 2nd persons (*I, we* and *you*) will alternate ('Are you coming?' 'I am'; 'Am I late?' 'You are').

For present tense questions, then, the response will be as follows. 'No' answers simply prefix **Nag** (some areas **Nac**).

Question	Yes	No
1 **Ydw i . . .?**	**Wyt/Ydych**	**Nag wyt/Nag ydych**
2 **Wyt ti . . .?**	**Ydw**	**Nag ydw**
3 **Ydy . . .?**	**Ydy**	**Nag ydy/Nag yw**
1 **Ydyn ni . . .?**	**Ydych**	**Nag ydych**
	(or **Ydyn**	**Nag ydyn**)
2 **(Y)dych chi . . .?**	**Ydw/Ydyn**	**Nag ydw/Nag ydyn**
3 **Ydyn nhw . . .?**	**Ydyn**	**Nag ydyn**

But when the 3rd sing. **Ydy . . . ?** refers to more than one person or thing, the answer will be **Ydyn**, *They are*.

This aspect of Welsh causes beginners some difficulty and a tendency to panic at the thought of picking the right answer out of so many possibilities. The trick is to get into the habit of listening for the first word of the question – therein lies the key. It might as well be mentioned, also, that while it is important to get 'yes' right, **Na** is generally acceptable in speech for most 'no' answers.

Exercise 9

Answer 'yes' to the following questions:

1 Ydy Gwilym yn dod gyda ni heno? _____
2 Wyt ti'n byw yn Abertawe? _____
3 Ydych chi'n dod fan hyn yn aml? _____
4 Ydy Gwilym a Mair yn barod? _____
5 Ydyn ni'n hwyr? _____
6 Ydw i'n sillafu fe fel hyn? _____

Geirfa

gyda (or **'da**) with **byw** live
Abertawe Swansea **yn aml** often
fel hyn like this

Ie and Nage

Ie and **Nage** are used where the question begins with a word that is not a verb. There are several examples in the Dialogues at the beginning of this lesson, and they involve identifying people, in particular asking their nationality or profession. We have already encountered the pattern **Cymro dw i**, *I'm a Welshman*, and the same order is used in asking someone else: **Cymro dach chi? Cymro**, at the start of the question, is clearly not the verb, so 'yes' will be **Ie** and 'no' **Nage**.

Exercise 10

Put the 'yes' answers alongside the questions they belong to:

1 Dych chi'n darllen y *Daily Telegraph*? Ie
2 Cymraes yw'ch mam, 'te? Ydw
3 Ydy Morgan ac Eddie yn ymweld â ni eleni? Ydych
4 Sioned wyt ti? Ydy
5 Ydw i ar y ffordd iawn i Abertawe? Ydyn
6 Ydy Aled eisiau gwylio'r teledu? Ie
7 Ydyn nhw'n mynd gyda'i gilydd? Ydw
8 Gwyddel ydy Diarmuid O Sé? Ydyn
9 Almaenwyr yw'r rheiny? Ie
10 Wyt ti wedi blino? Ie

Which sentence has the correct answer already?

Geirfa

ymweld â visit
i to
Almaenwyr (pl.) Germans

y ffordd iawn the right road
gyda'i gilydd together
wedi blino tired

DARLLEN-A-DEALL

CYFENW:
ENWAU ERAILL:
CYFEIRIAD:
RHIF FFÔN (CARTREF):
RHIF FFÔN (GWAITH):

Ydych chi'n briod?   YDW/NAC YDW
Ydych chi'n gyrru car?   YDW/NAC YDW
Ydy'ch gwaith yn llawn-amser?   YDY/NAC YDY
Ydy'r Gymraeg yn fam-iaith i chi?   YDY/NAC YDY
Ydych chi'n rhugl yn y Gymraeg?   YDW/NAC YDW
Ydy'ch rhieni'n siarad Cymraeg?   YDYN/NAC YDYN
Ydych chi'n aelod o glwb chwaraeon?   YDW/NAC YDW

LLOFNOD
DYDDIAD

Exercise 11

Look at the official form above, and try to identify the Welsh equiv-
alents of the following:

sports club	_____
phone number (home)	_____
fluent	_____
signature	_____
address	_____
married	_____
phone number (work)	_____
mother-tongue	_____
surname	_____

parents   _____
member   _____
date   _____
other names   _____

3 Mynd allan
Going out

Sgwrs

The train has brought Susan and Siôn to **gorsaf Aberystwyth** *– Aberystwyth station. It has been a long journey, and Siôn offers to buy Susan a drink in the pub over the road*

SIÔN: Hoffech chi ddiod, Susan? Oes amser 'da chi?
(*Looks at her watch*)
SUSAN: Mmm . . . saith o'r °gloch. Iawn, pam lai?
SIÔN: Awn ni i'r °dafarn draw fan'na, 'te.
(*They find a table*)
SIÔN: Be' hoffech chi, 'te?
SUSAN: Oes gwin coch 'da nhw, tybed?
SIÔN: Siwr iawn. Beth am rywbeth i fwyta?
SUSAN: Dim byd i mi, diolch.
SIÔN: Dych chi'n siwr?
SUSAN: Ydw, diolch.

SIÔN: *Would you like a drink, Susan? Have you got time?*
SUSAN: *Mmm . . . seven o'clock. OK, why not?*
SIÔN: *Let's go to the pub over there, then.*
SIÔN: *What would you like, then?*
SUSAN: *Have they got red wine, I wonder?*

SIÔN: *I expect so. What about something to eat?*
SUSAN: *Nothing for me, thanks.*
SIÔN: *Are you sure?*
SUSAN: *Yes I am, thanks.*

Possession – 'to have'

Welsh has no verb to express possession. Instead, it uses a construction with **gyda** (usually **'da** in speech) *with*, whereby *John has a car* is phrased as

There is	*a car*	*with*	*John*
Mae	**car**	**'da**	**John**

To turn this into a question ('Has John got a car?'), we change **Mae** *There is/are* into **Oes?** *Is/Are there?* The rest of the sentence is unchanged:

Is there	*a car*	*with*	*John?*
Oes	**car**	**'da**	**John?**

Negatives ('John hasn't got a car') are done with **Does dim** *There is/are not*:

There is not	*a car*	*with*	*John*
Does dim	**car**	**'da**	**John**

The important thing to remember about this construction is that the relative positions of the possessor and the thing possessed are reversed in Welsh from the normal English phrasing, with the possessor always coming last:

Eleri has three children
Mae tri o blant 'da Eleri

In place of names, of course, pronouns can be used in the same way:

			fi	I have	
			ti	you have	
			fe	he has	
Mae	**car**	**'da**	hi	she has	a car
			ni	we have	
			chi	you have	
			nhw	they have	

In North Wales a different construction is more common, with **gan°**

with instead of (**gy**)**da**. This will be dealt with in Lesson 6. For now, you should master the principles of (**gy**)**da**.

True to the yes/no principle explained in Lesson 2, questions beginning **Oes . . . ?** will be answered 'yes' by **Oes**, and 'no' by **Nag oes**.

Sgwrs ◨

*Siôn goes to the bar to order from the **gweinyddes** (barmaid)*

Siôn: Gwin coch a hanner o chwerw, os gwelwch yn dda.
(*the barmaid gets the drinks*)
Gw: Unrhywbeth arall?
Siôn: Oes creision 'da chi?
Gw: Oes. Pa flas hoffech chi?
Siôn: O . . . halen a finegr.
Gw: Does dim halen a finegr 'da ni.
(*Siôn is disappointed*)
Siôn: Cyw iâr, 'te
Gw: 'Sdim creision cyw iâr ar ôl, yn anffodus.
(*Siôn is beginning to get peeved*)
Siôn: Wel be' sy 'da chi, 'te?
Gw: 'Mond caws a nionyn.
(*Siôn just manages to keep his temper*)
Siôn: Un pecyn o °greision caws a nionyn, 'te.
(*she gets the crisps*)
Gw: 'Na chi, 'te.
Siôn: Faint sy arna i i chi?
Gw: Dwy °bunt a deg ceiniog, os gwelwch yn dda.

S: *A red wine and a half of bitter, please.*
Gw: *Anything else?*
S: *Have you got crisps?*
Gw: *Yes. What flavour would you like?*
S: *Oh . . . salt and vinegar.*
Gw: *We haven't got any salt and vinegar.*
S: *Chicken, then.*
Gw: *There's no chicken crisps left, unfortunately.*
S: *Well what have you got?*
Gw: *Just cheese and onion.*
S: *One packet of cheese and onion crisps, then.*
Gw: *There you are, then.*

S: *How much do I owe you?*
Gw: *Two pounds and ten pence, please.*

Sgwrs 🔘

Siôn returns with the drinks

SUSAN: Diolch, Siôn. Iechyd da.
SIÔN: Iechyd da.
        (*takes off his coat*)
        Mae'n °boeth fan hyn, on'd ydy hi?
SUSAN: Ydy, braidd. Ond o °leia mae'n °dawel.
SIÔN: Oes ffrindiau 'da chi fan hyn, Susan?
SUSAN: Oes . . . mae ffrind da 'da fi sy'n byw yn y °dre. Dw i'n mynd
        i aros gyda hi.
SIÔN: Americanes arall yw'ch ffrind?
SUSAN: Nage – Cymraes ydy hi. Fel wedes i, dw i eisiau gwella
        Nghymraeg!
(*Siôn looks at his watch and puts his coat back on*)
SIÔN: Well i mi fynd, Susan. Ond mae Aberystwyth yn °fach –
        gobeithio eich gweld chi o °gwmpas. Hwyl!
SUSAN: Hwyl nawr!

SUSAN: *Thanks, Siôn. Cheers.*
SIÔN: *Cheers.*
        It's warm (in) here, isn't it?
SUSAN: *Yes, (it is) rather. But at least it's quiet.*
SIÔN: *Have you got friends here, Susan?*
SUSAN: *Yes . . . I've got a good friend living in town. I'm going to
        stay with her.*
SIÔN: *Is your friend another American?*
SUSAN: *No – she's Welsh. Like I said, I want to improve my Welsh!*
SIÔN: *I'd better go, Susan. But Aberystwyth is small – I hope to see
        you about. Goodbye!*
SUSAN: *Goodbye!*

Mutations 🔘

Welsh words change not only at the end (e.g. **siop** *shop*, **siop**au
shops), but also at the beginning. This phenomenon, which is
common to all the Celtic languages, is known as initial consonant

mutation, or simply Mutation. For example, a **c–** at the front of a word can change (under clearly defined circumstances) to **g–**, **ch–** or **ngh–**; so that **cariad** (*boy/girlfriend*) can appear as **gariad**, **chariad** or **nghariad** – this last variant occurred in Lesson 1 with the meaning *my boy/girlfriend*. In this example, three different mutations have operated on the **c–**; they are termed Soft Mutation (turns **c–** into **g–**), Aspirate Mutation (turns **c–** into **ch–**) and Nasal Mutation (turns **c–** into **ngh–**). **C–** is not the only initial consonant susceptible to these mutations. The following table gives all the possible changes in initial consonants, with the original (or radical) form in the left-hand column. The Soft (SM), Aspirate (AM) and Nasal (NM) variants can then be read off to the right, starting with **c–** turning to **g–**, **ch–** and **ngh–** as we have just seen. ' – ' indicates the original consonant is unaffected; so, for example, there is no Aspirate Mutation of **b–**. You will see, therefore, that three consonants (**c**, **p** and **t**) are susceptible to all three Mutations, while three more (**g**, **b** and **d**) are affected by SM and NM, but not AM. The remaining three (**ll**, **m** and **rh**) are affected by SM only. Certain dialect variations not generally written are omitted from this table.

original consonant	SM	AM	NM
c	g	ch	ngh
p	b	ph	mh
t	d	th	nh
g	(disappears)	–	ng
b	f	–	m
d	dd	–	n
ll	l	–	–
m	f	–	–
rh	r	–	–

By far the most widespread and commonly occurring mutation in Colloquial Welsh is the Soft Mutation, and it is important to master this first of all. Probably ninety per cent of the cases of mutation you will encounter in ordinary speech are SM. The AM and NM will be pointed out as they occur – they are of far lower frequency, and, in the spoken language at least, less consistently applied.

While the mutations undoubtedly make life more complicated for beginners in the language, they should not be allowed to intimidate. The root of the problem is that, while you are still at the stage of acquiring unfamiliar vocabulary, they disguise the true identity of certain types of word. At first sight, for example, it is impossible to decide whether **bara** is the radical **bara** or an SM variant of a word **para**. Similarly, is **awyr** a radical, or is it the SM variant of **gawyr** with the **g–** removed? In this book, a special sign ' ° ' is used to help overcome this problem. It is employed in two ways:

1 In the vocabularies in the lessons and at the end of the book, ° *after* a word (e.g. **am**°) means that this word *causes* Soft Mutation of the consonant immediately following. So if you know that **punt** is *pound* (money), and you see the raised circle after **am** in the vocabularies, you will know that *for a pound* is **am bunt**.

2 In the dialogues for the first ten lessons, ° *before* a word indicates that the word as it appears is not the original word but the soft-mutated variant. But this device is used sparingly. Words beginning with such as **dd–** and **f–** are by definition already mutated (to put it another way, radical words never begin with **dd–** and **f–**). For this reason they do not need pointing out. But **g–**, **b–** and **d–** are ambiguous; therefore, when they are the result of SM, they will be preceded by the raised circle. So, for example, °**gasglu** warns you that the actual word here is **casglu**; while **gardd** will appear without because the **g–** is a radical. If a word beginning with a vowel (or **r–** or **w–**) is preceded by °, then this shows that a **g–** has dropped: °**olchi** shows that the word is really **golchi** (*wash*). Similarly °**radd** *grade*, *degree* (radical **gradd**), °**weddill** *remainder*, *rest* (radical **gweddill**). Words beginning **r–** (as opposed to **rh–**) are usually the SM form of **rh–**, and in these cases will be unmarked; so while for °**radd** you should understand **gradd**, for **rywun** you should understand **rhywun**. Words beginning **l–** pose a problem, because there are three possibilities:

SM of **ll–** (the most likely)
SM of **gl–**
radical **l–**

In this book, °**l–** will be used for SM of **ll–**, so °**lefydd** (radical **llefydd**, *places*). No raised circle therefore means one of the other two possibilities – radical **l–** usually occurs in loanwords from English and these are generally easy to spot, while **gl–** words are of Welsh origin. Compare **lori** (radical – *lorry*) and **lannau** (SM of **glannau** *shores*).

Notice in the table that radical **b–** and **m–** both turn to **f–** under SM – neither possibility is really more likely than the other, and the best approach is simply to learn them as encountered.

Two of the Nasal Mutation effects are potentially ambiguous as well: **m–** (from **b–**) and **n–** (from **d–**). Where necessary, a superscript 'N' will be used to distinguish these from radicals: so **nenfwd** (*ceiling*) – radical, but ^N**nillad** (*my clothes*) – NM of radical **dillad**.

These typographical aids will appear only in the early lessons, as you must eventually learn to cope without them in the real world!

Listen to the following words in their radical and mutated forms:

radical	SM	AM	NM
car car	**gar**	**char**	**nghar**
pabell tent	**babell**	**phabell**	**mhabell**
tad father	**dad**	**thad**	**nhad**
gardd garden	**ardd**	–	**ngardd**
bara bread	**fara**	–	**mara**
dillad clothes	**ddillad**	–	**nillad**
llawn full	**lawn**	–	–
merch daughter	**ferch**	–	–
rhieni parents	**rieni**	–	–

Exercise 1

Decide which of the following words are susceptible to SM, and give the SM variants:

brodyr *brothers*	**chwiorydd** *sisters*
archfarchnad *supermarket*	**llyfr** *book*
gwely *bed*	**ewythr** *uncle*
brecwast *breakfast*	**modryb** *aunt*
caws *cheese*	**coffi** *coffee*
wyau *eggs*	**map** *map*
popty *oven*	**ffordd** *road, way*
taith *trip, journey*	**dinas** *city*

Exercise 2

Find the radical forms of the following mutated words. Use the vocabulary at the back of the book if need be.

^o**wenu** *smile*	^N**mocsys** *boxes*
^o**gas** *nasty, hateful*	^o**ganol** *middle*
ddenu *attract*	^o**ganu** *sing*
^N**mawd** *thumb*	**mhlanhigion** *plants*

°**brisiau** *prices*   **ngwaith** *work*
fawr *big*   **faner** *flag*
fach *small*   **ddraig** *dragon*
°**dynnu** *pull*   °**goch** *red*

Exercise 3

The phrase **Dw i'n mynd i°** ... *I'm going to* ... can be used with VNs to talk about what you have planned. There will be SM of the VN after **i°**. Using the vocabulary at the back, write down in Welsh five things that you are going to do today.

1
2
3
4
5

Offering and accepting things

The simplest way to offer someone something is to use **Hoffech chi°** ... ? (or, for people addressed with **ti**, **Hoffet ti°** ... ?) *Would you like* ... ? What follows will have SM.

Hoffech chi ...	°**banaid o °de?**	a cup of tea?
	°**ragor o °goffi?**	(some) more coffee?
Would you like ...	°**ddiod?**	a drink?
	°**bryd o fwyd fan hyn?**	a meal here?
	°**gacen arall?**	another cake?
	°**gipolwg?**	a look?
	ffurflen danysgrifio?	a subscription form?

To accept, use **Hoffwn**, *Yes (I would like)*, or any of the following:

Iawn	OK
O'r gorau, 'te	Alright, then
Pam lai?	Why not?
Syniad da!	Good idea!

If it's something expensive, don't forget to ask **Pwy sy'n talu?** *Who's paying?* before committing yourself.

You can also use **Hoffech chi°** ...?/**Hoffet ti°** ...? with a following VN to ask if someone would like to do something:

Hoffech chi° . . .	**°ddod 'da ni?**	come with us?
	°weld y fwydlen?	see the menu?
Would you like to . . .	**°drio fe?**	try it?
	chwarae pêldroed?	play football?
	°gwrdd â ni wedyn?	meet us later?
	ffonio adre?	phone home?

Nouns – genders and plurals

Nouns ('naming' words – *bus, typewriter, children, honesty*) are either masculine or feminine in Welsh, much as in French. For the most part, there are no guidelines, except that nouns denoting males and females usually have the appropriate gender. Sometimes you can guess from the form of the word (usually the ending). For example, nouns ending in **–en** tend to be feminine, and nouns in **–yn** masculine. But generally the best approach is to learn genders with nouns (later in this lesson there is a neat way of doing this), and not to worry if you don't know or get it wrong – you won't be misunderstood.

While almost all nouns in English are made plural by adding *–s* or *–es*, the situation is more complicated in Welsh, with a number of different ways of forming the plural. Again, you simply have to learn them as you come across them. In the vocabulary at the back of the book the plural is given in brackets after each noun. By far the most common plural endings are **–au**, **–iau**, **–on** and **–ion**. Also fairly common are **–i** and **–ydd/–oedd**. In addition, many nouns in Welsh change a vowel in the middle of the word (as with English *man/men, foot/feet*, but far more numerous in Welsh). And many words use a combination of ending and vowel-change to make the plural.

Examples:

siop shop	**siop***au* shops
esgid shoe	**esgid***iau* shoes
llythyr letter	**llythyr***on* letters
achos cause	**achos***ion* causes
capel chapel	**capel***i* chapels
mynydd mountain	**mynydd***oedd* mountains
fforest forest	**fforest***ydd* forests
corff body	**cyrff** bodies
troed foot	**tr***a***ed** feet

maneg glove   **men*i*g** gloves
taith journey   ***teithiau*** journeys

Adjectives

Adjectives ('describing' words – *red, heavy, international, exasperating*) come after the noun in Welsh – so a *red bus* is **bws coch**, and a *big red bus* is **bws coch mawr**.

du black   **melyn** yellow (f. **melen**)
gwyn white (f. **gwen**)   **brown** brown
coch red   **llwyd** grey
glas blue   **pinc** pink
gwyrdd green (f. **gwerdd**) **piws** purple
oren orange
. . . **golau** light . . .
. . . **tywyll** dark . . .

Sgwrs 〔OO〕

Mererid wants to buy a T-shirt

Gw: °Alla i'ch helpu chi?
MERERID: Gallwch. Dw i'n chwilio am °grys-T.
Gw: Mae llawer 'da ni ar hyn o °bryd. Pa °liw dych chi eisiau?
M: Sa i'n siwr – gwyrdd, efallai, neu las.
Gw: Dyma i chi un gwyrdd.
M: Mae'n °wyrdd tywyll iawn, on'd yw e?
Gw: Ydy, braidd. Beth am yr un glas, 'te.
M: Mae hwnna'n °well. °Gymera i'r un glas, 'te.

Geirfa

alla i'ch helpu chi?   **llawer** many; much   **gwell** better
  can I help you?   **lliw** colour   **gymera i . . .** I'll take . . .
gallwch yes (you can)   **efallai** perhaps   **sa i'n siwr** I'm not sure
chwilio am° look for   **neu°** or
crys shirt   . . . **iawn** very . . .

Exercise 4

Cywir neu Anghywir? True or False?

1 Does dim crysiau-T yn y siop ar hyn o bryd.   C/A
2 Mae'r crys gwyrdd yn rhy (**rhy°** too) dywyll.   C/A
3 Mae'r crys glas yn rhy olau.   C/A
4 Yn y diwedd (*in the end*) mae Mererid yn prynu'r un glas. C/A

Feminine singular nouns

Two points need to be made about these, both to do with the Soft Mutation.

1 If a feminine singular noun is used with the definite article **y** (or **'r**), it appears with SM. So **desg** *a desk*, but **y _dd_esg** *the desk*; **torth** *a loaf*, but **y dorth** *the loaf*; **gardd** *a garden*, but **yr ardd** *the garden*; **merch** *a girl*, but **y ferch** *the girl*; **pabell** *a tent*, but **y babell** *the tent*.

Note: This particular rule does not apply to feminines beginning **ll–** or **rh–**, even though these consonants usually do change under SM.

2 If a feminine singular noun is used with a following adjective, this adjective undergoes SM. Compare **bwrdd** (m) and **desg** (f): **bwrdd mawr** *a big table*, but **desg °fawr** *a big desk*.

It will help you remember the gender of nouns if you learn them with an adjective – for example, learn not **ffenest** (feminine), but **ffenest °fawr** – this more realistic phrase will stick better in the memory. If it is **ffenest fawr** and not **ffenest mawr**, this will remind you that **ffenest** *window* is feminine.

Exercise 5

Look at the adjectives in the following list of noun + adjective phrases, and use them to sort the nouns into masculine and feminine. With two of them, you will not be able to tell.

eglwys fach	siop leol
ffenest fawr	ceffyl gwyn
teledu newydd	dyn pwysig
lori ddu	stafell werdd
tywydd braf	llwybr cyhoeddus
ffordd gul	tre dawel

ysgol gynradd   aderyn du
ffurflen swyddogol

Geirfa

nouns   adjectives

eglwys church   **newydd** new
tywydd weather   **cul** narrow
ffordd road, way   **cynradd** primary
ysgol school   **swyddogol** official
ffurflen form   **lleol** local
llwybr path   **pwysig** important
aderyn bird   **cyhoeddus** public

Which two were you unable to determine?

Exercise 6

Check the nouns in exercise 5 above in the vocabulary at the back
to see if you got the genders right, and then give the English trans-
lations for the noun + adjective phrases.

Verb 'to be' + yn° + adjective

Another very common word that causes SM is **yn°** (**'n°** after vowels)
– it does not 'translate' into any English word, but performs a gram-
matical function in the sentence.

We have already seen that the normal word order in a Welsh
sentence is Verb-Subject-Object. In Lesson 1 we saw expressions of
the type **Mae'n oer** *It's cold*. This is really a contracted version of
Mae hi'n oer, which can be analysed as follows:

Mae	**hi**	**'n**	**oer**
is	*it*		*cold*
(verb 'to be')	(subject)		(description of subject)

The same structure could just as easily give us:

'This chair is comfortable'

Mae	**'r gadair 'ma**	**'n**	**gyfforddus**
is	*this chair*		*comfortable*
(verb 'to be')	(subject)		(description of subject)

'Aled is tall'

Mae	**Aled**	**yn**	**dal**
is	*Aled*		*tall*
(verb 'to be')	(subject)		(description of subject)

'You are late'

Dych	**chi**	**'n**	**hwyr**
are	*you*		*late*
(verb 'to be')	(subject)		(description of subject)

This particle **yn°**, then, appears in descriptive sentences using the verb 'to be', and is placed between the subject and the word that describes it. This will be true for any tense of the verb 'to be'. You should note that **yn°** does *not* cause SM of following **ll–** or **rh–**.

The description-word can be a noun as well as an adjective:

Mae Aberystwyth *yn dre fach*
Aberystwyth is *a small town*
Ydy hyn *yn broblem* i chi?
Is this *a problem* for you?

Exercise 7 🖭

Using the translations to help you, put **yn°** or **'n°** as appropriate in its proper place in each of the following sentences, and make any mutation changes necessary in the process. (Warning! One of them is not strictly speaking a descriptive sentence. Try and spot it, and leave out the **yn°** accordingly.)

> Example: Mae Siân blinedig bore 'ma
> Siân is tired this morning
> – **Mae Siân *yn flinedig* bore 'ma**

1 Ydy'r bwyd parod?
  Is the food ready?
2 Dan ni i gyd cynnar.
  We are all (**i gyd**) early.
3 Mae Simon a Louisa prysur ar hyn o bryd.
  Simon and Louisa are busy at the moment.
4 Mae'r tywydd braf heddiw.
  The weather is fine today (note: **braf** is an immutable word).
5 Wyt ti oer?.
  Are you cold?
6 Mae'r parsel 'ma trwm.

This parcel is heavy.
7 Mae'ch brawd tu allan.
  Your brother is outside.
8 Dyw pethau ddim rhad fan hyn.
  Things are not cheap here.
9 Mae Llanafan pentre bach tlws.
  Llanafan is a pretty (**tlws**) little village (**pentre**).
10 Ydy'r dyn 'na cynghorwr?
  Is that man a councillor?

Finally, here is a reminder of the Soft Mutation. It is so important that you should take time out now to become thoroughly familiar with it.

B	→	F
C	→	G
D	→	DD
G	→	(disappears)
LL	→	L
M	→	F
P	→	B
RH	→	R
T	→	D

4 Ellwch chi ddangos i mi . . . ?

Can you show me . . . ?

In this lesson you will learn:

- more about mutations
- how to say 'my . . .', 'his . . .', 'her . . .' etc
- how to ask people to do things for you
- how you ask if you can do something

Sgwrs 〖oo〗

Jane has arrived in Aberystwyth, and wants to take a room in a hotel for a few days. She finds one **yng nghanol y dre,** *in the town centre, and goes to the* **derbynfa** *reception*

A: Bore da.

JANE: Bore da. Oes stafelloedd rhydd 'da chi?

A: Oes. Am faint hoffech chi aros?

J: Tan ddiwedd yr wythnos, dw i'n meddwl.

A: Iawn.

He gives her a **ffurflen °gofrestru** *(registration form)*

        °Allech chi °roi ychydig o fanylion fan hyn?

J: Wrth °gwrs.

She fills in **enw** *(name),* **cyfenw** *(surname),* **cyfeiriad cartref** *(home address) and* **rhif ffôn cartref.**

A: A llofnodi fan hyn ar °waelod y ffurflen, os gwelwch yn dda.

Jane signs her name at the bottom.

J: 'Na ni.

A: Dyma'ch allwedd chi, 'te – stafell wyth. °Ddo i â'ch bagiau lan mewn munud.

J: Na, peidiwch poeni – dim ond y ddau fag bach sy 'da fi.

A: Iawn. Mae cinio am ddeuddeg, gyda llaw.

J: Diolch.

A: *Good morning.*
J: *Good morning. Have you got any rooms free?*
A: *Yes. How long would you like to stay for?*
J: *Till the end of the week, I think.*
A: *OK.*
Could you put a few details here.
J: *Of course.*
A: *And sign here at the bottom of the form, please.*
J: *There we are.*
A: *Here's your key, then – room eight. I'll bring your bags up in a minute.*
J: *No, don't bother – I've only got the two small bags* (lit. 'it is only the two small bags that are with me')
A: *Alright. Lunch is at twelve, by the way.*
J: *Thanks.*

Sgwrs 📼

Susan has arrived at her friend Mererid's house. Mererid shows her round

MERERID: Dyma ni, 'te. Mae lolfa a chegin 'da ni ar y llawr 'ma. Ac wedyn mae'r ddwy stafell °wely a'r stafell molchi lan llofft.
SUSAN: A lle mae'r tŷ bach?
M: Draw fan'na. Ti'n edrych wedi blino, Susan – beth am °banaid?
S: O, syniad gwych!
M: Awn ni i'r °gegin, 'te.
S: °Alla i °adael ᴺmagiau fan'ma am y tro?
M: Galli. °Gei di fynd â nhw lan wedyn.
(*They go into the kitchen*)
Mae te a choffi ar °gael – p'un leiciet ti?
S: Coffi, os gweli di'n dda.

M: *Here we are, then. We've got a lounge and kitchen on this floor. And then the two bedrooms and the bathroom are upstairs.*
S: *And where's the toilet?*
M: *Over there. You look tired, Susan. What about a cup of something?*
S: *Oh, great idea!*

M: *Let's go in the kitchen, then.*
S: *Can I leave my bags here for now?*
M: *Yes. You can take them up later. I've got tea and coffee* (lit. 'there's tea and coffee available') – *which would you like?*
S: *Coffee, please.*

Sgwrs

(This time there is no translation; try and decipher as much of this dialogue as possible using the select vocabulary below.)

Over a nice cup of coffee, Susan and Mererid catch up on family news

SUSAN: Sut mae dy °deulu di dyddiau 'ma 'te?
MERERID: Go lew. °Glywest ti fod Mair wedi priodi'n ddiweddar?
S: Naddo! Pwy yw'r dyn lwcus, 'te?
M: Ifan Llwyd. O Abertawe mae ei °deulu'n dod, ond maen nhw'n byw yn ᴺNinas Mawddwy.
S: A beth yw ei °waith?
M: Mae'n gweithio 'da'r cwmni trydan. Peiriannydd, wi'n credu, neu rywbeth felly.
S: Ac ydy Mair yn dal i weithio fel ysgrifenyddes?
M: Ydy, ond mewn lle gwahanol nawr. Mae hi'n gweithio mewn swyddfa yswiriant yn ᴺNolgellau.
S: Druan ohoni.

Geirfa

teulu family
dyddiau 'ma these days
glywest ti fod . . . ? did you hear that . . . ?
wedi priodi got married
yn ddiweddar recently
lwcus lucky
Abertawe Swansea
trydan electricity

rhywbeth felly something like that
yn dal i° . . . (+ VN) still . . . –ing
fel as
ysgrifenyddes secretary
lle place
gwahanol different
bellach now
yswiriant insurance
druan ohoni poor thing (of a woman) (of a man: **druan ohono**)

Aspirate mutation ▣

As mentioned in the previous lesson, this is the simplest of the mutations, and is easy to master:

c– → ch–
p– → ph–
t– → th–

It is mainly found after the following words:

a and	**ei** her (possessive – see below)
â with	**gyda** with
chwe six	**tri** three
	tua about

So, for example: **tad** *father*, but **ei** ***th*ad** *her father*; **cyllell** *knife*, but **llwy a** ***ch*yllell** *spoon and knife*;

But in Colloquial Welsh its use is not as consistent as that of the Soft Mutation. To begin with, the mutation **t–** – **th–** is not usual in spoken Welsh – while **bws a** ***ch*ar** *a bus and a car* is natural enough, **bws a** ***th*acsi** is not. Furthermore, many regions of Wales prefer the radical after most of the six words given above, e.g. **gyda ceffyl** *with a horse* instead of **gyda** ***ch*effyl**. Exceptions to this are set phrases such as **tri chant** *three hundred*, **chwe chant** *six hundred*, **chwe cheiniog** *six pence*.

Another characteristic of AM in Colloquial as opposed to Literary Welsh is that it sometimes affects words beginning **m–** and **n–** (turning them into **mh–** and **nh–** respectively); this occurs especially after **ei** *her*: **ei mham** *her mother*, **ei nhain** *her grandmother* (N). You should imitate local practice on this point.

Exercise 1

As we have seen, the Aspirate Mutation (AM) is simple – adding **–h** onto **c–**, **p–** and **t–** to give **ch–**, **ph–** and **th–** respectively. But be careful – a good number of radical words begin with **ch–** in their own right. Use the vocabulary at the back of the book to decide which of the following are radicals, and which are AM. Write in the radicals where necessary:

chyllell knife	**phoeni** worry
thad father	**thramor** abroad, foreign
chwech six	**chaws** cheese

phupur pepper
Chymraeg Welsh
thorri break
phunt pound (£)
chwalu knock down, demolish

phlant children
chwythu blow
phenblwydd birthday
cheiniog penny
chwilio (**am°**) look (for)

Can you see what the radical words have in common?

Nasal mutation

This affects six initial letters, as follows:

b–	→	m–	g–	→	ng–
c–	→	ngh–	p–	→	mh–
d–	→	n–	t–	→	nh–

This looks complicated, but there is a pattern if we arrange the radicals into voiced and unvoiced pairs:

voiced			unvoiced		
b–	–	M–	p–	–	MH–
d–	–	N–	t–	–	NH–
g–	–	NG–	c–	–	NGH–

Like the AM, the Nasal Mutation (NM) is rather inconsistently applied in many areas. It is used in only two circumstances in the spoken language:

1 to express the idea of *my* – **nhad**, *my father* (**tad**);
2 after the preposition **yn**, *in* (*not* to be confused with the linkword **yn**, which is followed by radical or SM – see Lesson 3).

Exercise 2

You can say *My* . . . by simply using NM on words that can take it. For example, we have seen **nghariad** (from **cariad**) *my boy/girl-friend*. Using the vocabulary below, translate the following. Be careful – one of them cannot change, but you will have to think.

(a) my paper
(b) my knife
(c) my bread
(d) my typewriter
(e) my bus

(k) my computer
(l) my house
(m) my dictionary
(n) my shirt
(o) my biscuits

(f) my finger
(g) my kettle
(h) my glass
(i) my cat
(j) my body

(p) my toothbrush
(q) my lunch
(r) my sister
(s) my season ticket
(t) my children

Geirfa

bisgedi biscuits
brws dannedd toothbrush
bys finger
cath cat
cinio lunch
corff body
crys shirt
cyfrifiadur computer
cyllell knife

chwaer sister
geiriadur dictionary
gwydr glass
papur paper
plant children
tegell kettle
teipiadur typewriter
tocyn tymor season ticket
tŷ house

Possessive adjectives – 'my', 'your', 'his', etc. 🔲

As in English, the words for *my*, *your*, *his* etc. come before the noun, but in Colloquial Welsh an additional 'echoing' pronoun is optionally (but frequently) added after it (here shown in brackets):

fy, '(y)n (NM) . . . **(i)** – my
dy° . . . **(di)** – your
ei° . . . **(e/fe)** – his
. . . **(o/fo)** (N)
ei (AM) . . . **(hi)** – her

ein . . . **(ni)** – our
eich . . . **(chi)** – your
eu . . . **(nhw)** – their

So, for example, **car: ei gar e** *his car* (lit. 'his car him'); **teledu: ein teledu ni** *our television* (lit. 'our television us'); **dy fraich di** *your arm* (lit. 'your arm you'). Remember that, if a word begins with a letter not susceptible to a particular mutation, then there is no change. You should also notice that most of these possessives do not sound as they are spelt – particularly **ei** (both meanings) and **eu**, all of which sound like **i**.

Listen to the following combinations of possessive + noun:

	'car'	'garden'	'books'	'shoes'
my . . .	nghar i	ngardd i	'n llyfrau i	'n sgidiau i
your . . .	dy gar di	dy ardd di	dy lyfrau di	dy sgidiau di
his . . .	ei gar e	ei ardd e	ei lyfrau fe	ei sgidiau fe
her . . .	ei char hi	ei gardd hi	ei llyfrau hi	ei sgidiau hi
our . . .	ein car ni	ein gardd ni	ein llyfrau ni	ein sgidiau ni
your . . .	eich car chi	eich gardd chi	eich llyfrau chi	eich sgidiau chi
their . . .	eu car nhw	eu gardd nhw	eu llyfrau nhw	eu sgidiau nhw

	'children'	'food'	'journey'	'clothes'
my . . .	mhlant i	mwyd i	nhaith i	nillad i
your . . .	dy blant di	dy fwyd di	dy daith di	dy ddillad di
his . . .	ei blant e	ei fwyd e	ei daith e	ei ddillad e
her . . .	ei phlant hi	ei bwyd hi	ei thaith hi	ei dillad hi
our . . .	ein plant ni	ein bwyd ni	ein taith ni	ein dillad ni
your . . .	eich plant chi	eich bwyd chi	eich taith chi	eich dillad chi
their . . .	eu plant nhw	eu bwyd nhw	eu taith nhw	eu dillad nhw

Notice that *my . . .* is generally done with NM alone if the word begins with a susceptible letter, but that otherwise **'n** is prefixed to the noun. So we say **mhlant i** for *my children*, but **'n sgidiau i** for *my shoes*.

One last thing to remember about the possessives concerns nouns beginning with a vowel. These present no problem with regard to mutation, of course, but the possessives **ei** *her* (but not *his*), **ein** *our* and **eu** *their* cause an **h–** to be prefixed in some (but by no means all) areas of Wales. So **ei arian e** *his money*, but **ei harian hi** *her money*, **ein harian ni** *our money*, **eu harian nhw** *their money*. Follow the practice of native-speakers in your area.

Nasal mutation after yn 'in' ▧

The preposition **yn** *in* causes NM of the directly following word:

(Bangor)	ym Mangor	in Bangor
(Caerdydd)	yng Nghaerdydd	in Cardiff
(Dolgellau)	yn Nolgellau	in Dolgellau
(Gwynedd)	yng Ngwynedd	in Gwynedd
(Porthaethwy)	ym Mhorthaethwy	in Porthaethwy
(Talybont)	yn Nhalybont	in Talybont

Notice that, with radicals beginning in **b–**, **c–**, **g–** and **p–**, the form of the word **yn** itself also changes.

It is also worth pointing out that you may hear SM instead of NM after **yn** *in*, particularly of place-names beginning **P–** and **T–**; so **ym Borthaethwy, yn Dalybont.**

Exercise 3

To say you come *from* a place, you need **o°** with SM of the name; to say you live or work *in* a place, you need **yn**[N] with NM of the name. Fill in the columns for the following Welsh towns. The first one is done for you (**dw i'n dod o Gaerdydd; dw i'n byw yng Nghaerdydd**)

	o° le? *from where?*	*(yn[N]) lle?* *(in) where?*
Caerdydd	**o Gaerdydd**	**yng Nghaerdydd**
Llanilar		
Ystalyfera		
Dinas Mawddwy		
Talybont		
Y Rhyl		
Machynlleth		
Aberteifi		
Penybont-ar-Ogwr		
Caerfyrddin		

Welsh and English names for some towns and localities in Wales differ considerably. There are Welsh-language maps and atlases on the market – if you have one handy, see if you can find the English names for the last three in the exercise above. You might also try looking for these towns outside Wales: **Llundain, Manceinion, Caergrawnt, Caeredin, Caerliwelydd, Rhydychen, Dulyn, Penbedw** (near **Lerpwl**).

Also remember:

dw i'n dod o Gymru	I come from Wales
dw i'n byw yng Nghymru	I live in Wales
dw i'n dod o Loegr yn wreiddiol	I come from England (**Lloegr**) originally

Genitive noun-phrases – 'the . . . of (the) . . .'

There are two types in English: the girl's bike, the rest *of* the family; but only the 'of' type in Welsh. All English expressions involving 's or *s'* must first be mentally rephrased using 'of', even where this is unnatural in English. So *the girl's bike* will literally be *the bike of the girl* in Welsh.

There is a special way of expressing genitive (or possession) relationships between two nouns, and this construction must be mastered early on because it is of frequent occurrence in everyday speech. Taking *the girl's bike* as our example, we must first convert it into a phrase using *of*: *the bike of the girl*. Starting from an . . . *of* . . . phrase, two operations, both involving removal of elements, are required:

1 removal of all instances of *of*, giving
   the bike [of] the girl.
2 removal of all *the*'s except the one (if any) before the last noun in the phrase; thus
   [the] bike [of] the girl, giving in Welsh
   beic y ferch

In effect, the two nouns are linked simply by the intervening **y**, and it is particularly important to remember that there is no definite article at the beginning of genitive noun phrases. Examples like 'y diwedd y rhaglen' 'the end of the programme'; 'y canol y dre' 'the centre of the town' are wrong, as are attempts to use **o** 'of' as in 'y diwedd o'r rhaglen', 'y canol o'r dre' – **o** does mean 'of' in certain contexts (see Lessons 6 and 8), but not in genitive relationships between nouns, where 'of' must not be translated.

If a preposition precedes a genitive noun-phrase (e.g. 'on *the top of the mountain*', 'for *the rest of the week*'), it will cause a mutation because the first **y**, which would normally block the mutation, has been removed as explained above. Compare:

the top of the mountain
copa'r mynydd
on the top of the mountain
ar *g*opa'r mynydd
(but when only the one noun is involved: **dan ni ar y copa**, we're on the top)

gweddill yr wythnos
the rest of the week
am weddill yr wythnos
for the rest of the week
(but: **dw i'n aros am y gweddill**, I'm waiting for the rest)

This is equally true of the other mutations, for example:

canol y dre
the centre of the town
*yng ngh*anol y dre
in the centre of the town
(but: **dyna nhw yn y canol**, there they are in the centre)

You can read more about this, and about SM after prepositions generally, on pages 79–80.

Exercise 4

Using the vocabulary provided, translate the following noun-phrases:

1 the capital of Canada   _____
2 the bedroom door   _____
3 the end of the month   _____
4 the beginning of the week   _____
5 the start of the rugby season _____
6 the manager's signature   _____
7 the family car   _____
8 my brother's season ticket   _____
9 Mr Jenkins' Welsh dictionary _____
10 the language's future   _____

Geirfa

dechrau beginning   **mis** month
diwedd end   **prifddinas** capital
drws door   **rheolwr** manager
dyfodol future   **stafell wely** bedroom
geiriadur dictionary **tocyn** ticket
iaith language   **tymor** season
llofnod signature

Exercise 5

GOGLEDD
North

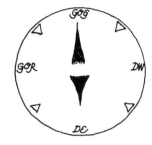

GORLLEWIN
West

DWYRAIN
East

DE
South

Cymru	**Lloegr**	**Yr Alban**	**Iwerddon**
Wales	England	Scotland	Ireland

Bearing in mind how we do 'the . . . of . . .' expressions, how would you say the following in Welsh? ('middle region' is **Canolbarth**).

1 I live in the South of Wales _____
2 I live in the North of Wales _____
3 I come from the North of England _____
4 They come from the West of England _____
5 We come from the North of Scotland _____
6 They have a cottage (**bwthyn**) in the West of Ireland _____
7 She lives in the Midlands (i.e. of England) _____
8 Her family come from the middle of Wales _____

Auxiliaries: 'Can I . . . ?', 'Could you . . . ?', 'Will you . . . ?' etc ◼◼

Welsh has a number of auxiliary verbs that are used in conjunction with another VN. Two of the most important are:

gallu	can; be able
(gw)neud	do

Various forms of these verbs are useful in making requests and, as with all auxiliaries except **bod** *be*, they cause SM of the following VN:

(dod)	°*Alla i* **ddod?**	Can I come?
(llofnodi)	°*Allech chi* **lofnodi fan hyn?**	Could you sign here?

Similar expressions used in exactly the same way are:

°**Alli(/°Elli) di°** ...?	Can you ...? (**ti**-form)
°**Allwch (/°Ellwch) chi°** ...?	Can you ...? (**chi**-form)
°**Allet ti°** ...?	Could you ...? (**ti**-form)
Nei di° ...?	Will you ...? (**ti**-form)
Newch chi° ...?	Will you ...? (**chi**-form)

(helpu)	**Elli di helpu fi?**	Can you help me?
(cywiro)	**Ellwch chi gywiro hwn i mi?**	Can you correct this for me?
(mynd â)	**Allet ti fynd â'r plant?**	Could you take the children?
(casglu)	**Nei di gasglu nhw wedyn?**	Will you collect them later?
(agor)	**Newch chi agor y drws?**	Will you open the door?

If someone asks you, you need to know the answer 'yes' which of course varies depending on how the question started:

Question		*Answer 'yes'*
°**Alla i ...?**		**Galli/Gelli** (**ti**-form)
	or	**Gallwch/Gellwch** (**chi**-form)
°**Alli di ...?**		
°**Elli di ...?**		**Galla(f)** (final –**f** optional)
°**Allwch chi ...?**	Can you ...?	(Yes) I can
°**Ellwch chi ...?**		
°**Allet ti ...?**		**Gallwn**
°**Allech chi ...?**	Could you ...?	(Yes) I could
Nei di ...?		**Gwna(f)**
Newch chi ...?	Will you ...?	(Yes) I will

If, when it comes to the crunch, you suddenly lose your grip on these different responses (it can happen), then fall back on **Iawn** *OK* or **Wrth gwrs** *of course*.

Another important auxiliary is **cael** *get, be allowed*, used in the second *Sgwrs*, °**Gei di°** ... (**chi**-form: °**Gewch chi°** ...), to say 'You can . . .' where there is a sense of giving permission. The various uses of **cael** will be dealt with in more detail in Lesson 6.

Exercise 6

First, add SM where necessary, and remove where unnecessary. Then match the Welsh sentences to their English counterparts.

(a) **Elli ti diffodd y teledu?**	(i) Can you arrange the food?
(b) **Nei di darllen y neges 'ma?**	(ii) Will you turn the TV down?
(c) **Galla i talu â siec?**	(iii) Could you let me know?
(d) **Gallwch chi trefnu'r fwyd?**	(iv) Will you read this message?
(e) **Allet di bwydo'r anifeiliaid?**	(v) Can I pay by cheque?
(f) **Newch chi droi'r teledu i lawr?**	(vi) Will you buy the presents?
(g) **Newch chi prynu'r anrhegion?**	(vii) Could you feed the animals?
(h) **Gallech chi rhoi gwybod i mi?**	(viii) Can you turn the TV off?

'Bring' and 'take'

Welsh has no specific word for 'bring', and uses instead the phrase **dod â** (lit. 'come with'). So, for example:

Dw i'n dod â'r plant	I'm bringing the children
Newch chi ddod â'r gweddill?	Will you bring the rest?

Similarly, when 'take' in English means 'accompany' or 'carry', **mynd â** (lit. 'go with') is the usual expression in Welsh:

Dw i'n mynd â'r cryno-ddisgiau i gyd
I'm taking all the CDs
Allwch chi fynd â'r rhain i'r swyddfa i mi?
Can you take these to the office for me?

Exercise 7

Translate into Welsh, and add the answer 'yes':

1 Could you (**chi**) take those with you?
2 Can you (**ti**) sit in the back of the car?
3 Could you (**ti**) help me with my homework?
4 Can you (**ti**) see the top of Snowdon (**Yr Wyddfa**)?
5 Can I help you (**chi**)?
6 Will you (**ti**) put this letter in the post?

7 Could you (**ti**) underline (**tanlinellu**) the mistakes (**gwallau**)?
8 Will you (**chi**) speak Welsh to (**â**) me?

Sgwrs 🔳

(Once again, there is no translation given for this dialogue – try to understand as much of it as possible using the select vocabulary below)

Aled, a history student, knocks on Dafydd's door

DAFYDD: Dewch i mewn.
ALED: Shwmae, Daf! Oes rhywbeth ar y gweill 'da ti heno?
D: Nag oes – dim byd yn arbennig. Pam?
A: Mae 'na °barti yn nhŷ Eve. Beth am ddod gyda ni?
(*Unbeknownst to Aled, Dafydd has only just got back from a party last night*)
D: Heno? Dw i ddim yn siwr.
A: O, ty'd ymlaen, Dafydd – mae dy ffrindiau'n disgwyl gweld ti!
(*Dafydd's resistance begins to crack*)
D: Pwy sy'n mynd, 'te?
A: Wel . . . fi, Siân – a phobol eraill.
D: Pwy yw'r °bobol eraill?
A: Wel . . . gweddill y criw, timod.
D: Pwy °griw?
(*Aled remembers that he has an essay to write on the Spanish Inquisition*)
A: O, dw i ddim yn gwybod! Y criw arferol – ein holl ffrindiau!
(*There is a lengthy pause, as Aled formulates a tactical manoeuvre. Finally:*)
Ond os wyt ti am °adael Linda i lawr . . .
D: Linda? Ydy Linda'n mynd i fod yno?
A: °Debyg iawn.
(*The clincher – further discussion is unnecessary*)
D: Iawn. Pryd dyn ni'n mynd, 'te?

Geirfa

dewch i mewn come in
Oes rhywbeth ar y gweill 'da ti? Have you got anything planned?
arbennig special

yn nhŷ = yn in + (ᴺ)t**ŷ** house
ty'd ymlaen! come on!
disgwyl expect
pobol people
eraill (sing. **arall**) other
gweddill rest; remainder
arferol usual
holl all
os wyt ti am° . . . if you want to . . .
gadael . . . i lawr let . . . down
tebyg likely
pryd? when?

Cymru a'r Gymraeg **Wales and Welsh**

Enwau llefydd **Placenames (I)**

Wales is a land of varied and often striking scenery, and this is reflected in its placenames, a high proportion of which refer to topographic or other geographical features. Once you have a basic vocabulary of common terms, most placenames are easy to interpret. There is space here only for the briefest of looks at this aspect of Welsh identity, but there are a number of useful little books on the market in Wales that deal systematically with a large number of names.

Many placenames involve genitive noun phrases as explained in this lesson. English says 'the woman's hat', while Welsh says 'the hat of the woman'. In the same way, where English says, for example, Ammanford (South Wales), Welsh phrases it as '(the) ford (of) Aman': **Rhydaman**. Millford would be '(the) ford (of) the mill': **Rhyd y felin**. In names this phrase is usually written as one word – **Rhydyfelin** – and this partly obscures its structure for the unpractised. Get into the habit of identifying the components of a placename, and you will usually be able to decipher its meaning. Elements that you cannot find in the dictionary are either mutated (look them up again properly!), or personal names.

Two very common elements in Welsh placenames are **aber** and **llan**: **aber** means a river estuary, and the element after it is nearly always the name of the river – **Aber-ystwyth** is 'estuary of the Ystwyth', and **ystwyth** itself means 'meandering' (look on a map and you will see that this is true); so **Aberystwyth** is 'estuary of the meandering river'. Swansea is at the mouth of the **Tawe**, so its Welsh name is **Abertawe**. Cardigan is at the mouth of the **Teifi**, and so on. The word **aber**, incidentally, is the same as the Scottish place-name element 'Inver' (Gaelic *inbhir*) as in Inverness.

Llan means, broadly speaking, a church, and in placenames is often combined with a saint's name – there will usually be a mutation of the name, so for example **Llanfair** is *church of Mary* (**Mair**); **Llandudno** – *church of Tudno*; **Llangybi** – *church of Cybi*.

See if you can work out who these places are named after:

Llanbedr
Llanddanielfab
Llanddeusant (**deu** *two*)
Llanddewi
Llanfairfechan (**bechan** *little*)
Llanfarian
Llanfihangel
Llanilar
Llansteffan

We will look at other elements in Welsh placenames in a later lesson.

5 Holi'r ffordd

Asking the way

In this lesson you will learn:

- how to ask and give directions
- how to give and understand commands and instructions
- more ways of making polite requests
- how to find the stem of the verb
- how to point things out, and say where things are
- how to describe family relationships

Sgwrs 🔳

Unlikely though it may seem, Susan has managed to get lost in Aberystwyth. She knows that she has to find a street called **Rhodfa'r Gogledd** (North Parade), *but has no idea how to get there. She asks help from a passer-by*

SUSAN: Esgusodwch fi. Dych chi'n siarad Cymraeg?
PASSER-BY: Ydw. °Alla i fod o °gymorth i chi?
S: Gobeithio. °Ellwch chi ddeud 'tha [= wrtha] i sut mae
             cyrraedd Rhodfa'r Gogledd o fan hyn?
P: Rhodfa'r Gogledd – °gawn ni °weld, 'te. Iawn, ewch yn
             syth i lawr y stryd o'n blaen ni fan hyn, ac mi °welwch
             chi °Rodfa'r Gogledd ar y dde.
S: Diolch. Ydy hi'n °bell?
P: Ddim yn °bell o °gwbwl – rhyw ddau neu °dri munud o
             °waith cerdded.
S: Diolch am eich cymorth, 'te. Hwyl nawr!
P: Hwyl!

[Note: From now on, the dialogues will be followed not by a
complete English translation as in the early lessons, but by listings

of relevant vocabulary – this is to encourage you to work out as much as you can from context and common sense, just as you will have to when you finish the book.]

Geirfa

cymorth help, assistance
o °flaen in front of
o °gwbwl at all
gwaith work
stryd (f) street

cyrraedd arrive, reach, get to
pell far, distant
rhyw° some; (with numbers) about
cerdded walk
munud minute

Sgwrs 🔲

Later, Susan needs to find the post office, and after wandering around aimlessly for a bit, asks for help

SUSAN: Esgusodwch fi, ellwch chi °ddangos i mi lle mae'r swyddfa °bost?

PASSERBY: Y swyddfa °bost? Ych chi'n mynd yn y cyfeiriad anghywir! Ewch yn ôl at y °groesffordd . . .

S: Iawn – ac wedyn?

P: Wedyn trowch i'r chwith, a mynd heibio i'r siop °flodau. Yna cymerwch yr ail stryd ar y °dde, ac mi °welwch chi'r swyddfa °bost ar y chwith.

S: 'Nôl at y °groesffordd, 'te, i'r chwith, heibio'r siop °flodau, a'r ail ar y °dde.

P: 'Na chi.

S: Diolch yn °fawr iawn i chi.

P: Dim o °gwbwl.

Geirfa

dangos show
anghywir wrong
wedyn then
yn ôl ('nôl) back
ail° 2nd

cyfeiriad (here) direction
croesffordd (f) crossroads
blodau flowers
heibio (i°) past . . .
cymryd take

Asking and giving directions ▣

Asking the way is a very good excuse for using your Welsh. You can talk to perfect strangers, you can work out what you're going to say first, and the answer will be a good comprehension test. Also, you can ask them to repeat what they said – **Newch chi °ddeud hynny 'to?** *Will you say that again?*, or write it down for you – **Allech chi sgwennu fe lawr i mi?** *Could you write it down for me?* If all that fails, have a map handy and say **Allech chi °ddangos i mi ar y map?** *Could you show me on the map?* An alternative way of opening the conversation is **Dw i'n chwilio am°** . . . *I'm looking for* . . ., and you could add **Dw i'n °ddieithr fan hyn** *I'm not from round here.*

There are only a limited number of possibilities in the answer, and it is worth mastering them now – if your Welsh was good in asking the question, they may come back at you at some speed.

Ewch *Go*	**yn syth ymlaen** *straight on*
	i lawr y ffordd *down the road*
	i fyny'r ffordd *up the road (N)*
	lan y ffordd *up the road (S)*
	heibio (i) 'r . . . *past the* . . .
	hyd at° . . . *up to/as far as* . . .
	y °groesffordd *the crossroads*
	y goleuadau *the lights*
Trowch *Turn*	**i'r °dde** *(to the) right*
	i'r chwith *(to the) left*
Cymerwch *Take*	**y stryd °gynta** *the first street*
	yr ail stryd *the second street*
	y °drydedd stryd *the third street*
	ar y °dde *on the right*
	ar y chwith *on the left*
Mae e/hi *It's*	**ar y °dde** *on the right*
Fe/Mi °welwch chi fe/hi	**ar y chwith** *on the left*
You'll see it	**yn syth o'ch blaen (chi)** *straight in front/ahead of you*
	draw fan'na *over there*

In a sequence of directions, . . ., *then* . . . . is either **wedyn** or, especially in colloquial speech, **yna: Trowch i'r dde,** *yna* **i'r chwith** *Turn right, then left.*

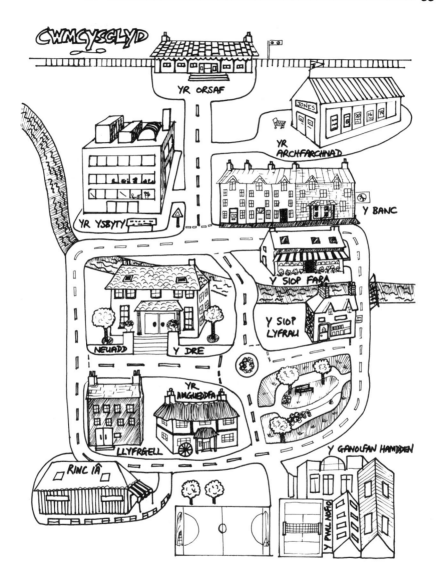

CWMCYSGLYD

YR ORSAF

YR ARCHFARCHNAD

Y BANC

YR YSBYTY

Y SIOP FARA

Y SIOP LYFRAU

NEUADD   Y DRE

YR AMGUEDDFA

LLYFRGELL

Y GANOLFAN HAMDDEN

RINC IÂ

Y PWLL NOFIO

Exercise 1

Look at the map of Cwmcysglyd above, and imagine that someone has asked how to get to the places listed on p. 64. (Note that some appear with SM after **y**, *the* on the map). Write down what instructions you would give in each case. Start from outside the door of the bookshop (**siop lyfrau**) in all cases.

llyfrgell library	**rinc iâ** icerink
gorsaf (f) station	**amgueddfa** (f) museum
ysbyty hospital	**neuadd** (f) **y dre** town hall
canolfan (f) **hamdden/chwaraeon**	**pwll nofio** swimming pool
leisure/sports centre	**archfarchnad** (f) supermarket

Exercise 2

As with the previous exercise, but this time give directions from each place in sequence – i.e. from the bookshop to the library, but then from the library to the icerink, and so on.

Exercise 3

Using the vocabulary at the back where necessary, match up each building in the left-hand column with the appropriate item in the right-hand column.

gorsaf	**hufen iâ**
swyddfa bost	**llyfr siec**
sinema	**raced sboncen**
siop lyfrau	**siocled**
ysgol	**tocyn dwyffordd**
banc	**cenhinen Bedr**
siop felysion	**geiriadur Cymraeg**
siop flodau	**stampiau**
canolfan hamdden	**bwrdd du**

Asking and saying where things are

Where is (or *are*) . . .*? in Welsh is **Lle mae . . .?** (N); or °**Le mae . . .?** or **Ble mae . . .?** (S).

Welsh has a rather more complicated system for indicating *here* and *there*. To begin with, it distinguishes between *there* (close by) and *there* (in the distance), giving a three-way system similar to Spanish. Furthermore, for this three-way system, you can either use basic words (system I below), or phrases using **fan** *place* (system II below).

	here	there (close)	there (distant)
system I	**yma**	**yna**	**acw**

system II   **fan hyn**   **fan'na**   **fan'cw**
            fan'ma

Both systems are in common use, but many books ignore system II
for some reason, even though **fan hyn**, for example, is probably
far more frequently heard in speech than **yma**. **Draw fan'na** is the
usual way of saying *over there*, useful in pointing places out. We
have already encountered extended system I forms **dyma°**, **dyna°**
and **dacw°** (meaning *Here is . . ./This is . . .* etc.) in Lesson 1, where
you learnt how to introduce other people.

In natural spoken Welsh, questions beginning **Lle mae . . .?** keep the
same word order in the answer, with the location-word or phrase
coming first in place of the question-word:

Lle **mae e?**   *Fan'na* **mae e**
Where *is it?*   *It's* there
Lle **mae'r swyddfa bost?**   *Draw fan'na ar y dde* **mae hi**
Where's *the post-office?*   *It's* over there on the right

though obviously the location phrase is often given alone as the
answer, as in English.

Exercise 4

Translate the following questions and answers, and pay attention to
the word-order and pronouns (m/f!) in the answers:

1 Where's the station?   It's over there
2 Where's the nearest (**agosa**) bank?   It's here on the left
3 Where's the library?   It's down the road
4 Where's the flower-shop?   It's opposite (**gyferbyn**) the bank

Making requests – 'Can you . . .?', 'Will you . . .?'

Ellwch chi° . . .? (or **Allwch chi° . . .?** in some areas) *Can you . . .?*
and **Newch chi° . . .?** *Will you . . .?* are both useful ways of starting a
request for someone to do something for you. Another alternative
is **Allech chi° . . .?** *Could you . . .?* Whichever you use, the action
that you want them to perform will be the simple VN (dictionary
form of the verb), and will appear with SM. *Please* is **os gwelwch
yn dda** (familiar: **os gweli di'n dda**), but the loanword **plîs** is very
commonly heard as well.

Ellwch chi esbonio hyn inni?   Can you explain this to us?
Allech chi °ddod yn ôl wedyn?   Could you come back later?
Newch chi ffonio i mewn drosta i?   Will you phone in for me?

Exercise 5

What does Rhodri have to do? And what does Siân have to do?

RHODRI: Lle dach chi isio'r bocsys 'ma?
SIÂN: Newch chi roi nhw lawr fan'na, os gwelwch yn dda?
RHODRI: Iawn. Allech chi ddal y drws 'ma ar agor am eiliad?
SIÂN: Wrth gwrs – 'na chi.

Exercise 6

Translate the following requests into Welsh:

1 Could you open this window for me (**i mi**)?
2 Will you write your address (**cyfeiriad**) down for me?
3 Can you tell me where the bus-stop (**safle bysiau**) is?
4 Will you speak Welsh to me (**â fi**) today?
5 Will you buy the tickets?
6 Could you close the door?

Stem of the verb

When endings need to be used with the verb (usually with command forms, or the past or future tenses), they are added to the stem. Sometimes this is the same as the VN (dictionary form), but often it is not. There are two types:

1 VNs that end in a vowel – the stem is found by removing the final vowel, so **talu** *pay*, stem **tal–**; **codi** *rise, raise*, (also means *charge money*), stem **cod–**; **ffonio** *phone*, stem **ffoni–**. Note in the last example that where two vowels are at the end, the rule still applies – the final vowel only is removed. But VNs ending in **–au** nearly all change this to **–eu–**: **dechrau** *begin* (**dechreu–**).
2 VNs that end in a consonant – many of these do nothing to form the stem: **eistedd** *sit*, stem **eistedd–**; **symud** *move*, stem **symud–**; **agor** *open*, stem **agor–**. But many others change in some way, often either by adding an **–i** (**derbyn** *accept, receive*, stem **derbyni–**; **dal** *catch*, stem **dali–**), or by making some internal change

(**dianc** *escape*, stem **dihang–**; **ennill** *win*, stem **enill–**; **aros** *stay*, *wait*, stem **arhos–**).

In the vocabulary at the back of the book, unpredictable verb-stems are given in brackets after the VN, e.g. **aros** (**arhos–**), and should be learnt. Where no stem is indicated, you should assume dropping the final vowel (if there is one), or making no change at all (if there is not).

Giving commands ◨◧

The command form of the verb, or imperative, is formed by adding the ending **–wch** to the stem of the verb (see above). The command forms for the verbs given there are **talwch!** *pay!*, **codwch!** *raise!*, *get up!*, **ffoniwch!** *phone!*, **eisteddwch!** *sit!*, **symudwch!** *move!*, **agorwch!** *open!*, **derbyniwch!** *accept!*, **daliwch!** *catch!*, **enillwch!** *win!*, **arhoswch!** *wait!*. This is the polite or formal command, corresponding to the pronoun **chi**. Familiar commands (corresponding to pronoun **ti**) substitute **–a** for **–wch** (**tala! coda! ffonia!**) or, with some consonant-ending VNs, simply use the VN itself – **arhosa!** or **aros!**, **symuda!** or **symud!**

Some commonly used verbs have irregular command forms that must simply be learnt:

	sing.	pl.
mynd *go*	**dos!** (N)	**ewch!**
	cer! (S)	**cerwch!** (S)
		(**cewch** in many areas)
dod *come*	**ty(r)d!** (N)	**dewch!**
	dere! (S)	
gadael *let, leave*	**gad!**	**gadewch!**

Dos yn ôl a gofyn iddo!	Go back and ask him!
Dere 'ma am °funud!	Come here (for) a minute!
Gad y papurau ar y bwrdd!	Leave the papers on the table!

Note in the first example above that, where a sentence has two imperatives in succession, the second one in Welsh is the simple VN.

Exercise 7

Using the vocabulary at the back, write down the Welsh commands (all polite) for the following:

write! wait! run! hurry! come back!
show! vote! give! learn! speak!

BYS AR NADOLIG O WOBRAU GYDAG S4C

Eleni mae S4C yn rhoi cyfle i chi ennill gwobrau drwy wylio eich hoff raglenni dros y Dolig.

- Yn gyntaf chwiliwch am y blychau melyn yn yr amserlen.

- Gwyliwch y rhaglenni ac atebwch y cwestiynau.

- Ffoniwch y rhif isod gyda'r ateb – a dewisir 30 o enillwyr bob dydd ar hap o blith yr holl gynigion cywir.

- Gallwch geisio nifer o weithiau.

- Mae'r gwobrau dyddiol yn cynnwys 5 set teledu twt, casetiau fideo a chrysau T S4C.

- Cyhoeddir yr enillwyr dyddiol ar S4C y diwrnod canlynol.

- Dewisir enw enillydd y brif wobr o wyliau i 4 gwerth hyd at £2,000, o'r holl atebion cywir ar Ionawr 1.

Pris y galwadau yw 36c y funud cyfradd rad, a 48c y funud pob adeg arall. Llinellau ar agor tan ganol nos. Mae'r rheolau i'w gweld ar y dudalen gefn.

Exercise 8

There are several command-forms in this leaflet advertising a TV-related competition run by the Welsh language channel S4C. You do not need to understand everything in it for this exercise. Using the vocabulary at the back of the book to help you if need be, find and write down in English the three things that you have to do to enter the competition.

1
2
3

Now answer the following questions in English as well:

4 Could you enter more than once?
5 What is the first prize?
6 What time of the year is this competition being held?
7 What prizes are being given out every day?
8 Till what time are the phone lines open for you to enter?

Geirfa

gwobr (f) prize	**ceisio** try
gwylio watch	**twt** compact; little
blwch box	**crys** shirt
amserlen schedule	**canol** middle

Negative commands ('Don't . . .!)

To tell someone not to do something, use **Peidiwch** + the ordinary VN:

Peidiwch mynd mor gynnar	*Don't go so early*
Peidiwch croesi'r stryd fan hyn	*Don't cross the street here*
Peidiwch aros yn rhy hir	*Don't wait too long*

The singular informal equivalent is **Paid**, used in the same way:

Paid mynd mor gynnar	*Don't go so early*
etc.	etc.

The formal language, and some colloquial variants, use **â** after **Paid/Peidiwch**; where this option is used, the following VN (if it begins with **c**, **p** or **t**) sometimes has an Aspirate Mutation (see page 47). So *Don't lose the money* can be heard variously as

> **Paid colli'r arian**
> **Paid â colli'r arian**
> or **Paid â cholli'r arian**

Exercise 9

Tell the people indicated *not* to do the following things:

1 play with the cat	(two children)
2 shout like that (**fel 'ny**)	(your husband)
3 throw crockery	(your wife)
4 make too much (**gormod o°**) noise	(Pontarddulais Male Voice Choir)
5 sit there	(your best friend)
6 look at the hamster like that	(the cat)
7 move	(the bank manager)
8 move	(the entire bank staff)

Sgwrs 🔊

A friendly old lady (L) comes to the assistance of a bewildered-looking tourist (T)

L: Alla i'ch helpu chi o °gwbwl? Chi ddim ar °goll, nag ych chi?

T: Dw i'n hollol ar °goll, a deud y gwir. Alla i'm ffeindio'r °Ganolfan °Dwristiaeth ar y map 'ma o °gwbwl.

L: Wel, lle gaethoch chi'r map 'ma, 'te – o'r amgueddfa? Ond peidiwch poeni – edrychwch, mae'r °Ganolfan °Dwristiaeth draw fan'na, ar y chwith – yr adeilad llwyd 'na gyda'r ffenestri mawr.

T: Drws nesa i'r banc, chi'n feddwl?

L: Ie – rhwng y banc a'r siop °lyfrau.

T: Dw i wedi cerdded yn syth heibio iddo °ddwywaith yn °barod heb sylweddoli!

L: Dych chi'n iawn – dyw e ddim yn adeilad trawiadol iawn, nag yw e? Ond o °leia mae'r °bobol tu °fewn yn °gyfeillgar.

T: Diolch am eich cymorth chi, ta beth.

L: Croeso – a peidiwch anghofio gofyn iddyn nhw am °fap newydd!

Exercise 10

Try and locate in the Dialogue above the Welsh words or phrases for the following:

lost   _____
at least   _____
grey   _____
anyway   _____
between   _____
don't worry   _____
next   _____
at all   _____
twice   _____
mean   _____

Exercise 11

Decide whether the following statements in Welsh relating to the Dialogues are True (**Cywir** – C) or False (**Anghywir** – A):

1 Mae Susan ar y ffordd iawn i'r swyddfa bost   C/A
2 Mae Rhodfa'r Gogledd yn bell i ffwrdd (*away*)   C/A
3 Rhwng y siop flodau a'r banc mae'r Ganolfan Dwristiaeth   C/A
4 Dyw'r twrist ddim ar goll o gwbwl   C/A

Ailysgrifennwch y rhai anghywir/*Rewrite any that are false.*

Describing family relationships

The main terms for members of the family (**aelodau o'r teulu**) are:

tad-cu (S), **taid** (N)	grandfather
mam-gu (S), **nain** (N)	grandmother
tad	father
mam	mother
mab (pl. **meibion**)	son
merch (**merched**)	daughter
brawd (**brodyr**)	brother
chwaer (**chwiorydd**)	sister
ewythr (**ewythredd, ewythrod**)	uncle
modryb (**modrybedd**)	aunt
cefnder (**cefndyr**)	cousin (m)

cyfnither (cyfnitheroedd)	cousin (f)
nai (neiaint)	nephew
nith (nithoedd)	niece
ŵyr	grandson
wyres	granddaughter
wyrion	grandchildren

'-in-law' is **-yng-nghyfraith**: **mam-yng-nghyfraith** *mother-in-law*, etc.

Exercise 12

Look at the family tree below, and then fill in the appropriate terms in the sentences that follow. Note that **Mae A yn°...i B** *A is B's...* involves a Soft Mutation.

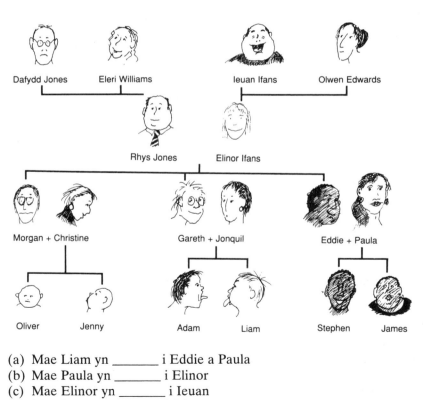

(a) Mae Liam yn _____ i Eddie a Paula

(b) Mae Paula yn _____ i Elinor

(c) Mae Elinor yn _____ i Ieuan

(d) Mae Ieuan yn _____ i Rhys

(e) Mae Rhys yn _____ i James

(f) Mae James yn _____ i Oliver

(g) Mae Oliver yn _____ i Jenny
(h) Mae Jenny yn _____ i Elinor
(i) Mae Elinor yn _____ i Christine
(j) Mae Christine yn _____ i Adam
(k) Mae Adam yn _____ i Jonquil
(l) Mae Jonquil yn _____ i Morgan

Gwleidyddiaeth – Politics

Dde *right* and **chwith** *left* also have political connotations as in English. The **sefyllfa °wleidyddol** *political situation* in Wales differs from that in England in having all parliamentary seats contested by **gwleidyddion** (sing. **gwleidydd**) *politicians* from four instead of three main parties (**pleidiau**, sing. **plaid** (f) – also **pleidleisio** *vote*). **Plaid Cymru** ('Party of Wales') is the nationalist party, which campaigned unsuccessfully for devolution (**datganoli**) in the '70s, and continues to press for self-government (**hunan-lywodraeth**) and a Welsh Parliament (**Senedd** (f)). It envisages Wales as an independent sovereign state within the EC (**y °Gymuned Ewropeaidd**). The three British-based parties are **y Ceidwadwyr** *the Conservatives* (**y °Blaid °Geidwadol, y Toriaid**), **Llafur** *Labour* (**y °Blaid °Lafur**) and **y Rhyddfrydwyr Democrataidd** *the Liberal Democrats* (**y °Blaid °Ryddfrydol**). Other parties include **y °Blaid °Werdd** *the Green Party*, **y °Blaid °Gomiwnyddol** *the Communist Party* and **Plaid yr Ynfyd Mawr Gwallgof** *Monster Raving Loony Party*. The 'wing' of a party is **asgell** (f) – **asgell °dde'r Blaid Geidwadol** *the right wing of the Conservative Party*; (also in sporting terminology: **asgellwr** *winger*). **San Steffan** is the Welsh name for *Westminster*, where Parliament (also **Senedd**) comprises **Tŷ'r Cyffredin** *the House of Commons* and **Tŷ'r Arglwyddi** *the House of Lords*. **Y Llywodraeth** *the Government* is led by the **Prif °Weinidog** *Prime Minister* (**gweinidog** *minister*), and opposed by **yr °Wrthblaid** (**gwrth** *anti* + **plaid**) *the Opposition*.

In the **ymgyrch** *campaign* leading up to an **etholiad cyffredinol** *general election*, the **ymgeiswyr** (sing. **ymgeisydd**) *candidates* try to **argyhoeddi** *convince* you to **pleidleisio drostyn nhw** *vote for them* so they can become the **Aelod Seneddol (A.S.)** *Member of Parliament* for your **etholaeth** *constituency*. They talk a lot about **polisïau** *policies*, **trethi** (sing. **treth** f) *taxes*, **y Gwasanaeth Iechyd** *the Health Service*, **gwasanaethau lleol** *local services*, and **pleidleisio cyfrannol** *proportional representation*. At national level, all that really matters is **buddugoliaeth** (f) *victory*. An *opinion poll* is **arolwg barn**, or often

pôl piniwn in many parts of Wales. The **arolgwyr barn** *pollsters* say their polls are **dibynadwy** *reliable*, and not at all **camarweiniol** *misleading*, even though they frequently **rhagddweud** *predict* a **Senedd** °**grog** *hung Parliament*. The **gwleidyddion** will **atgoffa pawb** *remind everyone* that **y pôl ar y noson ei hun yn unig sy'n cyfri** *the poll on the night is the only one that counts*. The **cyfryngau** *media* then **dadansoddi'n ddibaid** *ceaselessly analyse* the **canlyniadau** *results* with the help of **arbenigwyr** *experts* and their **cyfrifiaduron** (sing. **cyfrifiadur**) *computers*. For each **datganiad** *declaration*, all parties will be hoping for a **mwyafrif llethol** *an overwhelming majority*; in the **stiwdio**, the **cynrychiolydd** *representative* for **y** °**blaid fuddugol** *the winning party* will be **annioddefol** *insufferable*; **yn rhyfedd iawn** *strangely*, those for the other parties will be not all **siomedig** *disappointed*, and certainly not **wedi'u digalonni** *disheartened* – it was, **wedi'r cwbwl** *after all*, and **o dan yr amgylchiadau** *under the circumstances*, a **sedd anodd i'w hennill** *a difficult seat to win*, and does not **adlewyrchu'r** °**duedd** °**genedlaethol** *reflect the national trend*. °**Drannoeth** *the next day*, avoid more **dadansoddi dibaid** by telling everyone **Nes i** °**gysgu trwy'r cyfan i gyd** *I slept through the whole thing*. Barring **is-etholiadau** *by-elections*, you should be safe **am** °**bedair blynedd o** °**leia** *for at least four years*.

6 Siopa

Shopping

In this lesson you will learn how to:

- ask for things in the shops
- ask how much something costs
- use numbers
- talk about money
- say that you want or need something

Sgwrs 🔲

*The **siop leol** local shop is an important place for catching up on the
village news. If you want, you can buy things there as well, but Mrs
Williams and Mrs Owen are more interested in the former than the
latter*

MR DAVIES:	Alla i'ch helpu chi'ch dwy?
MRS WILLIAMS:	Dim diolch, Mr Davies. Dyn ni ddim angen dim byd heddi.
(*spots the cheese*)	
	O, mae caws Caerffili 'da chi heddi, oes e?
MR D:	Oes.
MRS W:	Faint yw e?
MR D:	Punt a pymtheg ceiniog y pwys.
MRS W:	Ga i hanner pwys, 'te?
MR D:	Cewch.
MRS W:	Well i mi °gael dau °bwys o °datws hefyd, tra bo fi 'ma, a hanner dwsin o afalau.
MR D:	'Na ni.
MRS W:	O, ac mae ymwelwyr 'da ni heno, on'd oes? – ga i °dorth °wen a dau °becyn o fisgedi?
MR D:	Unrhywbeth arall?

Mrs W: 'Na'r cwbwl am y tro, wi'n meddwl.
Mr D: Iawn. Tair punt a deg ceiniog, os gwelwch yn dda.
Mrs W: Diolch . . .
(*looks round*)
Ydy Mrs Owen wedi mynd?

Geirfa

dyn ni ddim angen we don't need
dim byd nothing
punt (f) pound (£)
pwys pound (lb)
hanner half
well i mi° . . . I'd better
cael get; have
tatws potatoes
tra bo fi 'ma while I'm here (S)
afal (–au) apple
ymwelwyr visitors
Ydy . . . wedi mynd? Has . . . gone?

Sgwrs

Glyn has some things to do in the post office

Gw: Pnawn da
Glyn: Pnawn da. Dw i eisiau danfon y pecyn 'ma i'r Unol Daleithiau.
Gw: Allech chi roi fe ar y glorian?
(*Glyn puts it on the scales*)
Post awyr neu beidio?
G: Faint °gymerith e fel arall?
Gw: Mis o leia.
G: Post awyr, 'te – mae'n °bwysig. Ga i ddau stamp ail ddosbarth hefyd, a llyfryn o stampiau dosbarth cynta?
Gw: Cewch. Unrhywbeth arall?
G: Oes. Dw i eisiau talu ᴺmil ffôn.
(*hands over the bill*)
Gw: Iawn. Ydych chi am °dalu â siec?
G: Ydw, os ydy hynny'n iawn.
Gw: Ydy.
G: Ga i dalu am °bopeth gyda'i gilydd?
Gw: Na chewch, mae ofn arna i. Mae eisiau siec ar gyfer y bil ffôn yn unig, a siec arall am y gweddill.

Geirfa

danfon send	**awyr** air
yr Unol Daleithiau the US	**pwysig** important; urgent
clorian (f) scales	**ail ddosbarth** second class
. . . neu °beidio? . . .or not?	**cynta** first
faint gymerith e? how long	**os** if
will it take?	**popeth** everything
fel arall otherwise	**gyda'i gilydd** together
mis month	**mae ofn arna i** I'm afraid
	ar gyfer for

Shopping 💿

To ask somebody to give you something, as in a shop, use **Ga i°. . .?**
Can I have. . .?, or **Alla i °gael. . .?** meaning the same thing. But first
of all, you may want to find out the price:

Faint yw'r . . .
How much is/are the . . .

bara	bread	**melysion**	sweets
menyn	butter	**orennau**	oranges
caws	cheese	**afalau**	apples
bresych	cabbage	**bananas**	bananas
nionod (N)		**pysgod**	fish
wynwyn (S)	onions	**cig moch**	pork
tatws	potatoes	**cig eidion**	beef
moron	carrots	**cyw iâr**	chicken
letys	lettuce	**selsig**	sausage(s)
ffa	beans	**bisgedi**	biscuits
ffa pob	baked beans	**halen**	salt
ffa dringo	runner beans	**pupur**	pepper
sgewyll	sprouts	**sebon**	soap
uwd	porridge	**powdwr golchi**	washing powder
creision ŷd	cornflakes		

Notice that what you want will appear with SM if you use **Ga i . . .°**,
but not with **Alla i °gael . . .?**

 Ga i °dri pwys o foron?
but: **Alla i gael tri pwys o foron?**
 Can I have three pounds of carrots?

Other expressions useful when shopping are:

Mae hynny'n rhy ddrud	That's too expensive
'Na fargen!	What a bargain! [can also be used ironically]
Oes . . . ar ôl 'da chi?	Have you got any . . . left?
Pryd bydd rhagor 'da chi?	When will you have (some) more (in)?
Mae dyddiad y . . . 'ma wedi mynd	This . . . is past its date
Rhowch° . . .i mi	Give me . . .
Allech chi roi'r cyfan mewn bag/bocs i mi?	Could you put it all in a bag/box for me?
Does gen i ddim newid (N)	
Does dim newid 'da fi (S)	I haven't got any change
Does gen i ddim llai (N)	
Does dim llai 'da fi (S)	I haven't got anything smaller
'Mond papur ugain punt sy 'da fi (S)	
gen i (N)	I've only got a £20 note
Mae'r newid 'ma'n anghywir	This change is wrong
Dych chi'n derbyn sieciau?	Do you take cheques?
Dw i wedi anghofio ngherdyn siec	I've forgotten my cheque-card
Mae eisiau ffonio nghyfrifydd	I must phone my accountant (heavily ironic)

hyn 'this' and hynny 'that'

These are general terms for 'this' and 'that' when these words are used on their own (i.e. without a following noun) without reference to a particular object or person. Compare:

Mae hwn yn °drwm	This (one) is heavy (e.g. talking of a parcel)
Mae hyn yn anodd	This is difficult (e.g. talking of a situation)
Mae hwnnw'n °beryglus	That (one) is dangerous (e.g. a dog)
Mae hynny'n °beryglus	That is dangerous (e.g. a course of action)

Similarly, after getting everything you want in the shop, you may wish to say:

Faint yw hynny?	How much is that? (i.e. all the purchases together)

as opposed to:

Faint yw hwnnw/honno?   How much is that (thing)?

You should also learn the following very common idioms using **hyn** and **hynny**:

ar hyn o °bryd	at the moment
hyd yn hyn	so far; up till now (also **hyd yma**)
hyn oll	all this
fel hyn	like this; in this way
fel hynny, fel 'ny	like that; in that way
°bryd hynny, °bryd 'ny	at that time
wedi 'ny	after that; then

SM after prepositions

Most prepositions in Welsh cause SM of the following word. The most common ones that do this are:

am°	**hyd°** up to, as far as
ar° on	**i°** to, for
àt° at, to	**o°** from; of
(o) dan° under	**tan°** until
dros° over; for	**trwy° (drwy)°** through
gan° by; with	**wrth°**
heb° without	

(**am** and **wrth** have many different uses, corresponding to various prepositions in English)

Several of the prepositions have special meanings when used with VNs:

Dych chi *am* °dalu â siec?	Do you *want* to pay by cheque?
Mae'r bws *ar* fynd	The bus is *about to* go
Mae Elspeth a Linda *heb* ddod	Elspeth and Linda *have not* come (see further Lesson 12)
Canwch y larwm *drwy* °dorri'r gwydr	Sound the alarm *by* breaking the glass

And we have already seen the more obvious **i** + VN in **Dw i'n mynd i°** ... *I'm going to* ...

Prepositions before genitive noun-phrases

In Lesson 4 we saw that expressions involving *the . . . of . . .* (or, of course, *the . . .'s*) do not begin with the definite article in Welsh. In other words, while the phrase '*the* end' is **y diwedd** as we would expect, '*the* end of the programme' is **diwedd y rhaglen**; if this phrase is preceded by a mutating preposition, then there is no **y** to block the mutation. Compare:

	ar° y diwedd	at the end
but	**ar° *dd*iwedd y rhaglen**	at the end of the programme
	ar° y gwaelod	at the bottom
but	**ar° *w*aelod y ffurflen**	at the bottom of the form
	ar° y copa	on the summit
but	**ar° *g*opa'r mynydd**	on the summit of the mountain

Numbers 1–10 💿

1	**un, un°**	6	**chwe(ch)**
2	**dau°, dwy°**	7	**saith**
3	**tri, tair**	8	**wyth**
4	**pedwar, pedair**	9	**naw**
5	**pum(p)**	10	**deg**

These are generally used with a *singular* noun: **pedwar llyfr** (not **. . . llyfrau**) *four books*.

Where two forms are given, these are for use with masculine and feminine nouns respectively: **dau fachgen** *two boys*, **dwy ferch** *two girls*; **tri planhigyn** *three plants*, **tair coeden** *three trees*.

Final consonants in brackets (5 and 6) are heard only when there is no following noun:

	Mae pump fan hyn	There are five here
but	**Mae pum afal fan hyn**	There are five apples here
	Chwech yn unig	Only six
but	**Chwe torth yn unig**	Only six loaves

Notice that 1 (f) and 2 (either gender) are followed by SM.

AM is optionally used after **tri** (but not **tair**) and **chwe**, especially with words beginning **c–** and **p–**: tri **cheffyl** *three horses* (**ceffyl**); tri **phensil** *three pencils* (**pensil**). Follow local usage on this point.

Exercise 1 🔲

Practise saying these telephone numbers in Welsh, and then, if you
have the cassette, listen to the native speakers saying them and try
noting them down without looking at the book. 'Zero' is **dim**.

(a) 021–433–1616	(e) 0424 551139
(b) 071–755–1201	(f) 0222 480060
(c) 0804 431176	(g) 051–624–3392
(d) 081–500–7004	(h) 0970 429073

Expressions of quantity 🔲

faint?	how much? how many?
llawer	a lot, much; many
gormod	too much; too many
digon	enough
rhagor	more (= 'in addition')
mwy	more (= **rhagor** in this sense)
ychydig	a little; a few

Units of measure and terms for containers or packaging also come
under this type, e.g.:

pwys	pound (lb)
hanner dwsin	half a dozen
dwsin	a dozen
pecyn	a pack(et)
tun	a tin
potel (f)	a bottle
darn	a piece
tafell (f)	a slice
sleisen (f)	a slice
bocs	a box

Terms that express a quantity of something require **o°** – in other
words, we say in Welsh 'enough *of* bread' (**digon *o* fara**), 'too many
of people' (**gormod *o* bobol**), 'more *of* coffee' (**rhagor *o* goffi**), 'half
a dozen *of* eggs' (**hanner dwsin *o* wyau**) etc.

Exercise 2 🔲

Imagine you are in the **siop leol** – what would you say to get the fol-
lowing items? Try and get all instances of SM in each case.

1 half a pound of tea
2 six pounds of potatoes
3 two books of stamps
4 three tins of baked beans
5 half a dozen apples
6 three bottles of milk

Exercise 3

Put in the mutations (all SM) that have been left out of the following:

1 Ca i tri pwys o caws?
2 Oes wyau 'da chi bore 'ma?
3 Rhowch dau pecyn o creision caws a nionyn i mi os gwelwch yn
   da.
4 Does dim tatws 'da ni ar hyn o pryd.
5 Alla i cael dau pwys o sgewyll?
6 Mae rhagor o moron ar gwaelod y bocs 'na.

Which sentence did not need any mutations added?

Exercise 4

Starting with the original sentence below, make substitutions as
indicated to create different sentences. The first two substitutions
are done for you as an example.

Ga i ddau bwys o gaws?

(a) potatoes	**Ga i ddau bwys o** *datws*	
(b) one pound	**Ga i** *bwys* **o datws**	
(c) we	_____	
(d) packet of crisps	_____	
(e) I	_____	
(f) two packets	_____	
(g) a white loaf	_____	
(h) we	_____	
(i) two white loaves	_____	
(j) a white loaf	_____	
(k) I	_____	
(l) a dozen eggs	_____	
(m) two dozen	_____	
(n) half a dozen	_____	

(o) how much? _____

(p) pork sausages _____

Numbers 11–20

There are two systems in Welsh for numbers 11–20, an old one with special words for certain numbers, and a modernised decimally-based system:

	old	new
11	**un ar ddeg**	**undeg un**
12	*deuddeg*	**undeg dau**
13	**tri ar ddeg**	**undeg tri**
14	**pedwar ar ddeg**	**undeg pedwar**
15	*pymtheg*	**undeg pump**
16	**un ar bymtheg**	**undeg chwech**
17	**dau ar bymtheg**	**undeg saith**
18	**deunaw**	**undeg wyth**
19	**pedwar ar bymtheg**	**undeg naw**
20	*ugain*	**dauddeg**

The italicised numbers in the old system are still very widely used, and you should be familiar with them. The new system is promoted in schools – these numbers are usually followed by **o°** + *plural* noun: **undeg wyth o amlenni** *eighteen envelopes*; **undeg pedwar o bensiliau** *fourteen pencils*.

Money

A *pound* is **punt** (f – pl. **punnoedd** or **punnau**), and a *penny* is **ceiniog** (f – pl. **ceiniogau**). You will need the rest of the numbers up to 100 – old system variants still widely used are given in brackets:

21	**dauddeg un**	60	**chwedeg**
22	**dauddeg dau**	70	**saithdeg**
	etc.	80	**wythdeg**
30	**trideg**	90	**nawdeg**
31	**trideg un**	100	**can(t)**
	etc.		
40	**pedwardeg (deugain)**		
50	**pumdeg (hanner can(t))**		

Generally, these higher numbers are, like quantity expressions, followed by **o°** + plural noun: **trideg pump *o* ddyn*ion*** *35 men* (**dyn**); **chwedeg wyth *o* dd*e*f*ai*d** *68 sheep* (**dafad**); **cant *o* bunn*oedd*** (**punt**). Measure-words, however, are usually in the singular: **hanner can milltir** *fifty miles*, **pedwardeg pum pwys o datws** *forty-five pounds of potatoes*.

But with money both singular (without **o**) and plural (with) are heard. So for example, £3.57 can be either **tair punt pumdeg saith o geiniogau** or **tair punt pumdeg saith ceiniog**.

Note is **papur** – **papur pum punt** *five-pound note*; similarly, *piece/coin* is usually **pisin** (pronounced 'pishin') – **pisin hanner can ceiniog** *50 pence piece*.

> **Oes pisin ugain ceiniog 'da ti i'r peiriant tocynnau?**
> Have you got a twenty-pence piece for the ticket machine?

Exercise 5 ▨

Write out the following amounts in Welsh:

1	£9.47	6	£2.99
2	£1.60	7	£6.22
3	£0.75	8	£7.38
4	£10.80	9	£3.95
5	£3.15	10	£5.75

Northern alternatives: possession, 'can'

Generally, the Welsh spoken in the North and South of the country does not differ all that much. A lot of it comes down to accent, and if you have the cassette you will no doubt identify the Northern speakers fairly easily. Occasionally we find a different sentence construction in the North, and this is the case with possession. In Lesson 3 we saw that **gyda** *with* is used:

> **Mae car newydd 'da John**   John's got a new car

But in the North, **gan** (or **gyn** in speech quite often) is used instead of **gyda**, and the word-order is different:

> **Mae gan John °gar newydd**

Furthermore, when **gan** is used with pronouns, it changes its form:

sing.	pl.
1 **gen i, gyn i**	**gynnon ni**
2 **gen ti, gyn ti**	**gynnoch chi**
3 **gynno fo**	**gynnyn nhw**
gynni hi	

In writing, and sometimes in speech, **gynn–** is found as **gandd–**, and 2 pl. is often seen as **gennych (chi)**.

You should also notice that, in this Northern possession construction, the thing possessed has SM.

Mae gen i °ragor o enghreifftiau fan hyn
I've got more examples here
Mae gynnyn nhw ddigon o °drafferthion yn barod, dybiwn i
They've got enough troubles already, I should think
Mae gyn 'n chwaer i lwyth o °waith i'w wneud erbyn diwedd yr wythnos
My sister's got a load of work to do by the end of the week

Another alternative you will frequently come across in the North is the verb **medru** *can, be able*, used widely where other regions have **gallu**. By and large it works the same way.

Fedri di° . . .?	Can you . . .?
Fedrwch chi° . . .?	Can you . . .?
Fedret ti° . . .?	Could you . . .?
Fedrech chi° . . .?	Could you . . .?

One use that **medru** does not share with **gallu** can be seen in:

Mae Susan yn medru Cymraeg   Susan can speak Welsh

Eisiau 'want', angen 'need'

These two words are nouns, but they act virtually as verbs in Colloquial Welsh, in that they are used with **bod**. The important thing to notice about them, however, is that, when used with **bod**, they do not have the linking **yn** that would be needed with ordinary VNs.

	Dw i 'n mynd	I go
but:	**Dw i eisiau**	I want [i.e. *not* Dw i'n eisiau]
	Mae Roy a Stella'n gyrru Jeep	Roy and Stella drive a Jeep
but:	**Mae Roy a Stella angen petrol**	Roy and Stella need petrol

Other useful constructions:

Dych chi (/Wyt ti) eisiau . . .? Do you want . . .?
Dych chi eisiau i mi° . . . (+ VN)? Do you want me to . . .?
Dych chi (wyt ti) angen . . .? Do you need . . .?

or, with an alternative construction:
Oes angen . . . arnoch chi (arnat ti)? Do you need . . .?

Both **eisiau** and **angen** can be used as nouns in impersonal constructions using **Mae** (INT **Oes . . .?**, NEG **(Doe)s dim . . .**) before them to express *There is a need . . .*, etc:

Mae angen mwy o °gefnogaeth More support is needed
[lit. 'there is need of more support']
'Sdim eisiau poeni am hynny There's no need to worry about that
Oes angen dweud rhywbeth? Should something be said?

Eisiau is pronounced variously **isio** (N), **ise** (Mid-Wales) or **isie**, but never as spelt.

Remember that **am°** + VN is another way of saying *want*:

Maen nhw am ddysgu They want to learn

Many S areas use a true VN **moyn** or **mofyn** for *want* instead, and this does require the linking **yn**. Compare:

Dyn ni eisiau mynd adre We want to go home
Dyn ni'n moyn mynd adre We want to go home

In some areas you will hear **moyn** used to mean *fetch*:

Cer i moyn y llaeth, nei di? Go and fetch the milk, will you?

Notice from this example that **moyn** is an immutable word (i.e. *not* Cer i° *f*oyn y llaeth . . .)

Sgwrs

Alun has a transaction at the bank

ALUN: Bore da. Dw i eisiau trosglwyddo arian o nghyfrif cyfredol i nghyfrif cadw.
B: Iawn. Faint hoffech chi drosglwyddo?
A: Tri chant o bunnoedd.

B: Beth ydy'r enw?
A: Alun Jenkins.
B: A be' 'dy rhif eich cyfrif cadw?
A: Dw i ddim yn gwybod, mae ofn arna i.
B: Dim ots – na i °ofyn i'r cyfrifiadur.
(checks on the computer)
                 Dyma ni – wyth wyth dim pedwar chwech dim saith dim.
                 Arwyddwch fan hyn, os gwelwch yn dda.
A: Dych chi angen 'n llyfr siec?
B: Nadw, ond mae eisiau i chi arwyddo'r credyd.

Geirfa

trosglwyddo transfer	**dim ots** it doesn't matter
cyfrif account	**na i°** ... I'll ...
cyfredol current	**cyfrifiadur** (**–on**) computer
cadw keep; (here) deposit	**arwyddo** sign (vb)
mae ofn arna i I'm afraid	**credyd** slip (i.e. form)

Exercise 6

Here is another conversation in the bank – but jumbled up. Put the parts for both speakers in the right order so that the whole thing makes sense.

A: Oes. Allech chi lenwi fe i mi?
A: 'Na ni. 'te. Hwyl.

A: Diolch. Oes eisiau i mi wneud unrhywbeth arall?
A: Ga i dalu'r siec 'ma i mewn?
A: Gwna. Lle dach chi eisiau i mi lofnodi?

B: Oes – newch chi lofnodi fe?
B: Cewch. Oes credyd talu i mewn 'da chi?

B: Hwyl fawr.
B: Fan hyn ar y gwaelod.
B: Gallwn. 'Na chi.

Mewn – *'in (a)'*

The word for 'in' in Welsh differs according to whether the item following is specifically defined or not. By specific we mean any word that is

(a) preceded by the definite article (**y**, etc.)
(b) preceded by a possessive adjective (see Lesson 4)

(c) a pronoun
(d) a name of a person or place

In all these cases, the word for 'in' will be **yn** (NM) (see Lesson 4). But otherwise the word for 'in' will be **mewn** (no mutation). Compare:

yn yr ysgol	in the school
mewn ysgol	in a school (not specified)
yn yr ysgolion	in the schools
mewn ysgolion	in schools (generally)
yn y dre	in the town
yn Llanelli	in Llanelli
mewn tre	in a town (not specified)

Exercise 7

Without translating, decide whether you would use **yn** or **mewn** for 'in' in the following sentences:

(a) Would you like a ride in my helicopter?
(b) I've never been in a helicopter before.
(c) I bought it second-hand in Talybont.
(d) Was it in a shop?
(e) No, silly – it was in the classifieds.
(f) Have you taken anyone else for a ride in it?
(g) No, you're the first. I've been in the garage for the past two months putting it together.
(h) Putting . . . you mean it came in a kit?
(i) Yes, I thought I mentioned that. Are you strapped in your seat?
(j) Yes . . . You amaze me, we're in the air.
(k) Oh ye of little faith. Now watch this, I'm going to put her in a tight turn. Pull that lever, would you?
(l) This lever here, you mean? . . . Oh look, it's come off in my hand!
(m) Has it? It didn't say anything about *that* in the instructions.
(n) And it says in this manual that you need a licence to fly these.
(o) Never mind that – does it say anything in the manual about landing?
(p) Where am I? What am I doing in a strange bed?
(q) You're in Bronglais Hospital.
(r) I had this terrible dream, nurse. I was in a helicopter, only it wasn't . . .

(s) There, there. Now, there are two gentlemen in the next room who are waiting to have a word with you.

(t) Gentlemen? Am I . . . in trouble, or something?

(u) Let's just say they're both in uniform.

7 Y tywydd

The weather

In this lesson you will learn how to:

- talk about things that *were*
- say what *was* happening
- say what *will* happen
- understand weather forecasts
- discuss plans in relation to the weather

Sgwrs 🔲

Dewi and Nigel are comparing notes on their holidays. Nigel has just come back from Majorca, while Dewi stayed put in Abergwaun (Fishguard)

DEWI: Sut oedd y tywydd ym Majorca, 'te, Nige?
NIGEL: Wel, oedd hi'n °boeth a heulog, wrth °gwrs. Beth am Abergwaun?
D: Poeth a heulog hefyd. Sut oedd y bwyd draw fan'na?
N: Oedd y sglodion yn seimllyd, a'r cwrw'n °wan.
D: Swnio'n °gyfarwydd. Oedd y °bobol yn °gyfeillgar?
N: Oedden. Ond doedd neb yn siarad Saesneg.
D: Yn union fel Abergwaun! Man a man i ti fod wedi aros fan hyn, Nige.
N: Wi ddim yn mynd 'to.

Geirfa

tywydd weather   **gwan** weak
poeth hot   **swnio'n gyfarwydd** sounds familiar
heulog sunny   **cyfeillgar** friendly

bwyd food
sglodion chips
seimllyd greasy
cwrw beer
(e)to again

neb no-one
yn union fel exactly like
man a man i ti fod wedi ... (+ VN)
  you might as well have ...

Exercise 1

Cywir neu Anghywir?

1 Oedd y tywydd yn Abergwaun yn boeth.	C/A
2 Does neb yn bwyta sglodion yn Abergwaun.	C/A
3 Mae llawer o bobol yn siarad Saesneg yn Majorca.	C/A
4 Mae Nige eisiau mynd i Majorca eto.	C/A

Ailysgrifennwch y sawl sy'n anghywir (rewrite those that are false).

Sgwrs

*Mair and Elinor's differing approaches to life are revealed in their
discussion of the weather*

MAIR: Mae'n braf heddiw, on'd yw hi?
ELINOR: Bydd hi'n bwrw glaw erbyn amser cinio.
M: Wel, o °leia °gafon ni ddiwrnod heulog ddoe.
E: O'n i yng Nghaergybi ddoe. Roedd hi'n ddiflas trwy'r
        dydd.

Geirfa

bwrw glaw (to) rain
erbyn by (time)
cafon ni we had/got (S)
diwrnod day

Caergybi Holyhead (Anglesey)
ddoe yesterday
diflas miserable
trwy'r dydd all day

Imperfect of bod – 'I was', etc

To say *I was, you were*, etc, you will need the imperfect tense of
bod:

	AFF	INT	NEG
sing. 1	o'n i I was	o'n i? Was I?	(d)o'n i ddim I was not
2	o't ti etc.	o't ti? etc.	(d)o't ti ddim etc.
3	oedd e/hi	oedd e/hi?	(d)oedd e/hi ddim
pl. 1	o'n ni	o'n ni?	(d)o'n ni ddim
2	o'ch chi	o'ch chi?	(d)o'ch chi ddim
3	o'n nhw	o'n nhw?	(d)o'n nhw ddim

These forms may vary a little from region to region in Colloquial
Welsh, but generally AFF and INT are distinguished only by into-
nation, while NEG has an optional **d–** on the front and, of course, a
following **ddim** ('not').

O't ti yn y °dre neithiwr?   Were you in [the] town
                                  last night?

Do'n nhw ddim °gartre   They were not at home
Oedd e tu allan trwy'r nos   He was outside all night

In most types of writing, however, the following fuller sets of forms,
from which the above colloquial pattern has since developed, are
generally in use:

	AFF	INT	NEG
sing. 1	roeddwn i	oeddwn i?	doeddwn i ddim
2	roeddet ti	oeddet ti?	doeddet ti ddim
3	roedd e/hi	oedd e/hi?	doedd e/hi ddim
pl. 1	roedden ni	oedden ni?	doedden ni ddim
2	roeddech chi	oeddech chi?	doeddech chi ddim
3	roedden nhw	oedden nhw?	doedden nhw ddim

So: Oeddet ti yn y °dre neithiwr?
        Doedden nhw ddim °gartre
        Roedd e tu allan trwy'r nos

For 'yes' answers to questions beginning with the imperfect of **bod**,
use the written INT forms above, but without the following pro-
noun:

O'ch chi yn y °dre neithiwr?   **Oeddwn**
Were you in town last night?   (Yes,) I was
Oedd Julie'n °grac?   **Oedd**
Was Julie cross?   (Yes,) she was

For 'no' answers, prefix a **Nag** to either written or spoken INT forms: **Nag oeddwn** or **Nag o'n** (i) *(No,) I wasn't*; **Nag oedd** (hi) *(No,) she wasn't*, etc.

'Tag'-questions can be made by placing **On'd** before the INT forms, with or without the following pronoun:

Oedd hi'n oer iawn bore 'ma, *on'd oedd (hi)*?
It was very cold this morning, *wasn't it?*

Imperfect of bod *+ VN – 'I was . . .ing', etc*

You can use the imperfect of **bod** with a VN (joining them with **yn** – see Lesson 2) to make a 'past continuous' tense:

Oedd y °**bobol** *yn eistedd* **draw fan'na**	The people *were sitting* over there
O'n **i** *ddim yn gyrru*'**n rhy** °**gyflym**	I *wasn't driving* too fast
O'ch **chi'**n *aros* **am rywun?**	*Were* you *waiting* for someone?
Doedd y **trenau** *ddim yn rhedeg*	The trains *weren't running*

Exercise 2

Turn these present tense sentences into the imperfect. Use the simpler spoken forms in this exercise.

Example: Dw i ddim gartre heddiw   ('I *am* not at home today')
      – **O'n i ddim gartre heddiw**   ('I *was*n't at home today')

1 Mae Aled a Julie yn rhannu *(share)* fflat.
2 Dych chi'n gwylio'r teledu?
3 Ŷn ni ddim yn moyn talu gormod.
4 Wyt ti'n bwriadu *(intend)* dod 'da ni?
5 Dyw mrawd ddim yma.
6 Ydy'r dosbarthiadau Cymraeg yn anodd *(difficult)*?

Exercise 3

Repeat Exercise 2, but this time use the more formal written forms of the imperfect tense.

'I knew', 'I thought'
In Welsh, verbs that express a mental state, like **gwybod** *know* (a fact), **nabod** *know* (a person) and **meddwl** *think*, use the imperfect where English uses an ordinary past tense. In other words, for *I knew* we must say in Welsh **O'n i'n gwybod**, lit. 'I was knowing'. Similarly **O'n i'n nabod e flynyddoedd yn ôl** *I knew him years ago*; **O'n i'n meddwl hynny** *I thought so* (lit. 'I was thinking that').

Future of bod – 'I will be', etc

AFF (statement) forms are as follows:

bydda i I will be	**byddwn ni** we will be
byddi di you will be	**byddwch chi** you will be
bydd e/hi he/she will be	**byddan nhw** they will be

To turn these into questions, simply use SM. For example: **fydda i?** *will I be?*, **fyddwch chi?** *will you be?*. The NEG versions require both SM and following **ddim** ('not'): **fydda i ddim** *I won't be*, **fyddwch chi ddim** *you won't be*.

In fact even the AFF forms are frequently heard with SM in Colloquial Welsh – so, for example, **Byddan nhw fan hyn yfory** and **Fyddan nhw fan hyn yfory** both mean *They'll be here tomorrow.* The INT version **Fyddan nhw fan hyn yfory?** *Will they be here tomorrow?* differs only in intonation.

'Yes' answers simply repeat the appropriate form of the verb, without SM:

Fydd Alun yn y farchnad pnawn 'ma?	**Bydd**
Will Alun be at the market this afternoon?	(Yes,) he will be
Fyddwn ni mewn pryd, ti'n meddwl?	**Byddwch**
Will we be in time, do you think?	(Yes,) you will be

'No' answers use **Na**° . . .: **Na fydd** *(No,) he/she won't be*; **Na fyddwch** *(No,) you won't be.*

In answers only, the 1st pers. sing. is often heard with a –**f** on the end:

Fyddi di i ffwrdd trwy'r wythnos?	**Bydda (f)**
Will you be away all week?	(Yes,) I will be

Fyddi di yn y dosbarth wythnos nesa?   **Na fydda (f)**
Will you be in class next week?   (No,) I won't be

'Tag'-questions can be made by placing **On'** before the AFF forms
(usually unmutated), with or without the following pronoun:

Fydd hi'n oer heno, *on' bydd (hi)*?
It will be cold tonight, *won't it?*
Fe fyddwn ni mewn pryd, *on' byddwn (ni)*?
We'll be in time, *won't we?*

Future tense of other verbs

The future of any verb can be formed by joining its VN to the future
of **bod** using **yn**. So:

Bydda i	**'n**	**gofyn**	
I will be	[link]	ask(ing)	= *I will ask*
			or *I will be asking*
Bydd Roger	**yn**	**chwarae**	**gwyddbwyll trwy'r dydd yfory**
R will be	[link]	play(ing)	chess all day tomorrow

Similarly:

Fyddi di'n mynd ar y trên neu yn y car?
Will you go by train or by car?
Fyddwn ni ddim yn gweld llawer o fan hyn
We won't see much from here

Exercise 4 ▸▸

Change the following sentences into future.

Example: Mae Fred yn y dosbarth ['Fred is in the class']
– **Bydd Fred yn y dosbarth** ['Fred *will be* in the class']

1 Ydy Fred yn y dosbarth heno?
2 O'ch chi'n gweithio dros yr Ha?
3 Maen nhw eisiau gweld y manylion (*details*) gynta.
4 Dw i ddim yn dod i'r parti.
5 Ŷn ni'n gwerthu'r tŷ.
6 Wyt ti'n barod?

Inflected verbs (verbs with endings)

With the future tense of **bod** we encounter our first example of a tense made up of verb-stem (here **bydd–**) + personal endings (inflections). There are three sets of personal endings in Colloquial Welsh, corresponding to different tenses, and we will deal with them one at a time in later lessons. For now, you need to know a few principles about inflected verbs in Welsh that can be illustrated with the future of **bod**, but are equally true of all inflected verbs.

1 INT inflected verbs have SM – so **fyddi di?** *Will you be?*
2 NEG inflected verbs have SM, (or sometimes AM where possible, and particularly with verbs beginning **c–**), + **ddim** of course – so **fydda i ddim** *I won't be.*
3 AFF inflected verbs have the radical (**byddi di** *you will be*), but there is also a tendency in Colloquial Welsh (but not formal written) for SM to be extended to these as well (**fyddi di** *you will be*).

What these three principles mean in effect is that you *can* use SM on all inflected verbs, and sound perfectly natural.

4 AFF inflected verbs can optionally be preceded by an affirmative marker **fe°** or **mi°** – so **fe fyddi di** or **mi fyddi di** *you will be*. See below.

Although it has endings (**a–** and **–wch**), we do not count the imperative (command forms) as inflected verbs, and the above principles do not apply.

Affirmative markers Fe° and Mi°

In Colloquial Welsh, all inflected verbs can be preceded by the particles **fe°** (S and central areas) or **mi°** (N) when what is being said is a statement (i.e. not a question, negative or command). We will deal with this in more detail in a later lesson, but for now it is important to remember two things about these markers:

1 They are used only with positive statements;
2 Their use is optional.

For example, **Fe fydd Sioned yn mynd** *Sioned will go/be going* is correct because we are making a statement, while the following are impossible:

Fe fydd Sioned yn mynd?	Will Sioned be going?
Fe fydd Sioned *ddim* yn mynd	Sioned won't be going

because neither is a positive statement. But remember also that, since the affirmative marker is optional in any case, you might be just as likely to hear

Bydd Sioned yn mynd, or
Fydd Sioned yn mynd

because Colloquial Welsh tends to generalise SM on inflected verbs.

Exercise 5

Decide where you would be able to put **fe°/mi°** in the following sentences and where not:

1 Fydda i'n hala'r bil atyn nhw yfory.
2 Fydd y plant yn mynd i'r gwely am saith.
3 Fyddi di'n ôl mewn pryd?
4 Fyddan nhw ddim yn caniatáu hynny.
5 Fyddan nhw'n gofyn am ragor o amser i dalu.
6 Fydd e'n gwadu popeth.

Geirfa

hala send	**caniatáu** allow, permit
mewn pryd in time	**gwadu** deny

You will hear the future a lot in weather forecasts on the media – listen out for **Bydd . . .** or **Fe fydd . . .** *There will be . . .* or *It will (be).*
. . . . Understanding the weather forecast (**rhagolygon y tywydd**) is largely a matter of listening out for the **geiriau allweddol** *key words* – as long as you can spot enough of these as you go along, you will get the gist of it, so the following basic words and expressions should be committed to memory:

braf fine	**glaw** rain
heulog sunny	**glaw mân** drizzle
oer cold	**gwynt (–oedd)** wind
sych dry	**eira** snow
gwlyb wet	**storm (–ydd)** storm
cymylog cloudy	**ysbaid (ysbeidiau)** interval, spell
diflas miserable	**cawod (–ydd)** shower

disglair bright
gwyntog windy
niwlog foggy, misty
stormus stormy
trwm heavy
ysgafn light
cynnes warm
eglur clear
bwrw glaw (or **glawio**) (to) rain
bwrw eira (to) snow
chwythu blow
cynyddu increase
lleihau decrease, lessen
gostwng drop
gwella improve
gwaethygu worsen
diflannu disappear
ymddangos appear
cyrraedd arrive; reach
parhau continue
tywyllu get dark
nosi get dark
rhewi freeze

rhagolygon (pl) forecast
gradd degree
ardal (**–oedd**) (f) area, region
gwlad (**gwledydd**) (f) country
cefn gwlad (f) inland/country areas
ger y glannau on the coast
arfordir coastal region
ledled y wlad across the entire country
dros Gymru gyfan over the whole of Wales

daw .. .. .will come
cyn before
erbyn by (time)
ar ôl after
wedi after
yn bennaf mainly
yn enwedig especially
disgwylir .. .. .is/are expected
yma ac acw here and there
rywbryd sometime
tebygrwydd o° ... a likelihood of ...

Here are four short weather bulletins incorporating some of these words and phrases. If you have the cassette, try and get the gist without looking at the script, listening out for as many **geiriau allweddol** as possible. ▢▢

Dyma ragolygon y tywydd am yfory:

Bydd hi'n oer yfory, ond yn sych, gydag ysbeidiau heulog yn y De erbyn y prynhawn. Bydd y tywydd ledled y °wlad yn ddisgleiriach (*brighter*) ar ôl amser cinio, ond yn parhau'n oer.

Bydd niwl ger y glannau'n diflannu erbyn canol y bore, a bydd hi'n boeth ac yn heulog am weddill y dydd. Daw tywydd gwlyb i bob rhan o Gymru gyda'r nos.

Bydd y gwyntoedd yn cynyddu dros °Gymru °gyfan, yn enwedig mewn ardaloedd gorllewinol. Bydd glaw trwm yn cyrraedd ardaloedd y De erbyn hanner dydd, a chawodydd trwm yma ac acw yn y Gogledd a'r Gorllewin.

Mi fydd hi'n parhau'n sych ac yn heulog heddiw, gyda'r tymheredd

yn cyrraedd 16 gradd erbyn y prynhawn. Ond disgwylir i'r tywydd
°waethygu dros y rhan fwya o Gymru ar ôl iddi nosi, gyda tebygr-
wydd o law yn ardaloedd y De erbyn saith. Bydd y tywydd yn
ddiflas trwy'r dydd yfory.

Exercise 6

Which forecast would be the best for:

1 a Bonfire Night (**Noson Guto Ffowc**) party?
2 an afternoon picnic?
3 an afternoon **o flaen y teledu**?

Sgwrs ▭

*Iestyn is trying to break it gently to Dafydd that he has not the
slightest intention of attending any committee meetings (**cyfarfodydd
pwyllgor**) in the near future*

DAFYDD: Fyddi di yn y cyfarfod pwyllgor yfory?
IESTYN: Os bydd hi'n braf iawn yfory, efallai bydda i yno. Ond os
bydd hi'n bwrw, neu'n oer, neu'n gymylog, fydda i ddim
eisiau mynd.
D: Fyddi di'n dod i'r cyfarfod nesa ddydd Llun, 'te?
I: Wel . . . os bydd amser 'da fi, fe fydda i yno, ond mae'n
bosib bydd ymwelwyr 'da ni. Gawn ni weld.
D: Beth am y cyfarfod cyffredinol blynyddol, 'te. Fyddi di'n
bresennol? Mae e . . .
I: Gwaetha'r modd fydda i ddim yn gallu dod. Bydda i'n
sâl.
D: Ond dw i heb ddweud 'that ti pryd mae e 'to!
I: Pryd bynnag bydd y cyfarfod, bydda i'n sâl, iawn?

Geirfa

yfory tomorrow	**blynyddol** annual
os if	**presennol** present; in attendance
yno there (place not in sight)	**gwaetha'r modd** unfortunately
nesa next	**sâl** ill
os bydd . . .'da fi if I have . . .	**dw i heb ddweud 'that ti** I haven't
posib possible	told you
ymwelwyr (pl.) visitors	**(e)to** yet

Gawn ni weld We'll see   **pryd bynnag** whenever
cyffredinol general

Exercise 7

Match Iestyn's excuses to the various meetings:

(a) annual general meeting   (i) Iestyn's family are coming round
(b) committee meeting tomorrow   (ii) Iestyn anticipates ill health
(c) committee meeting on Monday (iii) Iestyn is worried about the weather

Making plans and expressing intentions for the future

Na i°ʹ ... + VN is a common way of saying that you are going to do something. It is actually the inflected future (Lesson 10) of **gwneud** *do*, and using it rather than the more neutral future **Bydda i'n** + VN is a way of expressing definite intent. Compare:

Bydda i'n sgrifennu atat ti ar ôl y Nadolig
I'll be writing to you after Christmas [i.e. you'll be getting a letter from me]
Na i sgrifennu atat ti ar ôl y Nadolig
I'll write to you after Christmas   [i.e. that's a promise]

The 1st pers. pl. form **nawn ni** *we will do* is useful in the phrase **Be' nawn ni?** *What shall we do?*

Be' nawn ni gyda'r plant dros hanner tymor?
What shall we do with the children over half-term?

Time expressions

You should learn the following important words and phrases:

	yesterday	*today*	*tomorrow*
	ddoe	**heddiw**	**yfory**
(morning)	**bore ddoe**	**bore 'ma**	**bore fory**
(aftn.)	**pnawn ddoe**	**pnawn 'ma**	**pnawn yfory**
(night)	**neithiwr**	**heno**	**nos yfory**

Heddiw *today* is pronounced **heddi** in many parts of Wales. **Pnawn** *afternoon* is spelt **prynhawn** in written Welsh, but not usually so pronounced.

The larger units of time (**amser**) are:

dydd day
wythnos (f) week
mis month
blwyddyn (f) year

These can be combined with °**bob** and **trwy'r**:

bob dydd every day	**trwy'r dydd** all day
bob wythnos every week	**trwy'r wythnos** all week
bob mis every month	**trwy'r mis** all month
bob blwyddyn every year	**trwy'r flwyddyn** all year

Also **bob amser** *every time*; *always*   **trwy'r amser** *all the time*

... **diwetha**, ... **'ma** and ... **nesa** are used after the noun as follows:

last . . .	*this* . . .	*next* . . .
wythnos diwetha	**wythnos 'ma**	**wythnos nesa**
mis diwetha	**mis 'ma**	**mis nesa**

Similarly with **tro** *time* (in a sequence): **tro diwetha** *last time*, etc.

Gobeithio byddwch chi'n llwyddiannus tro nesa
I hope you'll be successful next time

But 'year' has special words for 'last . . .' and 'this . . .':

llynedd   **eleni**   **flwyddyn nesa**

Ŷn ni ddim yn mynd eleni, ond efallai byddwn ni'n mynd flwyddyn nesa
We're not going this year, but perhaps we'll go next year

Days of the week

Dydd Llun	Monday
Dydd Mawrth	Tuesday
Dydd Mercher	Wednesday
Dydd Iau	Thursday
Dydd Gwener	Friday
Dydd Sadwrn	Saturday
Dydd Sul	Sunday

To say 'On . . .' a day, simply use SM: **Ddydd Mawrth** *on Tuesday.*
Words like **bob, diwetha** etc. can be used in the normal way with
days of the week.

**Mae'n dod fan hyn bob dydd Mercher fel arfer, ond fydd e bant
ddydd Mercher nesa**
He comes here every Wednesday usually, but next Wednesday
he'll be away

If you want to say 'Tuesday *night*', you change **Dydd** into **Nos°** –
Nos Fawrth, and so on.

Mi fyddwn ni'n gweld chi i gyd Nos Lun, 'te
We'll see you all on Monday night, then

Exercise 8

Read this postcard, and then answer the questions in English:

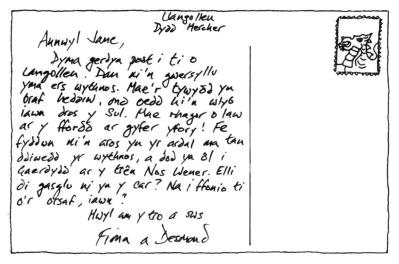

1 What was the weather like in Llangollen at the weekend?
2 How long are Fiona and Desmond staying in the area?
3 What will the weather be like on Thursday?
4 Where are Fiona and Desmond staying in Llangollen?
5 What has Jane got to do?
6 What was the weather like on Wednesday?

Sgwrs 🔲

Dylan and his fiancée Angharad are debating what to do today – stay in or go out?

DYLAN: Be' nawn ni heddiw, 'te?
ANGHARAD: Wel, mae'n dibynnu ar y tywydd, on'd ydy? Beth oedd y rhagolygon?
D: Ansefydlog. Well inni aros gartre, dw i'n meddwl. Mae'r gêm fawr ar y teledu pnawn 'ma, gyda llaw.
A: Ond dw i eisiau ychydig o awyr iach yn hytrach nag eistedd o flaen y teledu! Beth am fynd i'r dre?
D: O, dim eto! O'n ni yn y dre ddoe, trwy'r dydd!
A: Ond dw i eisiau gwneud y gwaith siopa. Dw i angen dy help, Dylan!
D: O'n i ddim yn helpu llawer tro diwetha.
A: O't ti'n cwyno trwy'r amser, 'na pam. Ond fyddi di ddim yn cwyno tro 'ma, na fyddi di? Bydd y gêm fawr ar y teledu eto heno, on' bydd?
(Dylan knows Angharad is right)
D: Bydd.
(He tries a last desperate change of tack)
Mae'n rhwym o fwrw glaw, timod.
A: Os bydd hi'n bwrw pan fyddwn ni yn y dre, na i brynu ymbarél i ti, iawn?
D: Iawn.
A: Awn ni, 'te.

Geirfa

be' nawn ni? what shall we do?
dibynnu depend
ansefydlog unsettled
awyr air
iach healthy
yn hytrach na rather than
o flaen in front of

beth am° ... + VN what about ..ing?
trwy'r ... all ... (time expressions)
cwyno complain
rhwym o° ... bound to ...
timod y'know
ymbarél umbrella

Placenames and geographical features (II)

The weather may not always be on your side if you're out and about, but there's always plenty to take your mind off the rain, not least the names of places you may pass through. We have already had a look at the ubiquitous **Aber–** and **Llan–**; here are some other common elements in Welsh placenames:

topographical features

afon	'river' – the names of rivers themselves also figure prominently in place names.
allt	'cliff'
bryn	'hill'
bwlch	'gap' or 'pass'
cors	'bog'
cwm	'valley' – actually a rounded 'scoop'-type valley; there are various words for 'valley' in Welsh, depending on the type: **dyffryn** is a broad, flat river-valley; **glyn** is like the English 'vale', as is **ystrad**; **pant** is a 'hollow'.
glan	'bank', 'shore'
llwyn	'grove' – **Llwyndafydd**.
mynydd	'mountain'
nant	'stream', 'brook' – another very common element in certain parts of Wales.
pen	'top'; 'end'

man-made features

(these words generally occur as first element, often followed by a personal name)

caer	'fortified (originally Roman) settlement' – corresponds to English '-chester', '-burgh' or '-bury' with the same meaning. **Caerfyrddin** (Carmarthen) 'Merlin's fortress' (**Myrddin**); **Caergybi** (Holyhead) 'Cybi's fortress'; **Caergaint** (Canterbury) 'fortress of Kent (**Caint**); and, of course, **Caer** (Chester).
croes	'cross'
gwaun	'meadow'; **Waunfawr** 'big meadow'
llys	'court'; **cwrt** also occurs in placenames.
melin	'mill'
pont	'bridge'
rhyd	'ford'
tre(f)	'town'

trees

(most native tree-names in Welsh end in **–en** to signify a single tree, and drop this ending to make a 'collective' name for the species – so **derwen** is an oak tree, while **derw** means 'oak', as in 'a field of oak')

coed	'wood' – **Trawsgoed** 'Crosswood'
bedw	'birch' – **Pantyfedwen** 'Birch-hollow'
celyn	'holly' – **Llwyncelyn** 'Hollygrove'.
derw	'oak' – **Derwenlas** 'Greenoak'
onn	'ash' – **Bancyronnen** 'Ashhill(ock)'

Two adjectives, **isa(f)** 'lowest' and **ucha(f)** 'highest' correspond to 'Lower . . .' and 'Upper . . .', usually of more localised features.

Here are some well-known places interpreted:

Betws-y-Coed – **betws** *prayer-house* + **y** + **coed** – 'prayer-house in the woods'

Brynmawr – **bryn** + **mawr** *big* – 'big hill'

Llangollen – **llan** + **collen** *hazel-tree* – 'Hazelchurch'

Llanuwchllyn – **llan** + **uwch** *higher* + **llyn** *lake* – 'church above the lake'

Nantyglo – **nant** + **y** + **glo** *coal* – 'Coalbrook'

Penrhyndeudraeth – **penrhyn** *headland* + **dau** *two* + **traeth** *beach* – 'headland of the two beaches'

Penygraig – **pen** + **y** + **craig** *rock, crag* – 'top of the rock'

Pwllheli – **pwll** *pool* + **heli** *salt water* – 'saltwater pool'

Rhosllannerchrugog – **rhos** *moor, heath* + **llannerch** *glade* + **grugog** *heathery* – 'moor of the heathery glade'

Tonyrefail – **tôn** *tone, sound* + **y** + **gefail** *smithy* – 'sound of the smithy'

Bear in mind, finally, that many Welsh towns, especially the larger ones, have co-existing English names – either anglicised versions of the original Welsh name (**Caerdydd** *Cardiff*, **Caerfyrddin** *Carmarthen*, **Dinbych** *Denbigh*) or in many cases completely different names – **Aberteifi** *Cardigan*, **Abertawe** *Swansea*, **Aberdaugleddau** *Milford Haven*, **Yr Wyddgrug** *Mold*, **Aberhonddu** *Brecon*, **Y Trallwng** *Welshpool*. And in fact many of the larger English towns are also known by different names in Welsh – remember that a form of Welsh was spoken all over England long before the Angles and Saxons brought their language over.

8 Gwneud trefniadau

Making arrangements

Sgwrs 🔳

*Nia phones to make an appointment to see the doctor (**y meddyg**).
The receptionist (**y derbynnydd**) answers the phone*

DERB.: Meddygfa. Bore da.

NIA: Bore da. °Alla i wneud apwyntiad i °weld rhywun heddiw?

D: Ŷn ni'n °brysur iawn bore 'ma. Ga i °ofyn beth yw'r broblem?

N: Mae annwyd trwm arna i. °Ellwch chi °drefnu i mi °weld un o'r meddygon am °bum munud?

D: Galla, siwr o fod.

(looks in the appointments book)

Mae Dr Davies yn rhydd am °bedwar. Ydy hynny'n °gyfleus?

N: Ardderchog. Diolch yn fawr.

D: Dim o °gwbwl. Hwyl nawr.

N: Hwyl.

Geirfa

meddygfa (f) surgery
apwyntiad appointment
rhywun someone

annwyd cold (illness)
trefnu arrange
meddyg (–on) doctor

prysur busy	**cyfleus** convenient
gofyn ask	**ardderchog** excellent

Sgwrs ▣

Nia arrives later at the surgery

DR D: Pnawn da. Beth sy'n bod arnoch chi, 'te?

NIA: Mae annwyd trwm arna i.

DR D: Oes unrhywbeth arall yn bod? Pen tost, efallai? Neu °wres?

N: Wel, mae peswch arna i, ac dw i'n teimlo'n flinedig iawn trwy'r dydd. Alla i ddim anadlu drwy nhrwyn, chwaith.

DR D: Ers pryd dych chi'n sâl, felly?

N: O, ers wythnos bellach. O'n i ddim eisiau'ch poeni chi, ond dyw'r annwyd ddim yn gwella, ac mae'n rhaid i mi fod yn ôl yn y gwaith ddydd Iau.

DR D: Beth yw'ch gwaith?

N: Ysgrifenyddes.

DR D: Dych chi'n gweithio gyda pobol eraill?

N: Mae tair onon ni yn yr un stafell.

DR D: Iawn. Ddylech chi ddim mynd yn ôl i'ch gwaith tan wythnos nesa. Ac dw i eisiau'ch gweld chi eto. Dewch i ngweld i tua diwedd yr wythnos.

Geirfa

beth sy'n bod? what's wrong?	**poeni** [here] bother
pen tost headache	**rhaid** must
gwres temperature, fever	**tair onon ni** three (f) of us
peswch cough	**ddylech chi ddim** you shouldn't
teimlo feel	**mynd yn ôl** return
blinedig tired	**... ngweld i** ... see me
anadlu breathe	**tua** (some time) around

Personal forms of prepositions

Most prepositions in Welsh take verb-like endings when used with pronouns. For example, **ar** *on* has the following forms:

arna i on me	**arnon ni** on us
arnat ti on you	**arnoch chi** on you
arno fe on him	**arnyn nhw** on them
arni hi on her	

So, while it is fine to say **ar y bwrdd** *on the table*, or **ar Dafydd** *on Dafydd*, if we want to say *on him*, it must be **arno fe** and not **ar fe**. The best approach is simply to learn these sets of forms as you encounter them, or by consulting the grammatical appendix at the back of the book. For now, here are three more sets:

i° *to, for*

i mi/fi to me	**inni** to us
i ti to you	**i chi** to you
iddo fe to him	**iddyn nhw** to them
iddi hi to her	

o° *of, from*

ohona i of me	**ohonon ni** of us
ohonat ti of you	**ohonoch chi** of you
ohono fe of him	**ohonyn nhw** of them
ohoni hi of her	

(These personal forms are also found without the **–ho–** element, i.e. **ona i**, **onat ti**, etc.)

am° (*various meanings*)

amdana i	**amdanon ni**
amdanat ti	**amdanoch chi**
amdano fe	**amdanyn nhw**
amdani hi	

In Colloquial Welsh the 3rd person singular forms ('him' and 'her') of all personalised prepositions often drop the pronoun – so **iddi** for **iddi hi**, **amdano** for **amdano fe**, **arni** for **arni hi**, and so on. All other persons must have the pronoun stated.

Talking about pains and illnesses

Many temporary physical (and mental) states are described using **ar** *on* – we say not that we have the illness, but that the illness is on us. In most cases you will need the personal forms of **ar** (see above).

Common terms for illnesses which use **ar** are:

annwyd cold **peswch** cough
y ffliw flu **y ddannodd** toothache
gwres temperature **y frech goch** measles

Also used in this way are **syched** *thirst* and **eisiau bwyd** *hunger*:

Mae syched ofnadwy arna i I'm awfully thirsty
Oes eisiau bwyd ar y plant? Are the children hungry?

But conditions involving parts of the body + **tost** *sore, painful* use
(gy)da/gan:

Mae pen tost 'da fi I've got a headache
Oedd stumog dost 'da hi She had stomach ache
Oes clust dost 'da ti? Have you got earache?

Other useful expressions when visiting the doctor or clinic are:

Lle mae'n brifo? Where does it hurt?
Dw i wedi brifo ᴺ . . . i I've hurt my . . .
Mae ᴺ . . . yn poeni fi My . . . is bothering me
Dw i eisiau chwydu I feel sick
Mae mhen yn troi I feel dizzy
Alla i ddim cysgu I can't sleep
Alla i ddim anadlu'n iawn I can't breathe properly
Dw i'n teimlo'n flinedig I feel tired
. . . o bryd i'w gilydd . . . now and then
. . . trwy'r amser . . . all the time

These are the main parts of the body:

pen head **bys (–edd)** finger
llygad (llygaid) eye **bawd (bodiau)** thumb
trwyn nose **brest (f)** chest
clust (–iau) (f/m) ear **stumog (f)** stomach
ceg (f) mouth **cefn** back
gwddw neck, throat **coes (–au) (f)** leg
ysgwydd (–au) (f) shoulder **penglin (–iau) (f)** knee
braich (breichiau) (m/f) arm **migwrn (migyrnau)** ankle
penelin (–oedd) (m/f) elbow **troed (traed)** foot
arddwrn (arddyrnau) wrist **bys troed** toe
llaw (dwylo) (f) hand **bol (or bola)** belly

Exercise 1

Put the words listed on the right into their correct places in these sentences about discomfort and illness:

1 Mae pen tost _____ fi ers bore 'ma
2 Oes annwyd _____ ti?   arnyn   arnoch
3 Mae syched ofnadwy _____ y plant   'da   arnat
4 Oedd y ffliw _____ nhw llynedd   'da   ar
5 Bydd stumog dost _____ ti
6 Ers pryd mae'r peswch 'na _____ chi?

Rhaid 'must', 'have to' 🔲

To express obligation you need the noun **rhaid** *necessity* and the preposition **i** *to*. 'I must go' is phrased in Welsh as:

'(There is)   necessity   to me   (to) go'
(**Mae**)   **rhaid**   **i mi** **fynd**

So we have **rhaid**, then **i** + person, then mutated form of the VN to indicate the action that has to be done. The **mae** can be left out, but it can also be extended to **mae'n** – either way it makes no difference.

Rhaid i'r plant °orffwys	The children must rest
Rhaid iddyn nhw °orffwys	They must rest
Rhaid i Sioned °brynu sgidiau newydd	Sioned must buy (some) new shoes
Rhaid iddi hi fod yn ôl erbyn deg	She must be back by ten

Remember that certain pronouns (like **nhw** and **hi** in the examples above), will affect the preceding **i**.

Questions are done by adding **Oes . . .?** (*Is there necessity . . .?*):

Oes rhaid i chi fynd mor gynnar?   Must you go so early?
Oes rhaid inni dalu ymlaen llaw?   Do we have to pay in advance?

Does dim rhaid means . . .*needn't* . . . (not *mustn't*):

'Sdim rhaid i ti °boeni am hynny *You needn't worry about that*

'Must not . . .' is done in exactly the same way as 'must', but with **°beidio** in front of the (unmutated) VN. Compare:

Rhaid i ti fynd	You must go
Rhaid i ti beidio mynd	You mustn't go
'Sdim rhaid i ti fynd	You needn't go

Exercise 2

Match the instructions to the places:

1 Rhaid i chi gadw'ch ci ar dennyn   (a) yr ysbyty
2 Rhaid i chi beidio gofyn am gredyd   (b) y llyfrgell
3 Rhaid i chi wadu popeth   (c) y bws
4 Rhaid i chi beidio ysmygu   (d) y dafarn
5 Rhaid i chi ddangos eich tocyn   (e) y parc
6 Rhaid i chi fod yn dawel   (f) y llys

Dylwn i 'ought to/should'

There is a special inflected verb for 'ought to', 'should':

dylwn i	**dylen ni**
dylet ti	**dylech chi**
dylai fe/hi	**dylen nhw**

In some areas an **–s–** is inserted in these forms after the **–l–**: **dylswn i**, **dylset ti**, etc. There is no difference in meaning. Because this is an inflected verb, the usual principles regarding mutations and affirmative markers (Lessons 3 and 7) apply:

AFF:	**dylai fe**	
	ddylai fe	he ought to; he should
	fe (/mi) ddylai fe	
INT:	**ddylai fe?**	ought he?; should he?
NEG:	**ddylai fe ddim**	he oughtn't; he shouldn't

As with **rhaid** *must*, **dylwn i** etc. is used with a following VN, which is mutated with AFF and INT, but not with NEG.

Mi ddylwn i °gysylltu â nhw	I ought to get in touch with them
Ddylwn i °gysylltu â nhw?	Should I get in touch with them?
Ddylwn i ddim cysylltu â nhw	I ought not get in touch with them

Exercise 3

Cyfieithwch i'r Gymraeg:

1 Should we wait here for a minute or two?
2 Do you have to complain all the time (**trwy'r amser**)?
3 I mustn't forget my bags.
4 Ieuan and Sioned ought to swap jobs.
5 You shouldn't fuss so much.
6 There's no need to remind me.

Geirfa

munud minute	**swydd** (**–i**) (f) job
cwyno complain	**ffwdanu** (make) a fuss
trwy'r amser all the time	**°gymaint** so much
cyfnewid swap	**atgoffa** remind

Sgwrs 🔲

Emyr has used his contacts in the showbiz fraternity to get hold of some concert tickets. Now he needs someone to go with

EMYR: Wyt ti'n rhydd heno, Siwan?
SIWAN: Efallai. Oes rhywbeth 'da ti mewn golwg?
E: Hoffet ti ddod 'da fi i'r cyngerdd?
S: Pa °gyngerdd? Pwy sy'n chwarae?
E: Yr Anfarwolis.
S: Dw i ddim yn nabod nhw.
E: Ddim yn nabod nhw!? Maen nhw'n enwog! O'n nhw ar y teledu neithiwr!
S: Iawn, 'te. Ond . . .
(*Siwan has a sudden disconcerting thought*)
. . . pwy sy'n talu am y tocynnau?
E: °Ges i ddau °docyn yn rhad ac am ddim. Mae cariad brawd y gitarydd yn ffrind i rywun o'n i'n nabod yn yr ysgol.
S: O'r gorau. Pryd mae'r cyngerdd yn dechrau?
E: Na i °alw amdanat ti tua hanner awr wedi saith.

Geirfa

rhydd free	**ges i°** I got
mewn golwg in mind; planned	**yn rhad ac am ddim** free; gratis

cyngerdd concert	**galw** call
enwog famous	**amdanat ti** for you (**am**)

Exercise 4

Cywir neu Anghywir?

1 Mae Siwan yn golchi ei gwallt heno.	C/A
2 Oedd Emyr ar y teledu neithiwr.	C/A
3 Mae Emyr yn talu am y ddau docyn.	C/A
4 Mae'r cyngerdd yn dechrau am 7.30.	C/A

Ailysgrifennwch y rhai anghywir
(Rewrite those that are false)

Telling the time

First of all, throw away (**taflwch**) or hide (**cuddiwch**) your digital electronic timepieces – apart from being **hollol ddisteil** *completely naff* these days, they are ill-suited to telling the time in Welsh, which sees time as a clock-face. That is to say, while it is OK to say 3.55 as either 'five to four' or 'three fifty-five' in English, only the first option will do in Welsh.

You will need these expressions for telling time to the nearest five minutes:

numbers 1–10 (Lesson 6)	**chwarter** a quarter
unarddeg eleven	**hanner awr** half an hour
deuddeg twelve	**i°** to
o'r gloch o'clock	**wedi** past, after
pum munud five minutes	**yn gwmws** precisely
deng munud ten minutes	
ugain munud twenty minutes	
pum munud ar hugain twenty-five minutes	

The hour in five-minute intervals is as follows:	
3.00 tri o'r gloch	3.30 hanner awr wedi tri
3.05 pum munud wedi tri	3.35 pum munud ar hugain i bedwar
3.10 deng munud wedi tri	3.40 ugain munud i bedwar
3.15 chwarter wedi tri	3.45 chwarter i bedwar
3.20 ugain munud wedi tri	3.50 deng munud i bedwar
3.25 pum munud ar hugain wedi tri	3.55 pum munud i bedwar

Hanner dydd and **hanner nos** are *midday* and *midnight* respectively.
To ask the time, use **Faint o'r gloch yw/ydy hi?** *What time is it?*
To say what the time is, use:

Mae'n° ...	It's ...
Mae hi bron yn° ...	It's almost
Mae hi'n tynnu at° ...	It's getting on for ...
Mae hi newydd °droi ...	It's just turned ...

Judicious use of these will avoid having to be too precise in your answer. If anyone insists on accuracy to the minute, scare them off with one of the following:

> **Pam na brynwch chi oriawr (or wats) eich hun?**
> Why don't you buy your own watch?
> **O, edrychwch – mae 'n oriawr i wedi sefyll**
> Oh look, my watch has stopped
> **Mae'n ddrwg 'da fi (/gen i) – oriawr digidol sy 'da fi (/gen i)**
> Sorry, I've only got a digital

Exercise 5

Match the clock faces to the phrases

(a) Mae'n ddeng munud i naw   1

(b) Mae hi'n tynnu at bum munud wedi wyth   2

(c) Mae hi newydd droi pum munud wedi wyth   3

(d) Mae hi bron yn wyth o'r gloch   4

Exercise 6 █

If you have the cassette, listen to the six times given in Welsh and match them to the times in figures below:

(a) 3.40   (d) 3.30
(b) 3.55   (e) 8.45
(c) 7.50   (f) 9.15

To say the time *when* something happens, use:

am° ...	at ...
tua (AM) ...	at about ...
erbyn ...	by ...
cyn ...	before ...
ar ôl ...	after
o° ... **tan°** ...	from ... till ...
o° ... **ymlaen**	from ... onwards
rhwng ... **a** ...	between ... and ...

Exercise 7 █

If you have the cassette, listen for the times that the speaker does various things (they are not in the right order), and note them down as appropriate below:

	time
(a) (gets up)	_____
(b) (has breakfast)	_____
(c) (goes to town)	_____
(d) (has lunch)	_____
(e) (washes the dishes)	_____
(f) (has evening meal)	_____
(g) (goes to bed)	_____

Possessive adjectives with VNs

The words for 'my', 'your', 'his', etc (Lesson 4) are used in front of VNs to express the *pronoun object* of the verb: for example, ' . . . see me' is phrased as 'my seeing'; ' . . .see him' as 'his seeing'. In Colloquial Welsh this happens mainly in sentences involving auxiliary verb (such as **eisiau, ga i . . .?** or **dylwn i**) + following VN. Examples:

O'n i eisiau'*ch* gweld *chi*	I wanted to see you
Ga i'*ch* helpu *chi*?	Can I help you?
Ddylsech chi'*n* cefnogi *ni*	You ought to support us

'Someone', 'anyone', etc

Rhywun means *someone* (there is also a plural **rhywrai** *some people*), and **unrhywun** means *anyone*. You can use **rhyw–** and **unrhyw–** to make other words:

rhywbeth something	**unrhywbeth** anything
rhywle somewhere	**unrhywle** anywhere
rhywbryd some time	**unrhywbryd** any time

Pwy sy'n . . . (+ VN)? 'Who is . . .(-ing)?'

When the interrogative word **Pwy?** *Who?* is used with a present tense verb (not **bod** on its own – see Lesson 1), we need a special form of **bod** before the VN: **sy**. Compare:

(a) *Mae* **Angharad yn darllen y newyddion heno, ond . . .**
   Angharad *is* reading the news tonight, but . . .
(b) **pwy *sy*'n darllen y newyddion yfory?**
   who *is* reading the news tomorrow?

Mae cannot be preceded by the subject of the sentence in Welsh. Normally, of course, this situation does not arise, because the verb normally comes first in Welsh (see (a) above), but question-words do come first, and when they represent the subject (as in (b) above), **mae** is changed to **sy**. Further examples:

Pwy sy'n dod 'da ni?	Who's coming with us?
Pwy sy'n gyrru heno?	Who's driving tonight?

Pwy sy'n siarad Cymraeg yma? Who speaks Welsh here?

This also applies to other question words:

Beth sy'n digwydd? *What*'s happening?
Faint sy'n aros? *How many* are staying?
P'un sy'n perthyn i chi? *Which one* belongs to you?
Sawl un sy 'da chi? *How many* have you got?
[lit. 'how many are with you']

Remember that identification sentences (Lesson 1) use **yw/ydy** instead – **sy** is never used in these types.

Exercise 8

Make any corrections necessary in the verb-forms in the following:

1 Pwy yw'n gyrru'r lori 'na?
2 Pwy yw fan'na?
3 Faint yw pecyn o greision?
4 Beth sy'n bod fan'na?
5 Pwy sy eich brawd?
6 Beth ydy prifddinas yr Alban?

Sgwrs

Debi and Siân bump into each other in the street

DEBI: Siân! Dw i heb °weld ti ers tro.
SIÂN: Beth am fynd am °banaid a sgwrs bach rywle?
D: Nawr, ti'n meddwl? Wel, nawr 'te – °gawn ni °weld . . .
*(looks in her **trefniadur personol** (personal organiser))*
. . . 'ma ni: dw i'n cael te gyda ffrindiau am ddau; wedyn mae'r trydanwr yn dod am °dri. O hanner awr wedi tri tan °bedwar bydda i'n gwneud y siopa. Os eith hynny'n ddidrafferth, bydda i yn ôl yn °brydlon i nôl y plant o'r ysgol. Wedyn . . .
S: Beth am heno?
D: Heno? Wel . . .
(turns the page)
. . . dw i'n coginio o saith tan wyth. Bydd Ronnie a Fifi'n dod draw tua hanner awr wedi wyth. Wedyn, ar ôl swper, ŷn ni i gyd yn mynd . . .

S: O, dim ots, Debs – 'sdim rhaid inni °wneud e nawr. Beth am yfory?

D: Yfory? Mmm . . .

(turns another page)

Mae yfory'n llawn °dop 'da fi. °Allwn ni °drefnu fe ar gyfer rhyw ddiwrnod arall? Mae pythefnos i heddiw yn rhydd 'da fi.

S: Pythefnos i heddiw!? O'r gorau. Ond rhaid i mi °wneud nodyn o'r dyddiad rhywle.

(Siân fumbles in her bag and pockets for a pencil and paper)

D: Ti mor anhrefnus, Siân. Ddylet ti °brynu trefniadur dy hun, – mae'n achub cymaint o amser, wir i ti.

Geirfa

ers tro for a while (since)	**llawn** full
rhywle somewhere	**llawn °dop** full right up
meddwl (here) mean	**pythefnos** fortnight
os eith . . . if . . .goes	**nodyn** (a) note
yn ddidrafferth smoothly; without problems	**dyddiad** date
prydlon punctual; on time	**mor°** so
nôl fetch (**moyn** in many S areas)	**anhrefnus** disorganised
coginio cook	**achub** save (**safio** in many areas)
	cymaint (o°) so much/many

Language difficulties

By now you should be beginning to feel more confident in your use of conversational Welsh, and it is at this stage that you may encounter two types of problem. First, you may know how to phrase something, but do not know a particular Welsh word. In this case, ask in Welsh for the word you need:

Sut mae dweud ' . . .' yn Gymraeg?
How do you say ' . . .' in Welsh?

Or, if it is something you can point to:

Beth dych chi'n galw hwn (hwnnw) yn Gymraeg?
What do you call this (that) in Welsh?

If the response still causes problems, you could say:

Newch chi sgrifennu fe i lawr i mi?
Will you write it down for me?

but make sure one or other of you has pen and paper first to avoid unnecessary embarrassment.

Second, you may have difficulty understanding what someone has said to you – this is a stage of language-learning that everyone has to go through, and remember that it is far more worthwhile 'jumping in at the deep end' and tackling fairly fast but natural Welsh than settling for the 'soft option' of unnaturally slow and laboured speech. Try and prevent the conversation switching to English – once this happens, it is all the more difficult to steer it back to Welsh. Even if you understood nothing at all of what the speaker has just said, you should say so in Welsh. Here are some useful phrases for this type of situation:

Mae'n ddrwg gen i (S: **'da fi**) ...	I'm sorry ...
Dw i ddim yn deall	I don't understand
Dw i'n deall llawer, ond dim popeth	I understand a lot, but not everything
Allech chi ddweud hynny 'to?	Could you say that again?
Rhaid i chi siarad yn araf i mi	You must speak slowly for me
Dw i ddim yn deall y gair ' ...'	I don't understand the word ' ...'
Peidiwch troi i'r Saesneg	Don't turn to English
Dwedwch fe 'to wrtha i yn Gymraeg	Say it again to me in Welsh

It is important for the serious student to socialise with Welsh-speakers as much as possible. This need not mean – at least in the early stages – that you should aim to hog the conversation; listening is a crucial part of language-learning, and sitting on the sidelines is very definitely not a waste of time as long as your ears are open and you are attempting to take things in, even on a passive level. Getting the gist of a conversation is an important stage on the road to fluency. Here are some phrases to reassure your Welsh-speaking friends that you are not being anti-social:

Anwybyddwch fi, ...	} Don't mind me, ...
Peidiwch poeni amdana i, ...	

dw i'n gwrando ar bob gair
I'm hanging on every word
ymarfer 'n sgiliau gwrando a deall dw i
I'm practising my comprehension skills

dw i'n ymdopi
I'm coping
dw i ar goll, ond dw i'n cael hwyl ta beth
I'm lost, but I'm having fun all the same
am y Gymraeg yn unig dw i fan hyn
I'm only here for the Welsh

The Eisteddfod

You can get lots of practice speaking Welsh at the **Eisteddfod Genedlaethol** *National Eisteddfod*, which is a **digwyddiad diwylliannol pwysig** *important cultural event* in Wales. Basically a **gŵyl** *festival* of **cystadleuthau** *competitions* in various cultural fields, it has a secondary function as an annual meeting place for Welsh-speaking people **o bob cwr o'r wlad** *from every corner of the land.* Where does this reunion take place? Well, it depends: the National Eisteddfod moves around, visiting a different town or area every year, always in the first week of August. They alternate between venues in the North and in the South, which leads to some **penderfyniadau dadleuol** *controversial decisions* regarding places in mid-Wales – **Aberystwyth**, for example, was officially a southern venue (**digon teg** *fair enough*) for 1992, while **Llanelwedd** (near **Llanfair-ym-Muallt** *Builth Wells*) in 1993 was of course a northern venue, despite the minor point that, on most maps, it has an irritating habit of appearing to be fifteen miles further south than Aberystwyth. But **ta beth** *whatever*, no-one seemed to mind and, **wedi'r cwbwl** *after all*, there are more important things **ar y ddaear 'ma** *on this earth* than **daearyddiaeth** *geography*.

The twin **uchafbwyntiau** *highlights* of the Eisteddfod are the awarding of **Cadair yr Eisteddfod** *the Eisteddfod Chair*, and the **Coron** *Crown*. These are for different types of poems; the subjects are specified in advance, as are the required structures of the poems, which involve mastery of **cynghanedd**, a method of internal rhyme and alliteration, and of different **mesurau caeth** *strict metres*; everyone who competes in these, and other competitions, submits his or her entry under a **ffugenw** (*pseudonym*) to ensure **chwarae teg** *fair play* in the **beirniadaeth** *judging*. For these important competitions a panel of eminent judges deliberates, and hopes to be able to **dyfarnu** *award* the prize – but if they judge that none of the entries has sufficient merit to be **teilwng** *worthy* of the prize, then they must **atal y wobr** *withhold the prize*. In this way it is hoped that **safonau** *standards* are maintained. All of this is given a high profile in the

Welsh media, and it would take an **ymosodiad niwcliar ar Bontrhydygroes** *nuclear attack on Pontrhydygroes* or **angenfilod o'r gofod ar strydoedd y Bala** *spacemonsters on the streets of Bala* (**yn ffodus i'r 'steddfod** *fortunately for the eisteddfod* not always easy to spot, **fel y gellwch ddychmygu** *as you can imagine*) to knock it off top billing.

There is a no-alcohol rule **ar Faes yr Eisteddfod** *on the Eisteddfod field* (it nearly always *is* in a field, as well – a very large one, big enough to accommodate all the **pebyll** *tents* and **stondinau** *stands*), and the language of the whole event is of course Welsh, though English-speaking visitors are increasingly seen taking an interest in this aspect of Welsh culture.

It is, of course, not everybody's **panaid o de**: if you are a keen **eisteddfotwr** *eisteddfod-goer*, then there are plenty of reasons for joining in the fun; if not, then you just have to **cadw draw** *keep away* from that part of Wales, and **osgoi** *avoid* the Welsh-language radio and TV channels **fel y pla** *like the plague* all week.

9 Be' ddigwyddodd?

What happened?

In this lesson you will learn how to:

- talk about events in the past
- say *when* something happened
- say *before* or *after* something happened
- use **mo** in negative sentences

Sgwrs ▭

GERAINT: LLe aethoch chi ar eich gwyliau eleni, 'te?
LLŶR: Aethon ni i Ffrainc. °Deithion ni o °gwmpas Gogledd y °wlad, a gorffen ym Mharis.
G: Faint o amser °dreulioch chi ym Mharis?
LL: O'n ni yno am °dri diwrnod.
G: Lle arhosoch chi ym Mharis?
LL: Mewn gwesty yng nghanol y ddinas. Mae Delyth yn nabod un o'r cogyddion – °gwrddon nhw ar °gwrs flynyddoedd yn ôl, cyn inni °briodi.
G: A be' naethoch chi yno?
LL: Wel, es i allan °bob dydd i °weld y ddinas.
G: Ar °ben dy hun, ti'n meddwl?
LL: Ie. Oedd Delyth yn teimlo'n flinedig ar ôl yr holl °deithio, ac fe °benderfynodd hi aros yn y gwesty.
G: Beth . . . am °dri diwrnod!?
LL: Oedd hi'n flinedig iawn.
G: Be' naeth hithau, 'te, wrth i ti °grwydro strydoedd Paris?
LL: Wel, oedd ei ffrind y cogydd yno i °gadw cwmni iddi, cofia.
G: Doedd e ddim yn gweithio, 'te.
LL: °Gaeth e amser rhydd.

G:	Sut oedd y °daith adre?
LL:	O'n i'n teimlo braidd yn isel 'n ysbryd, a dweud a gwir, wedi gadael Delyth ym Mharis.
G:	Ddaethoch chi ddim yn ôl gyda'ch gilydd, 'te?
LL:	Naddo. Mae hi'n dod yn ôl rywbryd tua diwedd y mis.
G:	Gwela i.

Geirfa

gwyliau (pl) holidays	**hithau** she; her (emphatic)
teithio travel	**crwydro** wander
o °gwmpas around; about	**stryd** (–oedd) (f) street
treulio spend (time)	**cadw** keep
gwesty hotel	**cofio** remember
cogydd (–ion) cook (m)	**rhydd** free
cwrdd (â) meet	**isel . . .** (poss.) **. . . ysbryd** depressed
priodi get married	**gadael (gadaw–)** leave
ar ben dy hun on your own	**gyda'ch gilydd** (you) together
blinedig tired	**gwela i** I see (confirmation of
penderfynu decide	understanding)

Sgwrs ▪▪

*A policeman (**heddwas**) is taking details at the scene of a road accident*

HEDDWAS:	Beth yn union ddigwyddodd fan hyn, 'te? °Welsoch chi'r ddamwain?
A:	Do. O'n i'n sefyll ar y °gornel yn siarad â ffrind.
H:	O °ba °gyfeiriad daeth y car?
A:	Oedd y car yn dod o °gyfeiriad y °dre, ac fe °weles i'r beic modur yn troi o'r stryd draw fan'na i'r cyfeiriad arall.
H:	Stopiodd y beic modur cyn troi?
A:	Dw i ddim yn gwybod.
H:	Gwela i.

(turns to another witness)

	A beth amdanoch chi? °Welsoch chi be' ddigwyddodd?
B:	O'n i'n gweithio yn yr °ardd pan °glywes i sŵn ofnadwy o'r stryd.
H:	Aethoch chi allan i °weld beth oedd yn bod?

B: Do, redes i allan yn syth a gweld dyn ifanc yn gorwedd ar y palmant. Yna ffonies i'r gwasanaethau brys.

Geirfa

digwydd happen, occur
damwain (f) accident
sefyll stand
cornel (f) corner
cyfeiriad direction
troi turn
gardd (f) garden

clywed (clyw–) hear
sŵn noise, sound
rhedeg (rhed–) run
yn syth straight away
gorwedd lie
palmant pavement
gwasanaethau brys emergency services

Sgwrs

SUSIE: Ti'n edrych yn flinedig braidd, Brenda.
BRENDA: O, Susie, dw i wedi cael diwrnod ofnadwy, timod. Yn °gynta, fe °ges i °broblem gyda'r car ar y ffordd i'r °dre. Galwes i'r garej lleol, ond wedon nhw fod neb ar gael i roi help. Wel, o'n i braidd ar frys, felly yn y diwedd °gerddes i i'r °dre. Ar ôl gwneud y siopa, °golles i'r bws, a pan °gyrhaeddes i, ffeindies i fod neb gartre a'r drws ar °glo.
S: Doedd dim allwedd 'da ti?
B: Nag oedd! Roddes i'n allwedd i'n chwaer i wythnos diwetha, ac o'n i heb °gael hi yn ôl.
S: Be' nest ti, 'te?
B: °Gures i ar ddrws nghymydog, Mrs Evans. °Drion ni °dorri i mewn, ond heb lwyddiant – doedd dim bricsen ar °gael, t'wel. Felly gwahoddodd Mrs Evans fi i mewn am °banaid o de. Wedyn ddaeth 'n chwaer i a'i chariad Wayne yn ôl am °bedwar.
S: Be' wedest ti 'thyn nhw. O't ti'n °grac?
B: Nag o'n, nag o'n. Ond wedes i wrth Wayne am fynd i nôl nghar.
S: Mecanydd yw Wayne, 'te?
B: Nage, nage. Ond mae'n nofiwr ardderchog . . . buodd yn nofio dros °Gymru. Person delfrydol i wneud y job.
S: Mae'n nofio? Pam fod hynny'n °bwysig, 'te?
B: Wel, i nôl y car o'r afon lle gadawes i fe.

Geirfa

dw i wedi cael I've had
yn gynta first
ar y ffordd on the way
galw call
wedon nhw fod ... they said that ...
ar gael available
ar frys in a hurry
yn y diwedd in the end
cerdded (cerdd–) walk
colli lose; (here) miss
cyrraedd (cyrhaedd–) arrive
ffeindio find
ar glo locked
allwedd (–i) (f) key

o'n i heb gael hi yn ôl I hadn't
had/got it back
curo knock
llwyddiant success
bricsen (f) brick
t'wel y'see (**chi**-form: **ch'wel**) (S)
gwahodd invite
crac cross, angry
nôl fetch
nofiwr swimmer
delfrydol ideal
pwysig important
afon (–ydd) (f) river

Preterite (past) tense

The preterite in Welsh denotes completed action in the past. It is formed by adding endings to the stem (Lesson 5) of the verb:

	sing.	*pl.*
1	–es	–on
2	–est	–och
3	–odd	–on

These are followed as usual by the appropriate pronouns, so that, for example, **gweld** *see* (stem **gwel–**) looks like this in the preterite:

gweles i I saw   **gwelon ni** we saw
gwelest ti you saw   **gweloch chi** you saw
gwelodd e/hi he/she saw **gwelon nhw** they saw

Being an inflected tense, the principles of mutation and affirmative particles (see Lessons 3 and 7) apply here. Go back now and look these over again if you are uncertain.

Sometimes an **–s–** is inserted between stem and plural endings, particularly with stems ending in **–l–** or **–d–**; so **gwelsoch chi** for **gweloch chi**. There is no difference in meaning.

There is also a non-inflected preterite in Colloquial Welsh which is interchangeable with the inflected method described here. It will be dealt with later (Lesson 14), and for now you should concentrate on mastering this one. A third method, restricted to Northern regions of Wales, will also be introduced in Lesson 14.

Exercise 1

Using the vocabulary at the back if necessary, write a report in Welsh of six things that you did yesterday, saying what you did, and at what time. For example, you could say that you fed (**bwydo**) the cat at half past eight: **Fe fwydes i'r gath am hanner awr wedi wyth.** Try and be interesting and/or controversial.

1 _____ i _____ am _____
2 _____ i _____ am _____
3 _____ i _____ am _____
4 _____ i _____ am _____
5 _____ i _____ am _____
6 _____ i _____ am _____

Irregular preterites – 'went', 'came', 'did', 'got'

These four important verbs have irregular preterites which must be learnt. Notice that they all go the same way – once you have learnt **es i**, **est ti** etc., you can do the others.

		VN *mynd*	*gwneud*	*dod*	*cael*
sing.	1	**es i** I went	**nes i** I did	**des i** I came	**ces i** I got
	2	**est ti**	**nest ti**	**dest ti**	**cest ti**
	3	**aeth e/hi**	**naeth e/hi**	**daeth e/hi**	**caeth e/hi**
pl.	1	**aethon ni**	**naethon ni**	**daethon ni**	**caethon ni**
	2	**aethoch chi**	**naethoch chi**	**daethoch chi**	**caethoch chi**
	3	**aethon nhw**	**naethon nhw**	**daethon nhw**	**caethon nhw**

The preterite of **cael**, however, is found in different forms depending on the region. You may hear **cafodd e/hi** for 3rd pers. sing.; and the plural forms can be **cafon ni**, **cafoch chi**, **cafon nhw** or **cawson ni**, **cawsoch chi**, **cawson nhw**. As always, the best approach is to follow the practice of local native speakers.

Exercise 2

Rearrange the scrambled sentences for the dialogue to make sense:

A: da ti ar ? gest dy amser wyliau
B: iawn 'n oedden 'r tywydd gyda ni lwcus do,
A: arian wariest o ? ti lawer
B: ddes â fe yn ti i i hwn ond ôl naddo,
A: yw 'na ? beth e garedig,
B: faes anrheg awyr o Caerdydd

Geirfa

gwario spend (money)   **dod â** bring
caredig kind   **maes awyr** airport

Preterite of bod

The verb 'to be' has its own preterite, used in certain very restricted senses.

	singular	plural
1	**bues i**	**buon ni**
2	**buest ti**	**buoch chi**
3	**bu(odd) e/hi**	**buon nhw**

In everyday language, this is most often found with reference to journeys or visits to places, and it corresponds to English 'have been (to) . . .':

Fuoch chi yn Harlech erioed? Have you ever been to Harlech?
Fe fuon ni yn Lloegr llynedd. We were in England last year.
Lle buest ti, 'te? Where have you been, then?

Notice that in all the examples above, the persons concerned have since returned from where they were.

Exercise 3

Cywir neu Anghywir?
Look back over the three dialogues we have had in this lesson, and decide true or false for the following:

1 Mae Wayne yn frawd-yng-nghyfraith i Brenda.   C/A
2 Oedd y beic modur yn mynd i'r dre.   C/A
3 Arhosodd Delyth a LLŷr mewn gwesty.   C/A
4 Mae Mrs Evans yn byw drws nesa i Susie.   C/A
5 Gadawodd Brenda ei char yn y garej.   C/A
6 Oedd Delyth yn sâl ym Mharis.   C/A

Exercise 4 📼

Turn the following present tense sentences into the preterite.

Example: *Maen nhw* i gyd *yn mynd* i'r dre
           – *Aethon nhw* i gyd i'r dre

1 Mae Peter yn cael sanau i Nadolig.
2 Dw i'n ymweld â'r teulu.
3 Ydych chi'n defnyddio'r llyfr 'na?
4 Ti'n ynganu hynny'n anghywir.
5 Ydy John a Sally'n agor y siop bore 'ma?
6 Ŷn ni'n dysgu llawer o'r llyfr 'ma.

Geirfa

hosan (pl. **sanau**) sock   **ynganu** pronounce
ymweld (**ymwel–**) â visit   **anghywir** wrong; incorrect

'Yes' and 'No' in the past

Y/N questions using the preterite require the answer **Do** for 'Yes'
and **Naddo** for 'No'.

Glywsoch chi'r sŵn 'na?   **Naddo.**
Did you hear that noise?   No
Welest ti'r ffilm neithiwr?   **Do.**
Did you see the film last night?   Yes

To make 'tag'-questions after preterite statements, simply use
On'do?, regardless of person:

Ddaethon nhw i drwsio'r soser lloeren ddoe, *on'do*?
They came to mend the satellite dish yesterday, *didn't they*?
Roddes i'r manylion i ti gynnau, *on'do*?
I gave you the details just now, *didn't I*?

Expressions with ar°

Welsh has a number of set expressions involving **ar** + another element, often but not always a VN. We saw **ar gael**, **ar frys** and **ar glo** in the third Sgwrs of this lesson. They all indicate some kind of state or condition, and are best learnt as one-off items. Here are some other common ones:

ar agor open	**ar gau** closed
ar dân on fire	**ar goll** lost
ar gadw (packed/tidied) away	**ar werth** for sale

How to say 'when . . .'

We have already encountered the question-word **Pryd . . .?** meaning *When . . .?*:

Pryd mae'r bws nesa'n dod?	When is the next bus coming?

But if 'when' occurs in a *statement*, then in most parts of Wales a different word **pan°** is used instead. It is very common with the preterite.

Pan ddaeth y bws . . .	When the bus came . . .
Pan gyrhaeddon ni adre . . .	When we got home . . .
O'n i mas pan ffoniest ti	I was out when you phoned

Avoiding the preterite with 'before . . .', 'after . . .', 'as . . .', 'since . . .'

You do not need the preterite after timewords like **cyn** *before*, **ar ôl** *after*, and **wrth** *as* in expressions like 'before we *arrived*', 'after Fifi *left*'. In Welsh these words are used in a different construction, involving **i** and a plain VN:

[time word]   **i**   [person]   °[VN]

For example, while 'Gwenith arrived' is **gyrhaeddodd Gwenith**, 'after Gwenith arrived' is *not* 'ar ôl gyrhaeddodd Gwenith' but:

ar ôl   **i**   **Gwenith**   **°gyrraedd**

Further examples:

Lapies i'r anrheg *cyn i Lisa ddod* **adre**
I wrapped the present *before Lisa came* home
***Wrth i Fifi fynd* allan, ddaeth Katy i mewn**
As Fifi went out, Katy came in

Notice that, in all two-part sentences of this type, there is a preterite in the other part that makes the time clear.

Exercise 5

Cyfieithwch i'r Gymraeg

1 I read a book while the children did their homework.
2 We arrived home before it got dark (**tywyllu**).
3 I turned off (**diffodd**) the television before the programme finished.
4 He walked out before I had (**cael**) a chance (**cyfle**) to explain.
5 We had no Welsh before we came to Wales.
6 The garden looked (imperf.) better after we planted (**plannu**) the flowers.

dweud *'say'*

This VN means 'say' or 'tell', as opposed to **siarad** which means 'talk' or 'speak'. In many parts of the South it is not **dweud** but **gweud**; and many regions that use **dweud** actually pronounce it **deud**. Either way, the verb-stem is generally **wed–: wedes i** *I said*, **be' wedsoch chi?** *what did you say?*

'Say *to . . .*' is **dweud *wrth*°** . . . (not **i**° . . . as you might expect); and to tell someone *to* do something is **dweud *wrth*°** (person) **am°** (VN):

Well i mi *ddweud wrth* **y plant** *am fod* **yn dawel**
I'd better *tell* the children *to be* quiet
Dos i *ddweud wrth* **Gwilym** *am ddod* **â'r bisgedi fan hyn**
Go and *tell* Gwilym *to bring* the biscuits here

More personal forms of prepositions – at, wrth

At° and **wrth°** simply add the personal endings (see Lesson 8) directly without a 'joining' syllable:

ata i	aton ni	wrtha i	wrthon ni
atat ti	atoch chi	wrthat ti	wrthoch chi
ato fe	atyn nhw	wrtho fe	wrthyn nhw
ati hi		wrthi hi	

The general meaning of **at°** is *motion towards*, and so it often does correspond to 'at'. It is similar in meaning to **i°**, but with an important difference. Compare these two sentences:

Dw i'n mynd i'r feddygfa   I'm going to the surgery
Dw i'n mynd at y meddyg   I'm going to the doctor('s)

The preposition **i°**, used spatially, implies motion towards *and into*, so it is right for buildings but not for the people who work in them. **At°**, on the other hand, takes you as far as your destination without going in. For this reason also we use **at°** after verbs like **ysgrifennu** *write*, **danfon/anfon** *send* and **hala** *send*, when the recipient is a person. But if a country, town or building is stated rather than a person, then **i** is the right choice:

Dw i eisiau hala'r llythyr 'ma *i*'r Unol Daleithiau
I want to send this letter to the United States
Dw i eisiau hala'r llythyr 'ma *at* Arlywydd yr Unol Daleithiau
I want to send this letter to the President of the United States

Wrth° indicates spatial proximity:

Mae rhywun wrth y drws   Someone's at the door
Sefwch wrth y cownter   Stand by the counter

Its other common use is after **dweud** *say*, *tell* (see above p. 130). Notice that the personal forms of this preposition are frequently shortened in Colloquial Welsh – **'tha i** for **wrtha i**, **'thyn nhw** for **wrthyn nhw**.

Wedes i 'thyn nhw ddoe   I told them yesterday
Mae eisiau dweud 'thi hi   (Someone) should tell her

mo **in NEG sentences**

The negative particle **ddim** that we find on the end of all NEG verbs in Welsh cannot remain in this form when directly followed by an item that is *specific* – turn back to Lesson 6 if you wish to remind yourself of what constitutes a 'specific' word in Welsh. In these circumstances, **ddim** becomes **mo** (contraction of **ddim** + **o**). Compare:

Weles i ddim rhaglen deledu neithiwr
I didn't see a (i.e. any) television programme last night
Weles i *mo*'r rhaglen deledu neithiwr
I didn't see the television programme last night

In the second example, the presence of the definite article identifies **rhaglen deledu** as specific – the speaker has a particular one in mind – and this turns the preceding **ddim** (from **Weles i ddim** *I didn't see*) into **mo**. Similarly, *I didn't see Dylan* will be not **Weles i ddim Dylan** (which means 'I didn't see anyone called Dylan') but **Weles i mo Dylan**; and *I didn't see your brother* will be **Weles i mo'ch brawd**.

With pronouns (which are also specific) **mo** has personal forms like the prepositions we have already encountered:

mohona i	**mohonon ni**
mohonat ti	**mohonoch chi**
mohono fe	**mohonyn nhw**
mohoni hi	

(sometimes without the **–ho–** element: **moni hi** for **mo*ho*ni hi**, etc.)

Weles i mohonot ti fan 'na	I didn't see you there
Brynon ni monyn nhw	We didn't buy them

Exercise 6

Without translating, decide which of these sentences would use **ddim** in Welsh, and which would use **mo**:

1 We didn't buy any bread when we were out.
2 Bertie didn't pay his library fine.
3 The police didn't find Bertie.
4 I didn't eat the carrots.
5 I didn't eat any vegetables at all, actually.
6 You didn't help me.

Sgwrs 🔳

Fran and Norman are discussing last night's viewing

NORMAN: °Welest ti'r ffilm ofnadwy ar y teledu neithiwr?
FRAN: Naddo, °weles i moni. O'n i'n gweithio yn y tŷ bwyta tan yn hwyr.

N: °Gollest ti ddim byd. Oedd hi'n ofnadwy, °wir i ti.
F: Mae'n amlwg. Sut ffilm oedd hi, 'te?
N: Ffilm arswyd, i fod.
F: A be' ddigwyddodd yn y ffilm?
N: Wel, ddaeth anghenfil enfawr allan o'r môr ac ymosod ar ddinas Llundain. °Gerddodd i fyny'r Tafwys a dechrau bwyta adeiladau yng nghanol y ddinas; wedyn aeth ymlaen i San Steffan.
F: Swnio'n ddigon cyffrous.
N: Ti'n meddwl? Wel, gwranda – pan °gyrhaeddodd yr anghenfil San Steffan a dechrau bwyta Tŷ'r Cyffredin, aeth pethau o ddrwg i °waeth.
F: Do? Be' ddigwyddodd, 'te?
N: Wel, °geisiodd pawb tu allan achub y °bobol tu fewn!
F: Be'? Achub yr Aelodau Seneddol?
N: Ie! Cwbwl afrealistig, yntefê?
F: Cytuno'n llwyr.
N: Doedd neb yn helpu'r anghenfil druan o °gwbwl.
F: °Gest ti dy siomi, 'te.
N: Do. Des O'Connor ar y sianel arall °bob tro i mi o hyn ymlaen.
F: (*shivers*) Brrr, 'na arswyd go iawn i ti.
N: Iasoer, yntefê? Mae'n gwneud i ti feddwl, on'd ydy?

Geirfa

tŷ bwyta restaurant	**cyffrous** exciting
tan yn hwyr till late	**o ddrwg i waeth** from bad to worse
amlwg obvious	**achub** save
sut°...? what kind of ...?	**af–** un–
arswyd horror	**yntefê?** isn't it? [general question tag, like French n'est-ce pas?]
i fod supposed to be	
anghenfil monster	**cytuno'n llwyr** (I) completely agree
enfawr huge	**gest ti dy siomi** you were disappointed
môr sea	
ymosod (ar) attack	**o hyn ymlaen** from now on
Llundain London	**go iawn** real; genuine
Tafwys Thames	**iasoer** chilling; bloodcurdling
adeilad (–au) building	

Exercise 7

Look at this **taflen gyhoeddusrwydd** *publicity leaflet* for a programme on a local radio station, and then answer the following questions in English:

1 How often is the programme on?
2 What time is it on?
3 What is happening on the 11th October?

Geirfa

newydd sbon brand new   **pennod** (f) chapter; episode

- Cyfle cyffrous i bobl ifainc sy'n gadael yr ysgol ac oedolion gael addysg a hyfforddiant.

- Hyfforddiant yn rhad ac am ddim i bob myfyriwr amser llawn newydd.

- Cludiant yn rhad ac am ddim yn ôl a 'mlaen i'r coleg ar hyd y prif ffyrdd.

COLEG CEREDIGION
Safon ar Garreg y Drws

Exercise 8

Look at the advert above for a local **coleg addysg bellach** *further education college* and answer the following questions in English:

1 What two groups of people is the advert aimed at?
2 What type of students get free tuition?

Geirfa

cludiant transport   **prif** main
ar hyd along   **ffordd (ffyrdd)** road

10 Awgrymu pethau

Making suggestions

In this lesson you will learn how to:

- make suggestions
- give invitations
- arrange to meet someone
- express a preference for doing something
- say years and dates

Sgwrs

Jeni wants Pippa to come and cut her hair, so she phones to make an appointment

JENI: Helo. Ydy Pippa 'na?

ANNE: Daliwch eiliad – a i i moyn hi.

(*Pippa comes to the phone*)

PIPPA: Helo, Pippa sy 'ma.

J: Helo, Pippa. Jeni sy 'ma. Elli di ddod i °dorri ngwallt i pnawn yfory, tybed?

P: Pnawn yfory – hmm, dw i'n eitha prysur yfory, dw i'n meddwl. Ond na i edrych yn y dyddiadur.

(*looks in her diary*)

O, 'ma ni – ydy pedwar yn °gyfleus?

J: I'r dim.

P: Iawn – na i °alw heibio tua pedwar o'r °gloch yfory, 'te.

J: Gwych! °Welwn ni ti yfory. Hwyl nawr.

P: Hwyl.

Geirfa

dal hold
eiliad (f) (a) second
moyn (here) fetch (S)
tybed I wonder
eitha quite

prysur busy
dyddiadur diary
galw heibio call round
gwych! great!

Sgwrs ▭

The girls are on the razzle somewhere, and Gary and Jim are wondering what to do this evening. A simple enough thing to decide, wouldn't you think?

GARY: Oes awydd 'da ti fynd mas rhywle heno?
JIM: Efallai. Be' sy 'da ti mewn golwg?
G: O'n i'n meddwl efallai gallen ni °gael diod neu ddau mewn tafarn rhywle, ac wedyn mynd am °bryd o fwyd Indiaidd.
J: Neu fe °allen ni fynd am °bryd o fwyd Indiaidd °gynta, ac wedyn diod neu ddau mewn tafarn.
G: Mae hynny'n °bosibilrwydd arall. P'un sy'n well 'da ti?
J: Hmm – bwyd Indiaidd, ac wedyn y diodydd. Neu ddiodydd °gynta, ac wedyn y bwyd. O, °alla i ddim penderfynu!
G: Mae bywyd yn °gymhleth weithiau, on'd yw e?
J: Ydy. Iawn – awn ni am fwyd °gynta, cyn i'r lle lenwi.
G: Penderfyniad o'r diwedd! Iawn. Awn ni, 'te. Mae'n saith o'r °gloch yn °barod.
J: Aros funud. I °ba °dŷ bwyta Indiaidd awn ni? I'r *Golau Asia* neu i'r *Tandŵri Brenhinol*? Well 'da fi'r *Tandŵri*, rhaid i mi ddweud.
G: Ond well gen i'r *Golau Asia*. °Gas gen i fynd i'r *Tandŵri* dyddiau 'ma – mae gormod o fyfyrwyr yn mynychu'r lle.
J: Ond mae hynny'n dangos pa mor dda yw'r bwyd!
G: O? Ac ers pryd mae myfyrwyr, o °bawb, yn poeni am ansawdd bwyd?
J: Wel – ta beth, °alla i ddim diodde'r °gerddoriaeth yn y *Golau Asia*. Dw i'n gwrthod mynd yno.
G: Iawn. Penderfyniad arall wedi'i wneud. Oes syniadau eraill 'da ti?
J: Gallen ni eistedd o flaen y teledu am °weddill y noson.
G: 'Na syniad – mae *Pobol y Cwm* ar fin dechrau.

J: Ond mae'r pêl-droed Americanaidd ar fin dechrau ar y sianel arall! . . .

Geirfa

oes awydd 'da ti° (+ VN)?	**myfyrwyr** (pl) students
do you feel like -ing . . .?	**mynychu** (to) frequent, go to
mewn golwg in mind	**o bawb** of all people
pryd o fwyd meal	**ansawdd** quality
posibilrwydd possiblity	**cerddoriaeth** (f) music
gynta first (adv.)	**gwrthod** refuse
cymhleth complicated	**wedi'i wneud** made
llenwi fill up	**ar fin** (+ VN) about to . . .

Exercise 1

Cywir neu Anghywir?

1 Mae teledu yn y *Golau Asia*.   C/A
2 Mae Gary a Jim yn penderfynu cael bwyd cyn mynd i'r dafarn
                                                                  C/A
3 Dyw Gary ddim yn hoffi'r *Tandŵri*.   C/A
4 Mae ansawdd bwyd yn bwysig i fyfyrwyr.   C/A
5 Mae pêl-droed Americanaidd ar y teledu ar ôl *Pobol y Cwm*.
                                                                  C/A
6 Does dim cerddoriaeth yn y *Golau Asia*.   C/A

Gallwn i 'I could'

In Lesson 8 we had **dylwn i** *I ought to/should*. We can use the same set of endings on **gallu** to express *I could*, where this means 'I would be able':

	singular	*plural*
1	**gallwn i**	**gallen ni**
2	**gallet ti**	**gallech chi**
3	**gallai fe/hi**	**gallen nhw**

The same applies for **medru** in the North: **medrwn i**, etc.

As with **dylwn i** etc., the VN following **gallwn i** etc. has SM. SM of the verb-form itself is required as usual in questions and NEG sentences:

Allai fe ddod yfory?   Could he come tomorrow?
Allwn i ddim derbyn hynny   I couldn't accept that

Exercise 2

Cyfieithwch i'r Gymraeg

1 Could you (**chi**) help me?
2 We ought to inform the authorities.
3 You (**ti**) could be right.
4 Should we discuss this with him?
5 I could mend that for you (**ti**) if you want.
6 We could come back at a more convenient time.

Geirfa

rhoi gwybod i inform   **trwsio** mend
awdurdod (–au) authority   **adeg** (f) time (occasion)
iawn right (correct)   **mwy cyfleus** more convenient
trafod discuss

'other', 'the other (one)'

As an adjective (e.g. 'the other man'), *other* is **arall** in Welsh; it is one of a small number of adjectives that have a different form for use with plural nouns (**eraill** – pronounced **er*i*ll**). So **y dyn arall** *the other man*, but **y dynion eraill** *the other men*.

If you want to use *other* as a pronoun (i.e. meaning 'the other one'), then you need **y llall** (singular), **y lleill** (plural):

Lle mae'r llall?   Where's the other one?
Mae'r lleill draw fan'na   The others are over there

Exercise 3

Using the vocabulary at the back where necessary, put either **arall** or **eraill** after the following nouns:

y siopau _____   y merched _____
llyfrau _____   y tŷ _____
gair _____   rhaglenni _____
y geiriau _____   y sianeli _____

y cyllyll _____	eich coes _____
ei sgidiau _____	athrawon _____
sianel _____	athrawesau _____

'Which . . .?'

If you want to ask 'Which . . .?', use **Pa°. . .?** (or **Pwy°. . .?** in many S areas):

O °ba ran o Gymru dach chi'n dod yn wreiddiol?
What part of Wales do you come from originally? [lit. 'From which part . . .?']
Ym mha ddosbarth mae dy chwaer yn dysgu Cymraeg?
What class is your sister learning Welsh in? [lit. 'In which class . . .?']

As pronouns, *Which one?* is **Pa un?** or, frequently in Colloquial Welsh, **P'un?**. The plural **Pa rai?** means *Which ones?*

P'un sy'n edrych orau?	Which (one) looks the best?
Pa rai wyt ti am brynu?	Which (ones) do you want to buy?

'How . . .'

Pa mor°. . .? is used with adjectives to mean *How . . .?* in the sense of 'to what extent?':

Pa mor fawr yw'ch estyniad?	How big is your extension?
Pa mor ddifrifol oedd ei hanafiadau?	How serious were her injuries?

But *How . . .!* with an adjective as an exclamation is done with **'Na°. . .!**, and an optional **i ti** or **i chi** following:

'Na neis!	How nice!
'Na ddrud (i ti/chi)!	How expensive!

Making suggestions

In addition to **Hoffech chi °VN . . .?** etc. *Would you like to . . .?*, you can use the more informal **Beth am °VN . . .?** *What/How about . . . -ing . . .?*, or **Oes awydd 'da ti/chi °VN . . .?** *Do you feel like . . .?*

Oes awydd 'da ti balu'r ardd i mi?
Do you feel like digging the garden for me?
Beth am wisgo fel angenfilod a dychryn y plant?
How about dressing up as monsters and frightening the kids?

Preferences

Use the following phrases to find out people's preferences:

P'un sy'n well 'da chi?   Which do you prefer? (choice of two)
P'un sy orau 'da chi?   Which do you prefer? (more than two)

If you want to make two alternative suggestions, use:

P'un sy'n well 'da chi, (VN) neu° (VN)?

P'un sy'n well 'da ti, mynd i'r dre neu aros fan hyn?
Would you rather go to town or stay here?

To state your preferences, use:

Well 'da fi °VN   I'd rather . . . (S)
Well gen i °VN   I'd rather . . . (N)

Notice the difference between this and **Well i mi °VN**, which means
I'd better . . . . Compare:

Well i fi aros fan hyn gyda'n ffrindiau
I'd better stay here with my friends
Well 'da fi aros fan hyn gyda'n ffrindiau
I'd rather stay here with my friends

Use the following phrases to say what you like or dislike doing
generally:

Dw i'n hoffi/leicio VN	I like . . . -ing
Dw i wrth 'y modd yn VN	I love . . . -ing
Dim ots gen i/'da fi °VN	I don't mind . . . -ing
Fyddai dim ots gen i/'da fi °VN	I wouldn't mind . . . -ing
Fyddwn i ddim yn malio VN	I wouldn't mind . . . -ing
Dw i ddim yn orhoff o °VN	I'm not too keen on . . . -ing
Well gen i/'da fi beidio VN	I'd rather not . . .
Gas gen i °VN	I hate . . . -ing
Alla i ddim diodde VN	I can't stand . . . -ing

Exercise 4

Using the likes/dislikes phrases above, make up six sentences in Welsh about your own tastes and preferences. For example, if you hate getting up in the morning, you could write **Gas gen i godi yn y bore**.

1
2
3
4
5
6

Inflected future

We have already seen how to form the future using **bydda i** ... *I will be* ... etc. (Lesson 7). You can also use future endings on the stem of the verb, in much the same way as the preterite. For the future, the endings (+ pronouns) are:

singular	*plural*
1 –a i	–wn ni
2 –i di	–wch chi
3 –ith e/hi	–an nhw

Notice that the 2nd person singular pronoun is **di** rather than **ti** in this tense.

General rules for inflected verbs (refer back to Lesson 7 if you are uncertain) apply with the inflected future.

The inflected and **bydda–** futures are often interchangeable in Colloquial Welsh, but in some areas the inflected forms are preferred in certain circumstances.

'If . . .', 'If . . . not . . .', 'Why don't you . . .?'

Where 'if' is followed by a present tense in English, **os** is used with a future in Welsh, and it is often the shorter, inflected future.

Os collan nhw'r gêm 'ma hefyd, bydd hi ar ben 'da ni
If they lose this game as well, we're finished

Os gweli di fo wedyn, dwed wrtho
If you see him later, tell him

Notice that the radical of the inflected verb is quite common (though not obligatory) after **os**.

Os na° (or AM) ... *if* ... *not* ... is similarly used in NEG sentences:

Os na gollan (or **chollan**) **nhw'r gêm 'ma, bydda i'n synnu**
If they don't lose this game, I'll be surprised
Os na weli di fo ...
If you (will) not see him ...

And **Pam na°** (or AM) ...? with a 2nd person inflected future is a common way of saying 'Why don't you ...?' as a suggestion.

Pam na sgwenni di lythyr ato fo?	Why don't you write him a letter?
Pam na °ohiriwch chi fe tan yfory?	Why don't you put it off till tomorrow?

Exercise 5

Change the VNs in brackets into the appropriate inflected future forms:

Example: Fe (ffonio) Elinor yfory
 – **Fe ffonith Elinor yfory**

1 Fe (gweld) nhw'r canlyniadau yfory.
2 Pryd (blodeuo) y planhigyn 'ma?
3 Pam na (talu) di â siec?
4 Mi (tynnu) o'r llun mewn munud.
5 Fe (treulio) ni bum niwrnod yno.
6 Pam na (cysylltu) chi â'r pencadlys.

Geirfa

canlyniad result
blodeuo flower (vb)
planhigyn plant
tynnu llun take a picture

diwrnod day
cysylltu â get in touch with; contact
pencadlys headquarters

Exercise 6

Unscramble each sentence of this dialogue:

A: i gweld ddim dw mwyach ti eisiau
B: wyt feddwl 'n ? beth ti
A: gyda dw allan 'n Huw i mynd
B: mi i fe bwnia

Geirfa

mwyach (any) more   **pwnio** thump
meddwl mean

Galla i 'I can'

In earlier forms of Welsh, what we now know as the future endings
were also used for the present where a continuing state was being
expressed rather than an action. This usage survives in set expres-
sions like **Gwela i** *I see* (as a confirmation of understanding) that we
have already come across, and also for all persons with **gallu** – for 'I
can', you can say either **dw i'n gallu** (using **bod** in the usual way with
VN) or **galla i**.

	singular	*plural*
1	**galla i** I can	**gallwn ni** we can
2	**galli di**	**gallwch chi**
	or **gelli di** you can	or **gellwch chi** you can
3	**gall e/hi** he/she can	**gallan nhw** they can

Notice:

1 the alternative vowels **a/e** in the 2nd person singular;
and 2 that the 3rd person singular has no ending, although **gallith**
and **gellith** are heard in many areas, and also in expressions
like °**ellith fod** *it may be (true)*.

Like **gallwn i** *I could* and **dylwn i** *I ought to*, **galla i** etc. is used with
a following VN, which takes SM provided there is no intervening
ddim for negatives.

(G)alla i ddod yfory os wyt ti'n moyn
I can come tomorrow if you want

Alla i ddod yfory?
Can I come tomorrow?
Alla i ddim dod yfory
I can't come tomorrow

The predominantly N word **medru** *can* is used in the same way: e.g.
medra i *I can*, **medr o** *he can*; **fedra i?** *can I?*; **fedr hi ddim** *she can't.*

Exercise 7

The various forms of **gallu** have been put in the wrong places.
Rearrange them correctly.

1 *Allwch* y plant ddod i chwarae pnawn 'ma?
2 *Allwn* i siarad yn arafach os dych chi eisiau.
3 *Gall* i ddim gweld y pwynt.
4 *All* ni helpu gyda'r llestri?
5 *Alla* cathod weld mewn tywyllwch.
6 *Galla* chi aros amdana i fan hyn?

Irregular futures – 'I will go/come/do/get'

As with the preterite, **mynd**, **dod**, **gwneud** and **cael** have irregular
inflected futures:

		mynd	*gwneud*	*dod*	*cael*
sing.	1	**a i** I'll go	**na i** I'll do	**do i** I'll come	**ca i** I'll get
	2	**ei di**	**nei di**	**doi di**	**cei di**
	3	**eith e/hi**	**neith e/hi**	**daw e/hi**	**ceith e/hi**
pl.	1	**awn ni**	**nawn ni**	**down ni**	**cawn ni**
	2	**ewch chi**	**newch chi**	**dewch chi**	**cewch chi**
	3	**ân nhw**	**nân nhw**	**dôn nhw**	**cân nhw**

You will hear variations on these in different parts of Wales, partic-
ularly **af i**, **naf i**, **dof i** and **caf i** in the 1st person singular, and **ewn ni**,
newn ni, **dewn ni** and **cewn ni** in the 1st person plural. In some
areas, **dod** goes like the other three (e.g. **deith** instead of **daw**).

Exercise 8

The verb-forms (italicised) are in the wrong places. Switch them
round so that everything makes sense.

Fe *helpu* i draw am bedwar. Os na *drefnu* neb o gwmpas, *ffoniwch* i adre a *allwn* Ron. Os na *a* Ron, *dewch* rhaid i mi *ffonio* tan heno. Ond os *ddaw* chi adre erbyn chwech, *cawn* fi; wedyn fe *fydd* ni *bydd* popeth, ac os *ddo* ni unrhyw broblemau, fe *aros* mrawd i'n *atebith* ni.

Sgwrs 🔲

Jane suggests an evening out with the family to Pam

JANE: Dan ni'n cynnal parti Nadolig yn y neuadd Nos Sadwrn. Pam na ddoi di â'r teulu?

PAM: Dw i ddim yn siwr ydan ni'n rhydd Nos Sadwrn neu °beidio.

J: Mi °gewch chi i gyd lawer o hwyl os dewch chi, siwr iawn i ti.

P: Na i roi gwybod i ti bore fory, iawn?

J: Iawn. Ac mi rodda i'r manylion 'ma am y noson i ti rŵan beth bynnag.

P: Diolch.

(*looks at the details*)
   O, mae gynnoch chi °bob math o °beth yno, on'd oes?

J: Oes. Bwyd ac adloniant. Ac mi °geith pob plentyn anrheg oddiwrth Siôn Corn.

P: Pwy fydd yn chwarae Siôn Corn eleni?

J: Ngŵr i. Ond os weli di fo, paid ti â deud dim. Dw i isio torri'r newyddion drwg iddo 'n hun. Ti'n meddwl byddwch chi'n dod, 'ta?

P: Gwranda – hyd yn oed os na fedra i ddod 'n hun, mi ddaw Wyn efo'r plant yn °bendant.

Geirfa

cynnal hold (a function)	**pob math o beth** all kinds of things
neuadd (f) hall	**adloniant** entertainment
... neu beidio ... or not	**Siôn Corn** Father Christmas
hwyl fun	**'n hun** myself (N)
rhoi gwybod (i°) let ... know	**hyd yn oed** even
manylion (pl) details	**os na fedra i ...** if I can't ... (N)
rŵan now (N)	**yn bendant** definitely
beth bynnag anyway	

Exercise 9

Atebwch y cwestiynau am y darn uchod yn Saesneg:

1 What will Jane's husband be doing?
2 Who will definitely be coming to the party?
3 When will Pam know if she can come?
4 What will be available apart from presents and entertainment?

Years

To begin with, you need to know that there are three related words for 'year' in Welsh: (i) **blwyddyn** (f) is the basic dictionary form, used on its own and in expressions like **Blwyddyn Newydd Dda!** *Happy New Year!*; (ii) **blynedd** is used after numerals (other than 'one'); note the mutations it undergoes from 2 to 10:

(**un flwyddyn**) 1 year	**chwe blynedd** 6 years
dwy flynedd 2 years	**saith mlynedd** 7 years
tair blynedd 3 years	**wyth mlynedd** 8 years
pedair blynedd 4 years	**naw mlynedd** 9 years
pum mlynedd 5 years	**deng mlynedd** 10 years

'6 years' is also heard as **chwe *m*lynedd**, and '8 years' as **wyth *b*lynedd**.

(iii) **blwydd** means 'years of age', and is optionally followed by **oed** *age*. The mutations are as for **blynedd**. So, for example, **dwy flwydd oed** *two years old*, **deng mlwydd oed** *ten years old*.

To ask how old someone is, say **Beth ydy/yw 'ch oed chi?** *What is your age?*, or, to a child, **Beth ydy/yw dy oed?** **Faint yw'ch oed** and **Faint yw dy oed?** are alternatives. **Oedran** is also heard for **oed**.

To find out what year someone was born in, say **Pryd gaethoch chi'ch geni?** or **Pryd gest ti dy eni?** *When were you born?* To say when you were born, use **Ges i ngeni ym . . .**

Years are referred to in Welsh as 'a thousand' (**mil**) followed by three single digits. So '1975' is **mil naw saith pump**; '*in* 1993' is **ym mil naw naw tri**, written **ym 1993**. But '1970' can be either **mil naw saith dim** or **mil naw saithdeg**; and 'the 70s' is **y saithdegau**.

Exercise 10

Answer the questions in Welsh, as indicated.

Example: Pryd gafodd eich brawd ei eni? (1962)
  – **Cafodd mrawd ei eni ym mil naw chwech dau**

1 Faint yw oed eich tad? (57)
2 Pryd gaethoch chi'ch geni? (1948)
3 Pryd gafodd eich chwaer ei geni? (1976)
4 Faint ydy oed eich brawd bach nawr? (7)
5 Pryd gafodd yr efeilliaid eu geni? (1988)
6 Beth yw oed dy chwaer-yng-nghyfraith? (20)

Exercise 11

There are some rather odd things in the following piece. Can you spot them and rewrite them so they make sense?

Mae nghymydog i, Mr Williams, yn wraig tŷ. Mae e'n ugain mlwydd oed, ac mae'n byw drws nesa ers deugain mlynedd. Bob nos i frecwast mae'n yfed creision ŷd, ac mae'n bwyta panaid o halen. Mae'n gwisgo crys du ar ei draed, ac mae'n cadw ei gar yn ei bwll nofio. Mae dau fab 'da fe – Horace sydd yn gan mlwydd oed, a Beatrice, sy'n gweithio yn y stafell molchi leol. Mae'r holl deulu'n dod i Loegr ar eu gwyliau – maen nhw'n mwynhau bod o dan y traeth pan mae'r haul yn bwrw.

Sgwrs 🔲

Mrs Jenkins is being interviewed for a local radio programme

A: Nawr 'te, Mrs Jenkins – yn °gynta, fedrwch chi ddeud 'tha i lle a pryd °gawsoch chi'ch geni?
MRS J: Wel, yn Nolgellau °ges i ngeni, ym mil naw dim wyth.
A: Ac ers pryd dach chi'n byw fan hyn?
MRS J: Dw i'n byw yn y bwthyn 'ma ers i mi fod yn ddeg oed. Byw ar 'y mhen 'n hun ydw i nawr, cofiwch. Bu farw ngŵr °dair blynedd yn ôl yn wythdeg tair oed.
A: Oes gynnoch chi °deulu yn yr ardal?
MRS J: Oes, oes – mae gen i ddau fab. Mae'r un yn byw ochor draw i'r nant, a'r llall yn byw lawr yn y °dre efo'i °wraig a teulu. Ac mae gen i lu o wyrion hefyd, °wyddoch chi. Chwech ohonyn nhw i gyd.

A: A sut mae byw fan'ma ar ochor y mynydd? Ydy hi'n galed i rywun mewn oed fel chi?

Mrs J: Ydy, weithiau – ond symuda i ddim rŵan. Ac mae'r teulu yn °gefnogol, cofiwch. Os bydd angen rhywbeth arna i yn ystod y tywydd garw, bydd un o nheulu °bob tro yn °barod i'n helpu.

A: Diolch yn fawr i chi, Mrs Jenkins, am rannu ychydig o'ch hanes â ni.

Mrs J: Wel, diolch yn fawr i chithau i gyd am ddod i ngweld i.

Geirfa

bwthyn cottage
ochor draw (i) on the other/ far side of . . .
nant (f) stream
llu large number; host
mynydd mountain
caled hard

mewn oed of an age; elderly
cefnogol supportive
yn ystod during
tywydd garw severe weather
rhannu share
hanes history; story
chithau you (emphatic – Lesson 14)

Asking and giving the date

Beth ydy/yw 'r dyddiad heddiw?   What date is it today?

The months (**y misoedd**) in Welsh are:

Ionawr	January	**Gorffennaf**	July
Chwefror	February	**Awst**	August
Mawrth	March	**Medi**	September
Ebrill	April	**Hydref**	October
Mai	May	**Tachwedd**	November
Mehefin	June	**Rhagfyr**	December

The ordinal numbers needed for dates are:

1st	**cynta**	6th	**chweched**
2nd	**ail**	7th	**seithfed**
3rd	**trydydd**	8th	**wythfed**
4th	**pedwerydd**	9th	**nawfed**
5th	**pumed**	10th	**degfed**

The vigesimal (20-based) system is used from 11 onwards in dates:

11th	**yr unfed ar ddeg**	21st	**yr unfed ar hugain**
12th	**y deuddegfed**	22nd	**yr ail ar hugain**
13th	**y trydydd ar ddeg**	23rd	**y trydydd ar hugain**
14th	**y pedwerydd ar ddeg**	24th	**y pedwerydd ar hugain**
15th	**y pymthegfed**	25th	**y pumed ar hugain**
16th	**yr unfed ar bymtheg**	26th	**y chweched ar hugain**
17th	**yr ail ar bymtheg**	27th	**y seithfed ar hugain**
18th	**y deunawfed**	28th	**yr wythfed ar hugain**
19th	**y pedwerydd ar bymtheg**	29th	**y nawfed ar hugain**
20th	**yr ugeinfed**	30th	**y degfed ar hugain**
		31st	**yr unfed ar ddeg ar hugain**

'On the . . . of . . .' is **Ar y . . . o fis . . .**: **Ar y chweched ar hugain o fis Tachwedd** *On the 26th of November.*

Yr ieithoedd Celtaidd – the Celtic languages (I)

We have seen how to talk about years and dates in this lesson – now for a bit of (early) history.

Welsh is a member of the Celtic branch of the Indo-European family that includes most of today's European languages. Celtic languages were at one time spoken over large areas of the European continent – these languages, all now long dead, constituted the Continental Celtic branch of the family. Another group of Celtic languages established themselves on the islands in the North-west of the continent, and represent the Insular Celtic branch. They are represented today by six languages, which fall into two groups: the Brythonic group comprising Welsh (**Cymraeg**), Cornish (**Cernyweg**) and Breton (**Llydaweg**); and the Goidelic group, comprising Irish (**Gwyddeleg**), Scots Gaelic (**Gaeleg yr Alban**) and Manx (**Manaweg**). The three Brythonic languages are closely and visibly related, as are the three Goidelic languages. But the two *groups* of language do not look very similar at all, and they certainly sound different.

Within the Brythonic group, Cornish and Breton are more closely related to each other than either is to Welsh – Breton, spoken in the northwestern corner of France (it is the only Celtic language now spoken on the continent of Europe), was taken there by Brythonic-speaking peoples fleeing the south-west of England before the onslaught of Germanic tribes around the sixth century.

Since then, of course, it has developed in its own way, and under increasing influence of French, but its similarity to Cornish, both in structure and vocabulary, is unmistakable.

Within the Goidelic group, Scots Gaelic and Manx are both direct descendants of the Irish transplanted to Scotland and the Isle of Man at an early date. Both are sufficiently different now from Irish to preclude any mutual intelligibility, though Scots Gaelic shows similarities to northern Irish dialects such as Donegal, and Manx, though drastically simplified in structure, has things in common with both Irish and Scots Gaelic.

The **diwylliant** *culture* that these six languages represent is a common one, and an interest in Welsh is a good **man cychwyn** *starting point* for an exploration of the **gwareiddiad Celtaidd** *Celtic civilisation* which is part of the **etifeddiaeth ddiwylliannol** *cultural heritage* of all **â'u gwreiddiau yn yr Ynysoedd Prydeinig** *with roots in the British Isles.* You will find some suggestions for further reading on p. 237.

11 Beth wyt ti'n feddwl?

What do you think?

In this lesson you will learn how to:

- ask and express opinions
- give reasons for opinions
- report what other people have told you
- make compound sentences
- compare things

Sgwrs ▭

*Medi has come in for an interview for a job she has applied (**ymgeisio**) for. The Personnel Manager (**rheolwr personél**) is looking at her CV*

RHEOLWR: Dw i'n gweld fan hyn bo chi'n siarad Almaeneg. Lle ddysgoch chi?

MEDI: Yn yr Almaen. Dreulies i ddwy flynedd yno ar ôl gorffen yn y Brifysgol. Weles i yn yr hysbyseb bod gwybodaeth o ieithoedd estron yn fantais i'r swydd 'ma.

R: Dych chi'n gwybod y bydd rhaid i'r ymgeisydd llwyddiannus deithio?

M: Ydw. 'Na un o'r prif resymau i mi ymgeisio, a dweud y gwir.

R: Ac mae'n dweud dros y dudalen fan hyn bod gyda chi radd mewn Seicoleg. Dw i'n siwr y bydd hynny'n fantais hefyd os gewch chi swydd gyda'r cwmni 'ma.

M: Pam? Achos bydda i'n gallu dod ymlaen â phobol eraill yn dda, chi'n meddwl?

R: Na. Gellwch chi esbonio i mi pam na roddes i'r gorau i'r swydd ofnadwy 'ma flynyddoedd yn ôl.

Geirfa

yr Almaen Germany
treulio spend (time)
prifysgol (f) university
hysbyseb (–ion) (f) advert
gwybodaeth (f) knowledge
estron foreign
mantais (f) advantage

ymgeisydd applicant
llwyddiannus successful
rheswm reason
gradd degree
dod ymlaen â get on with
esbonio explain
rhoi'r gorau i give up

Sgwrs 🔲

Paula and Christine are discussing the new supermarket that is coming to town

PAULA: Glywest ti fod archfarchnad newydd yn dod i'r dre?
CHRISTINE: Do. Roedd yn y papur lleol bod nhw'n bwriadu lleoli hi ar ymylon y dre.
P: 'Na ryfedd – glywes i fod y gymuned fusnes yn erbyn y syniad 'na.
C: Maen nhw wedi ailfeddwl. Mae rhyw sôn erbyn hyn fod y cyngor yn mynd i ddarparu ffordd osgoi. Bydd yr archfarchnad yn rhan o'r cynllun.
P: Ond bydd hynny'n golygu na fydd pobol heb gar yn gallu siopa yno!
C: Mae'n debyg y bydd gwasanaeth minibws o'r dre.

Geirfa

lleoli locate
ymylon (pl) (here) outskirts
'na ryfedd that's odd
cymuned (f) community
yn erbyn against
maen nhw wedi ailfeddwl
  they've changed their minds

mae rhyw sôn there's talk
erbyn hyn now
darparu provide
ffordd osgoi by-pass
cynllun plan
golygu mean
gwasanaeth service

Compound sentences and reported speech

In English we use the word 'that' to form compound sentences (sentences consisting of two parts) and to report the words of others. The part of the sentence after the 'that' is called the 'that'-clause.

'You are learning Welsh'
My neighbour says *that* you are learning Welsh

'That'-clauses are also found after verbs like 'think', 'know', 'hear', 'be sure', etc.; and after **gobeithio** *(I) hope.*

'Iwan will be back later'
I think *that* Iwan will be back later.

In Welsh the way to form a compound sentence or report speech (i.e. form the 'that'-clause) depends on what begins the simple (original) sentence. For now we will deal with two possibilities, which cover the overwhelming majority of cases:

1 the original sentence to be reported begins with some form of the present tense of **bod**;
2 the original sentence to be reported begins with some other verb-form.

If option 1 applies, then the present tense form of **bod** is replaced by the appropriate form from *either* of the two sets below:

sing.	1	**mod i**	**bo fi**	that I (am) . . .
	2	**fod ti**	**bo ti**	that you (are) . . .
	3m	**fod e**	**bo fe**	that he (is) . . .
	f	**bod hi**	**bo hi**	that she (is) . . .
plur.	1	**bod ni**	**bo ni**	that we (are) . . .
	2	**bod chi**	**bo chi**	that you (are) . . .
	3	**bod nhw**	**bo nhw**	that they (are) . . .

These two sets are interchangeable – use whichever is found in your area. Don't let anyone tell you that the simpler **bo**-set is somehow 'wrong', just because it is simpler.

You will see that, whichever set you use, the verb and the idea of 'that' are both contained in the first element. Look at how this works in practice:

[original sentence]	**Dych chi'n dysgu Cymraeg**
	You are learning Welsh
[reported]	**bod chi'n dysgu Cymraeg**
	that you are learning Welsh

The verb-form **dych** is 'swallowed up' by the **bod** – the pronoun **chi** remains, of course.

Further examples:
[original]   **Mae e'n sâl bore 'ma**

[reported]	*fod e'n sâl bore 'ma*
	... *that he is* ill this morning
[original]	**Dw i'n mynd i Gaer**
[reported]	*mod i'n mynd i Gaer*
	... *that I am* going to Chester
[original]	**Maen nhw tu allan rhywle**
[reported]	*bod nhw tu allan rhywle*
	... *that they are* outside somewhere

Remember that **bo fe, bo fi** and **bo nhw** would have been possible as well.

Where a noun rather than a pronoun is involved, you can use either **bod** or **fod** – it does not have anything to do with masculine or feminine. So, for example:

[original]	**Mae Delyth yn dod heno**
	Delyth is coming tonight
[reported]	*fod/bod* **Delyth yn dod heno**
	... *that* Delyth is coming tonight

Exercise 1

Turn the following originals into reported speech using **Dw i'n meddwl** ... *I think*.... Use the longer (**mod i** ... etc.) forms for this exercise.
Example:

> **Mae hi'n siarad Cymraeg yn rhugl**
> She speaks Welsh fluently
> – **Dw i'n meddwl** *bod hi'*n **siarad Cymraeg yn rhugl**
> I think *that she* speaks Welsh fluently

1 **Dw i'n mynd i chwydu.**
  I'm going to be sick.
2 **Maen nhw yn erbyn y syniad.**
  They are against the idea.
3 **Dyn ni angen mwy o amser.**
  We need more time.
4 **Dych chi wedi nghamddeall i.**
  You have misunderstood me.
5 **Mae'n bwrw eira.**
  It's snowing [careful!].
6 **Mae e'n aros tu allan.**
  He's waiting outside.

Phrases like **O't ti'n gwybod . . .?**, **O'ch chi'n gwybod . . .?** *Did you know . . .?*, **O'n i'n meddwl . . .** *I thought . . .* and **O'n i ddim yn gwybod . . .** *I didn't know . . .* will also be followed by the **fod**-type clause if the *original* sentence is in the present. For example, 'Did you know that he spoke Welsh?' goes back to the idea 'He *speaks* Welsh' (*Mae*'n **siarad Cymraeg**) – so **O't ti'n gwybod** *fod e*'n **siarad Cymraeg?**

The other option is when the original begins with a verb other than the present tense of **bod** – this can be either a completely different verb, or a different tense of **bod** (e.g. future). In this case, nothing is done to the verb, except that affirmative markers **fe°** and **mi°** (see Lesson 7) and/or any SM is removed; and the word for 'that' will be **y** – but in Colloquial Welsh this is often not heard. So, if the original was

Fe ddylen nhw fod yn ofalus   They ought to be careful

this will become

. . . (y) dylen nhw fod yn ofalus   . . . that they ought to be . . .

because **dylen nhw** is not part of the verb **bod**. Similarly,

Fydda i yn ôl erbyn saith   I'll be back by seven

becomes

. . . (y) bydda i yn ôl erbyn saith   . . . that I'll be back by seven

because, although **bydda i** is part of **bod**, it is not in the present tense.

Exercise 2

Turn the following simple sentences into compound ones using **Dw i ddim yn siwr** *I'm not sure . . . .* Pay attention to the verb at the start.

1 Mae hynny'n iawn.
2 Dych chi i fod i wneud 'ny.
3 Fe fyddwn ni mewn pryd.
4 Mi ddylset ti ddeud wrtho.
5 Mae digon o fwyd ar ôl.
6 Dw i'n gallu dod o hyd iddyn nhw nawr.

Geirfa

i fod (i) supposed (to)   **dod o hyd (i)** find

Negative compound sentences/reported speech – 'that . . . not . . .'

For reporting NEG originals, the **mod i/bo fi** type presents no problems:

[orig.] **Dw i ddim yn gallu dod heno**
         I can't come tonight
[rep.]   **. . . mod i ddim yn gallu . . .**
         . . . that I can't . . .
[orig.] **Dyw Siôn ddim yn hoffi gweithio trwy'r dydd yn y ffatri**
         Siôn doesn't like working all day in the factory
[rep.]   **. . . fod Siôn ddim yn hoffi gweithio . . .**
         . . . that Siôn doesn't like working . . .

For the **(y)**-type, replace **y** by **naº** (sometimes AM) *that . . . not . . . .*
The **ddim** in the original can remain or be dropped:

[orig.] **Ddôn nhw ddim yn ôl nawr**
         They will not come back now
[rep.]   **Gobeithio *na* ddôn nhw (ddim) yn ôl nawr**
         I hope *that* they will *not* come back now
[orig.] **Fydd Sioned ddim yn ymddangos ar y llwyfan heno**
         Sioned will not be appearing on stage tonight
[rep.]   **Mae'n debyg *na* fydd Sioned (ddim) yn ymddangos . . .**
         It's likely *that* Sioned will *not* be appearing . . .

Exercise 3

Check your answers for the last exercise in the key at the back. Now alter the six reported speech sentences by starting with **Dw i'n siwr** *I'm sure . . .*, and making the reported speech negative instead. The first sentence is done for you.

1 Dw i'n siwr *fod* hynny *ddim* yn iawn.
2
3
4

5
6

Exercise 4

Fill in the blanks from the box.

bod	fod	i
bod	na	yn
hi	mod	dy
na	ddim	'da

1 Mae Sioned yn dweud _____ chi'n bwriadu mynd _____ gynnar.
2 Wyt ti'n siwr _____ nhw _____ yn dod heno?
3 Wedodd _____ gariad _____ ti'n hynod o gryf.
4 Mae'n bosib _____ fydd digon o amser _____ ni.
5 Dw _____ 'n siwr _____ i'n iawn.
6 Gobeithio _____ ddaw _____ â'i rhieni.

Asking and giving opinions

The following phrases are useful in finding out what other people think:

Beth dych chi'n feddwl am° . . .?	What do you think about . . .?
Beth yw/ydy'ch barn am° . . .?	What is your opinion of . . .?
Dych chi o blaid . . .?	Are you in favour of . . .?
Dych chi yn erbyn . . .?	Are you against . . .?
Dych chi'n cefnogi . . .?	Do you support
Dych chi'n meddwl fod/(y) . . .?	Do you think that . . .?

Meddwl is used for *think* here, but in many S areas you will hear **credu** instead.

Answers will involve **fod** (or one of its variants), or **y**, depending on the sentence:

Dw i'n meddwl fod . . .	I think that . . .
Dw i ddim yn meddwl fod . . .	I don't think that . . .
Dw i'n siwr fod . . .	I'm sure that . . .
Dw i'n eitha siwr fod . . .	I'm fairly certain that . . .
Dw i ddim yn siwr fod . . .	I'm not sure that . . .

Mae'n amlwg fod . . .	It's clear/obvious that . . .
Rhaid i mi ddweud fod . . .	I must say that . . .
Does dim dwywaith fod . . .	There's no doubt that . . .
All neb wadu fod . . .	No-one can deny that . . .
Rhaid cyfadde fod . . .	It has to be admitted that . . .
Ddylen ni ddim anghofio fod . . .	We shouldn't forget that . . .
Mae'n bosib fod . . .	It's possible that . . .
Mae'n debyg fod . . .	It's likely that . . .
(Fe/Mi) Alla i'ch sicrhau fod . . .	I can assure you that . . .

Sicr is a common alternative to **siwr** in many areas.

In addition, **efallai** *perhaps* (**falle** in S speech, **ella** in N speech), and **hwyrach** *perhaps* (N areas) are followed by 'that'-clauses in Welsh – 'Perhaps he is ill' will be **efallai** *fod e'***n sâl**, literally 'perhaps *that* he is ill'.

Efallai bod chi'n iawn, ond . . .	Perhaps you're right, but . . .
Efallai fod hynny'n wir, ond . . .	That may be true, but . . .

Exercise 5

Unscramble the sentences

1 cyfadde chi iawn rhaid 'n bod
2 fod deall 'n ddim amlwg yn mae ti
3 fod siop gau ti mynd ? leol y yn glywest i
4 nhw na 'n grac gobeithio fyddan
5 credu dylen i fynd y 'n ni dw nawr
6 i fod ôl eitha ar caws dw peth siwr 'n

Giving reasons

Achos is the usual word for *because* in Colloquial Welsh – **oherwydd** is sometimes heard with the same meaning. Both are followed by 'that'-clauses:

. . . **achos** *bod hi'***n rhy hwyr i ymgeisio am y swydd 'ma**
. . . because it's too late to apply for this job
[lit. 'because *that* it is too late . . .']
. . . **achos** *fod* **y gweithdai ar gau am weddill yr wythnos**
. . . because the workshops are closed for the rest of the week
. . . **achos** *mod i ddim* **yn cytuno â nhw**
. . . because I don't agree with them

...achos (y) dylwn i ymarfer Nghymraeg gyda nghydweithwyr
... because I ought to practise my Welsh with my workmates
...achos *na* fydd amser 'da fi yfory
... because I won't have time tomorrow

Exercise 6

If you want to get out of doing something, it's best to give an excuse, and this will involve **achos** + 'that'-clause in Welsh. Start the excuse with something apologetic like:

    Yn anffodus, alla i ddim + VN   Unfortunately I can't ...
or **Gwaetha'r modd, 'sdim modd**   Alas, there's no way I can ...
    i mi °VN

Formulate excuses for the following situations, using the key-words provided. Complete sentences in Welsh, please.

    Example: *wash the car* [**mae twll yn y bwced**]
         – **Alla i ddim golchi'r car, achos fod twll yn y bwced**

1 *tidy the room* [**mae nghoes yn rhoi dolur**]
2 *come to the party tomorrow night* [**dw i'n gorfod trwsio'r peiriant golchi llestri**]
3 *invite you in* [**mae'r lle'n llanast**]
4 *speak English at the moment* [**mae rhaid i mi ymarfer Nghymraeg**]
5 *answer the phone* [**mae Cymru ar fin sgorio**]
6 *buy you a drink* [**ti'n feddw gaib yn barod**]

Geirfa

tacluso tidy
gorfod have to   **mae'r lle'n llanast**
trwsio mend   the place is a tip
gwahodd invite   **meddw gaib** completely drunk

Other words that are followed by a 'that'-clause

A variety of conjunctions, or 'link-words', are followed by the same 'that ...' constructions explained above:

er although	**onibai** unless
fel so (that)	**rhag ofn** in case
(hyd) nes until	**tra** while

Awn ni ymlaen, onibai *bo* chi'n anghytuno
We'll go ahead, unless you disagree
Er *fod* y sefyllfa'n un anodd, fe nawn ni'n gorau
Although the situation is a difficult one, we'll do our best
Cuddiwch nhw, rhag ofn *bod* rhywun yn sylwi
Hide them, in case someone notices
Mi nes i hyn heddiw fel *na* eith dim byd yn chwith yfory
I did this today so that nothing will go wrong tomorrow
Arhoswch fan hyn nes (y) bydd rhywun yn dod
or **Arhoswch fan hyn nes (y) daw rhywun**
Wait here till someone comes (lit. '. . . will come')

In addition, the prepositions **am** and **gan** are used with following 'that'-clause to mean *because/since*:

Mae'n amhosib ar hyn o bryd *am fod* hanner y dosbarth yn absennol
It's impossible at the moment *since* half the class are absent

Exercise 7

Cyfieithwch i'r Gymraeg

1 I won't go unless you (**ti**) promise to come with me.
2 Let's keep quiet until somebody asks.
3 Look in the fridge for the cheese while I cut the bread.
4 He can understand Welsh, although he can't speak [it] fluently.
5 I'll put this in the cupboard in case someone calls.
6 You (**chi**) can't come in unless you have a ticket.

Geirfa

addo promise	**oergell** (f) fridge
cadw keep	**yn rhugl** fluently
tawel quiet	**cwpwrdd** cupboard

Comparison of adjectives – '–er', '–est'; 'more . . .', 'most . . .'

Welsh uses the endings –ach corresponding to –er and –a corresponding to –est in English. So from **ysgafn** *light* (weight) we can form **ysgafnach** *lighter* and **ysgafna** *lightest*. Similarly **agos** *close*, **agosach** *closer*, **agosa** *closest*; **hardd** *beautiful*, **harddach** *more beautiful*, **hardda** *most beautiful*; **doniol** *funny*, **doniolach** *funnier* and **doniola** *funniest*.

Adjectives ending in –**b**, –**d**, –**g** change these to –**p**, –**t**, –**c** respectively:

gwlyb *wet*	**gwlypach** *wetter*	**gwlypa** *wettest*
caled *hard*	**caletach** *harder*	**caleta** *hardest*
teg *fair*	**tecach** *fairer*	**teca** *fairest*

Some adjectives undergo a vowel change when these endings are added: **trwm** *heavy*, **trymach**, **tryma**; **tlawd** *poor*, **tlotach**, **tlota**.

As in English, the endings are generally restricted to adjectives that are not too long – **harddach** is fine in Welsh, but the English equivalent is not 'beautifuller' but *more beautiful*. This same method is used in Welsh with longer words – **mwy** *more* and **mwya** *most* are put in front of the adjective, e.g. **pryderus** *anxious*, **mwy pryderus** *more anxious*, **mwya pryderus** *most anxious*.

'Than' with comparatives is **na** (AM), or **nag** before vowels:

Mae Ioan yn dalach na Rhys	Ioan is taller than Rhys
Mae Medi'n dalach nag Eleri	Medi is taller than Eleri

Irregular comparison of adjectives

Some adjectives in Welsh have irregular forms for the comparative and superlative:

da good	**gwell** better	**gorau** best
drwg bad	**gwaeth** worse	**gwaetha** worst
mawr big	**mwy** bigger	**mwya** biggest
bach small	**llai** smaller	**lleia** smallest
uchel high	**uwch** higher	**ucha** highest
isel low	**is** lower	**isa** lowest

Ifanc *young* and **hen** *old* are regular in many areas, but **iau** is not unusual for *younger*; as also **hŷn** *older* and **hyna** *oldest*.

In more formal Welsh the superlative ending **–a** is written **–af**: **agosaf, uchaf, mwyaf**.

Sentence structure with superlatives

When we wish to single out one particular thing by saying that it is 'the –est', this is an identification sentence, and so will require a special word order in Welsh. Just as we say **Pwy ydy hwnnw?** *Who is that?*, and answer with the same word-order **Elwyn ydy hwnnw** *That's Elwyn* (go back to Lesson 1 and review this if you are uncertain), so a sentence like *Which is the highest mountain in Wales?* (**P'un ydy'r mynydd ucha yng Nghymru?**) will have the answer **Yr Wyddfa ydy'r mynydd ucha yng Nghymru** *Snowdon is the highest mountain in Wales*. This is true even if the underlying question has not been asked – the person or thing singled out for attention comes first, with the verb in second place; and this means that in present tense **bod** sentences, we need **ydy/yw** and not **Mae**.

Comparative ('–er') sentences, on the other hand, simply look at two things and compare them without singling either of them out. These, then, are ordinary verb-first sentences. Compare:

> *Mae***'r crys coch yn ddrutach na'r crys gwyn**
> The red shirt is dearer than the white shirt

but **Y crys glas** *yw***'r druta ohonyn nhw i gyd**
> The blue shirt is the dearest of them all

Exercise 8

Read the sandwich price-list below, and correct any of the following statements that need correcting:

BRECHDANAU:	
caws 75c	jam 60c
cig moch 95c	selsig-a-marmalêd 90c
wy 70c	banana 85c
mêl 80c	cyw iâr 90c

(**rhad** *cheap*; **drud** *dear*)

1 Mae cig moch yn ddrutach na selsig-a-marmalêd.
2 Mae banana'n rhatach na chaws.

3 Cig moch ydy'r druta ohonyn nhw i gyd.
4 Mae cyw iâr yn rhatach na chig moch, ond yn ddrutach na mêl.
5 Wy ydy'r rhata ohonyn nhw i gyd.
6 Mae selsig-a-marmalêd yn ddrutach na chaws, ond yn rhatach na banana.

Exercise 9

Unscramble the sentences of the following dialogue:

A: arafach di ? yn siarad alli
B: yn yn 'n siarad dw barod araf i
A: ti araf mi yn yn ddim i ddigon siarad wel,
B: i drio na 'te arafu,

Geirfa

yn barod already   **arafu** slow down

How to say 'as . . . as . . .'

'As . . . as . . .' is **mor°** . . . **â** (**ag** before vowels) . . . . Words beginning **ll–** and **rh–** do *not* mutate, however: **mor goch â** . . . *as red as* . . ., but **mor *ll*wyd â** . . . *as grey as* . . . . You can use optional AM after **â** (particularly words beginning **c–**).

Mor gyflym â cheffyl	As fast as a horse
Mor werthfawr ag arian	As precious as silver
Mor ddu â'r frân	As black as a [the] crow

You should also know the words **cystal** (**â**) *as good (as)*, **cymaint** *as big* (also *as much/many*) and **cynlleied** *as little* (also *as few*). And the expressions **cyn gynted ag y bo modd** and **cyn gynted â phosib**, both meaning *as soon as possible*.

You can use **Yr un mor°** . . . **â** (**ag**) . . . to express *Just (equally) as* . . . *as* . . .:

Mae hon yr un mor ddrud â honno
This (one) is just as dear as that (one)

On its own, **mor°** means 'so . . .'. When used with the verb **bod**, it displaces the link-word **yn**:

Mae nghymdogion i'n garedig   My neighbours are kind
Mae nghymdogion i mor garedig   My neighbours are so kind

Exercise 10

Fill in the gaps from the box:

1 Mae'r tywydd _____ ddiflas heddiw, _____ ydy?
2 Ydy'r crys 'ma _____ well _____ 'r un 'na, ti'n meddwl?
3 Mae Abertawe'n _____ _____ Aberystwyth.
4 Ond Caerdydd _____ 'r ddinas _____ yng Nghymru.
5 Dyw hi ddim _____ oer _____ oedd hi ddoe.
6 Ti'n edrych _____ _____ _____ flinedig _____ fi.

| fwy | mor | â | 'n | ydy | mor | on'd |
| un | fwya | mor | yr | nag | ag | na |

Mai . . . – 'that . . .'

We saw earlier in the lesson that how you form the 'that'-clause for reported speech depends on how the original sentence starts in Welsh. With *identification* sentences, including those involving superlatives (see above), the verb does not come first – some other element is in its place. In this case, Welsh simply inserts the word **mai** *that* and leaves everything else unchanged – this is the way we always do it in English.

[orig.] **Yr Wyddfa yw'r mynydd ucha yng Nghymru**
Snowdon is the highest mountain in Wales
[rep.]   **Dw i'n meddwl *mai*'r Wyddfa yw'r mynydd ucha yng Nghymru**
I think that Snowdon is the highest mountain in Wales

From what we know of 'that'-clauses in Welsh already, this makes perfect sense – generally the formation of the 'that'-clause depends on what type of verb *starts* the original sentence. But where there is no verb at the start (it is further on down the line), that option is closed to us, and a true word for 'that' is needed instead.

In many S areas, **taw** is used instead of **mai**:

Wi'n credu *taw*'r Wyddfa yw'r mynydd ucha yng Nghymru

And in some N areas **na** is used instead of **mai**.

Finally, remember that for most instances of 'that'-clauses in English, it is possible to leave out the 'that' – 'I think that they'll be late' or 'I think they'll be late'. You are still dealing with a 'that'-clause even if you can't see the 'that'!

Exercise 11

Cyfieithwch i'r Gymraeg

1 I'm pretty sure that this house is for sale.
2 It's obvious you (**ti**) don't know the facts.
3 I hear that Ceri is writing a book about (**am**) Welsh.
4 But I thought he was a town planner.
5 Perhaps he teaches Welsh as a hobby.
6 I hope he knows what he's doing.

Geirfa

ar werth for sale   **cynllunydd tre** town planner
ffeithiau facts   **hobi** hobby

12 Clywed y newyddion

Hearing the news

In this lesson you will learn how to:

- say that something *has* happened
- say that something *has been* or *had been*
- use compound prepositions
- say that something is *still* happening
- say that something usually happens, or used to, and how often

Adroddiad newyddion (news report)

Mae'r llywodraeth wedi datgan prynhawn 'ma fod y nifer o blant dan bedair oed yn mynychu ysgolion meithrin yn Ne Ddwyrain Cymru wedi dyblu ers llynedd. Dwedodd llefarydd ar ran y Swyddfa Gymreig hefyd fod y nifer o ddosbarthiadau Cymraeg i oedolion dros Gymru gyfan wedi cynyddu'n aruthrol yn ystod y deng mis diwetha. Ond mae'r gwrthbleidiau wedi ymosod ar gynlluniau'r llywodraeth i gau ysgolion cynradd bychain mewn ardaloedd gwledig, gan honni fod 'na gryn wrthwynebiad wedi bod i'r syniad yn y cymunedau lleol, a bod y fath weithred yn mynd i effeithio'n ddifrifol ar yr iaith Gymraeg yn ei chadarnleoedd. Mae'r Adran Addysg wedi addo y bydd pobol leol yn cael lleisio'u barn mewn cyfarfodydd agored ledled y wlad cyn diwedd y flwyddyn.

Geirfa

llywodraeth (f) government	**cynradd** primary
datgan announce	**bychan** (pl. **bychain**) small
nifer (o) number	**gwledig** rural
ysgol feithrin Welsh language nursery school	**honni** claim
	gwrthwynebiad opposition

dyblu (to) double
llefarydd spokesman,
  spokeswoman
ar ran on behalf of
cynyddu increase
yn aruthrol hugely
yn ystod during
oedolyn (pl. oedolion) adult
gwrthblaid opposition party

gweithred action
effeithio (ar) affect; have an
  effect on
yn ddifrifol seriously
cadarnle (–oedd) stronghold
Adran Addysg Department of
  Education
lleisio voice, express
agored open

Sgwrs 🔾🔾

Iestyn has some earth-shattering news to impart to Aled

IESTYN: Glywest ti'r newyddion?
ALED: Naddo. Be' sy wedi digwydd?
I: Ti ddim wedi clywed, 'te?
A: Dw i newydd weud bo fi ddim.
I: Wel, mae hynny'n anhygoel – lle wyt ti wedi bod trwy'r wythnos, mewn ogof rhywle? Mae hi wedi bod ar y teledu, mae wedi bod yn y papurau newydd, mae wedi bod . . .
A: Ti 'di gwneud yn ddigon eglur fod rhywbeth wedi digwydd, Iestyn, ond ti dal i fod heb weud beth.
I: Alla i ddim credu fod ti heb glywed, 'na i gyd!
A: Dw i heb glywed dim – iawn?
I: Iawn. Ond . . . wel, byddi di'n cael sioc go dda pan weda i wrthat ti – 'na'r cwbwl alla i weud.
A: O, gad fe, Ies. Dw i 'di colli diddordeb erbyn hyn.

Geirfa

anhygoel incredible
ogof (f) cave
eglur clear
dal (here) still

'na i gyd that's all
sioc go dda quite a shock
gad fe leave it; let it be
diddordeb interest

Dw i wedi . . . – 'I have (done something)'

The preterite, which we met in Lesson 9, corresponds to the ordinary past tense in English – **dw i'n gweld** *I see* or *I am seeing* becomes **weles i** *I saw*. But there is another past tense, traditionally termed the perfect, which corresponds to English 'I *have seen*'. To form this tense in Colloquial Welsh, we simply take the present tense of the verb, and change the 'linking' **yn** into **wedi**:

Dw i *'n* **gweld**	I see
Dw i *wedi* **gweld**	I have seen
Mae Lloegr *yn* **colli**	England are losing
Mae Lloegr *wedi* **colli**	England have lost
Dach chi*'n* **darllen y papur 'na?**	Are you reading that paper?
Dach chi *wedi* **darllen y papur 'na?**	Have you read that paper?

Ŷn ni ddim *yn* **siarad ag e**	{ We don't speak to him { We're not speaking to him
Ŷn ni ddim *wedi* **siarad ag e**	We haven't spoken to him

In Colloquial Welsh **wedi** is often shortened to **'di: Dw i 'di deud 'that ti unwaith yn barod** *I've told you once already*.

You will see that the present and perfect are much more similar in Welsh than in English: in Welsh, the verb and the VN remain the same, and only one word linking them is changed; in English the form of the verb changes, and 'have' or 'has' is introduced in the perfect.

Exercise 1

Match the Welsh sentences to their English equivalents

1 **Dych chi wedi gweld yr hysbyseb?** (a) Do you read the adverts?
2 **Wyt ti'n darllen yr hysbysebion?** (b) Have you advertised them?
3 **Dych chi'n darllen yr hysbyseb?** (c) Have you seen the advert?
4 **Dych chi wedi hysbysebu nhw?** (d) Have you advertised it?
5 **Wyt ti wedi hysbysebu fe?** (e) Do you see the advert?
6 **Wyt ti'n gweld yr hysbyseb?** (f) Are you reading the advert?

Exercise 2

Cyfieithwch i'r Gymraeg

1 Have you (**ti**) seen Delyth?
2 Has the post gone yet?
3 You (**chi**) have forgotten to sign the cheque.
4 My keys have disappeared again!

5 Ronnie and Fifi have gone to North Wales for a fortnight.
6 Have they taken their passports?

O'n i wedi . . . – *'I had (done something)'*

Just as you can turn the present into 'I have (done something)' by changing **yn** to **wedi**, so you can change the *imperfect* into 'I had (done something)' (traditionally called the *pluperfect*) by the same method:

O'n i'n rhedeg lawr y stryd	I was running down the road
O'n i wedi rhedeg lawr y stryd	I had run down the road
O'n nhw'n cyrraedd	They were arriving
O'n nhw wedi cyrraedd	They had arrived
Oedd Amanda'n sgrifennu llythyr	Amanda was writing a letter
Oedd Amanda wedi sgrifennu llythyr	Amanda had written a letter

Exercise 3

Not only do the following pairs of Welsh and English sentences not match, but some of the **yn**'s and **wedi**'s are mixed up as well. First match, and then alter **yn**'s and **wedi**'s as appropriate.

1 Mae Fred yn mynd am yr arian   (a) Fred has lost his money
2 Mae Fred yn colli'r bws   (b) Fred's money has gone
3 Mae Fred wedi colli'r gêm   (c) Fred's gone for the money
4 Mae Fred wedi colli'r gêm   (d) Fred has lost the game
5 Mae arian Fred yn mynd   (e) Fred has missed the bus
6 Mae Fred wedi colli ei arian   (f) Fred's losing the game

'. . . have been . . .', '. . . had been . . .'

To form the perfect and pluperfect of 'be', we put the VN **bod** after the **wedi**:

Dw i wedi bod yn sâl	I have been ill
O'n i wedi bod yn sâl	I had been ill

You can add another VN to **wedi bod** by means of **yn** to express 'have/had been . . . -ing':

Dan ni *wedi bod yn ymweld* â fo'n fwy cyson yn ddiweddar
We *have been visiting* him more regularly of late
Dydy o *ddim wedi bod yn gwneud* ei waith cartre
He *hasn't been doing* his homework

Exercise 4

Cyfieithwch i'r Gymraeg

1 Have you (**ti**) been drawing pictures on the walls again?
2 These two men have been waiting for you since two o'clock.
3 I have been out of the office all day.
4 I hope you've all been practising your Welsh.
5 They've been promising to come round since Christmas.
6 I hear that your (**eich**) brother has been working in Cardiff for quite a while now.

Geirfa

tynnu lluniau draw pictures
aros am wait for

addo promise
ers amser for quite a while now

Sgwrs 🎧

*It is Christmas (**Nadolig**, or **Dolig**), and there is a family reunion in the Llwyd family. Marc, a keen photographer (**ffotograffydd brwd**), has been delegated to take a family photo (**llun o'r teulu**). No-one else is getting a word in edgeways*

MARC: Iawn – dw i eisiau i chi i gyd fod o flaen y goeden Nadolig draw fan'na. 'Na ni. Elinor, ti'n rhy fyr o lawer i sefyll lle wyt ti – fydd neb yn dy weld di. Well i ti sefyll ar bwys mamgu. Neu os bydd Ieuan yn sefyll ar ei phwys hi, gelli di symud draw fan hyn. Ac wedyn . . . Sioned – nei di eistedd ar bwys Gerwyn, yn lle Rhodri? Rhodri – rhaid i ti symud hefyd. Elli di sefyll wrth ochor y goeden – 'na fe, wrth ei hochor hi? I'r dim. Ŵps, na'r gath yn trio dianc – rhed ar ei hôl hi, rywun. Nawr 'te, oes 'na unrhywun arall yn sefyll neu'n eistedd lle na ddylen nhw fod? Pawb yn barod, 'te?
SIONED: Ond Marc . . .
M: Paid torri ar nhraws i, Sioned – dw i'n trio trefnu pethau fan hyn. Felly . . . le o'n i? O, ie . . . nawr 'te, mae'r gath yn

Nadolig Llawen
Blwyddyn Newydd Dda...

edrych braidd yn anghyfforddus ar y goeden, on'd ydy? Rhowch hi ar y llawr o flaen mamgu. Iawn – dw i'n mynd i dynnu'r llun nawr.

S: Ond Marc . . .

M: Aros le wyt ti, Sioned, a paid becso, iawn? Mae popeth dan reolaeth. Gad i'r arbenigwr wneud ei waith. Iawn – gwenwch i gyd!

(*takes the picture*)

      Ac un arall ar gyfer ffeiliau'r heddlu . . .

(*takes another*)

      Iawn. Unrhyw gwestiynau?

S: Oes, mae 'da fi un cwestiwn bach, Marc. Pam na roddest ti ffilm yn y camera cyn tynnu'r llun?

M: Er . . . nes i hynny'n fwriadol, i wneud yn siwr bod chi i gyd yn canolbwyntio. Da iawn, Sioned.

(*takes the film from Sioned and loads it*)

      Nawr 'te, cyn inni fynd ymlaen, mae eisiau symud rhai ohonoch chi, dw i'n meddwl . . .

Geirfa

o flaen in front of	**trefnu** organise
coeden (f) tree	**anghyfforddus** uncomfortable
rhy° **. . . o lawer** much too . . .	**llawr** floor

ar bwys by; near (S)
mamgu grandmother (S)
yn lle instead of
wrth ochor beside
i'r dim just right
dianc escape
ar ôl after
torri ar draws interrupt

paid becso don't worry
dan reolaeth under control
arbenigwr expert
gwenu smile
ffeiliau'r heddlu police files
yn fwriadol on purpose
canolbwyntio concentrate; pay
attention

Exercise 5

Cywir neu Anghywir?

1	Mae Gerwyn yn eistedd ar bwys Sioned.	C/A
2	Rhaid i Rhodri fod wrth ochor y goeden.	C/A
3	Mae Sioned yn trio dianc.	C/A
4	Fe roddodd Marc ffilm anghywir yn ei gamera.	C/A
5	Mae Elinor yn rhy dal i sefyll lle mae hi.	C/A
6	Yn y diwedd, mae'r gath yn eistedd wrth ochor mamgu.	C/A

Compound prepositions

Some common prepositions consist of two components – a simple preposition + a noun. The most frequently used are:

ar bwys by; near (S)
ar draws across
ar gyfer for
ar ôl after
o flaen in front of

o gwmpas around
wrth ochor beside
yn erbyn against
yn lle instead of
yn ymyl near

They behave like ordinary prepositions when used with nouns (except that they are not followed by SM), but their personal forms (i.e. when they are used with pronouns) make use of the possessive adjectives ('my', 'your' etc. – Lesson 4). If we take **ar gyfer** as our example, the first thing to notice is that **gyfer** is really **cyfer** – it is only mutated because of **ar**. To get the personal forms, we put the possessive element between the **ar** and the **cyfer**, and **cyfer** will be mutated in accordance with the possessive.

singular	plural
1 **ar nghyfer i** for me	**ar ein cyfer ni** for us
2 **ar dy gyfer di** for you	**ar eich cyfer chi** for you
3 **ar ei gyfer e** for him	**ar eu cyfer nhw** for them
ar ei chyfer hi for her	

Cyfer here behaves just like any noun after the possessives – review this part of Lesson 4 now if you are uncertain about this. The mutation patterns will differ depending on the initial letter of the second element. **O flaen** consists of **o°** + **blaen**, and **b–** is not susceptible to AM (3rd person sing. feminine):

singular	plural
1 **o mlaen i** in front of me	**o'n blaen ni**
2 **o dy flaen di**	**o'ch blaen chi**
3 **o'i flaen e**	**o'u blaen nhw**
o'i blaen hi	

while **ar ôl** has a second element beginning with a vowel, and which may therefore be heard with a prefixed **h–** in 3rd person sing., 1st and 3rd persons plural:

singular	plural
1 **ar 'n ôl i**	**ar ein hôl ni**
2 **ar dy ôl di**	**ar eich ôl chi**
3 **ar ei ôl e**	**ar eu hôl nhw**
ar ei hôl hi	

Exercise 6

Fill in the gaps from the box:

1 Mae Mari yn meddwl _____ pawb yn ei _____ hi.
2 Beth _____ hwnna o _____ yr ysgol?
3 Rhaid i mi ddweud _____ i yn _____ y syniad.
4 Dyw Rhodri ddim yn dod, felly mae Ieuan yn dod yn _____

_____ .

5 Ddes i _____ 'r rhain ar _____ y parti heno.
6 Mae'r ffordd o'ch _____ chi _____ gau.

erbyn	â	mod	ar	flaen	ei
fod	blaen	le	herbyn	gyfer	yw

Prepositions heb, dros, drwy

Heb° *without* has the following personal forms in Colloquial Welsh:

singular	*plural*
1 **hebdda i**	**hebddon ni**
2 **hebddat ti**	**hebddoch chi**
3 **hebddo fe**	**hebddyn nhw**
hebddi hi	

Dros° *over; for* (when this means *on behalf of*) has the following personal forms:

singular	*plural*
1 **drosta i**	**droston ni**
2 **drostat ti**	**drostoch chi**
3 **drosto fe**	**drostyn nhw**
drosti hi	

Drwy° (sometimes **trwy°**) *through* has the following personal forms:

singular	*plural*
1 **drwydda i**	**drwyddon ni**
2 **drwyddat ti**	**drwyddoch chi**
3 **drwyddo fe**	**drwyddyn nhw**
drwyddi hi	

Examples:

Peidiwch mynd hebdda i!
Don't go without me!
Pam na gasgli di'r ffurflenni drosto fe?
Why don't you collect the forms for him?
A i lawr i'r siop drostat ti os ti eisiau
I'll go down to the shop for you if you want
Mae'r gwynt 'ma'n mynd yn syth drwyddoch chi, on'd ydy?
This wind goes straight through you, doesn't it?

Another use of heb°

You can use **heb** in Colloquial Welsh to mean **ddim wedi** in the perfect and pluperfect tenses (see above):

Dydyn nhw *ddim wedi* talu   They haven't paid
or: **Maen nhw *heb* dalu**   They haven't paid.

In this variation, what you are really saying is 'They are without paying', i.e. they haven't done it yet.

Doedd hi ddim wedi llofnodi'r   She hadn't signed the cheque
   siec
or: **Oedd hi heb lofnodi'r siec**   She hadn't signed the cheque

Exercise 7

Rephrase these sentences using **heb°**:

1 Dydy Ioan a Iona ddim wedi ffonio yn ôl.
2 Dych chi ddim wedi prynu'r tocynnau, 'te?
3 O'n i ddim wedi meddwl am hynny ar y pryd.
4 Dyw'r llywodraeth ddim wedi cyhoeddi'r ffigurau.
5 Dydy'r bws ddim wedi dod.
6 Dw i ddim wedi deall yr un (*a single*) gair.

dal – *'still'*

If you want to say that something is still happening, use:

   yn dal i fod yn + VN
or **yn dal i** + °VN
   Ydyn nhw'n *dal i fod yn rhedeg* y siop leol?
or **Ydyn nhw'n *dal i redeg* y siop leol?**
   Are they *still running* the local shop?
   Mae Siân *yn dal i fod yn aros* am dacsi
or **Mae Siân *yn dal i aros* am dacsi**
   Siân is *still waiting* for a taxi

Used with an adjective instead of a VN, the constructions is:

   yn dal i fod yn°
or **(yn) dal yn°**

Mae'r sefyllfa yn dal i fod yn ddifrifol
Mae'r sefyllfa (yn) dal yn ddifrifol
The situation is still serious

Exercise 8

You have been asked to help dig the garden (**palu'r ardd!**). Avert
this disaster (**trychineb**) by saying that you are *still* engaged on some
other important task.

Example: (eating my breakfast)
– **Yn anffodus, dw i'*n dal i fwyta mrecwast**

1 doing the washing-up
2 tidying the kids' rooms
3 busy with the accounts
4 trying to get through to Jeremy Beadle
5 in bed
6 mending the video-recorder

Geirfa

tacluso tidy up	**cysylltu â** contact; get through to
prysur busy	**trwsio** mend
cyfrif (–on) account	**recordydd fideo** video-recorder

'Once', 'twice' etc.

Gwaith (f) is the word for 'time' when talking about how many
times something is done. It combines with the numbers (feminine
forms where possible): **unwaith** *once*, **dwywaith** *twice*, **tairgwaith**
three times, **pedairgwaith** *four times*, etc. 'How many times?' is **Faint
o weithiau?** or **Sawlgwaith?** and you should also know **weithiau**
sometimes and **ambell waith** *occasionally*, *sometimes*. Notice that
weithiau is mutated, as is generally the rule with adverbs expressing
when or *how often* something happens; and for the same reason, you
are more likely to hear **ddwywaith**, **dairgwaith** etc.

Dw i wedi bod fan hyn ddwywaith yn barod heddiw
I've been here twice already today
Mae'r car wedi torri lawr dairgwaith wythnos 'ma
The car has broken down three times this week

arfer

This word is used in Colloquial Welsh to express 'usually' (with a present tense) or 'used to . . .' (with an imperfect). Either way, the construction is: **bod** + **yn arfer** + VN:

Mae'r ddwy 'na'n arfer aros yn hwyrach na'r lleill
Those two (f) *usually stay* later than the rest
Oedd mrawd yn arfer chwarae pêldroed cyn iddo dorri ei goes
My brother *used to play* football before he broke his leg

Sgwrs ▣

*Gwyn and Rhys have bumped into each other at the **ffreutur** canteen of the local **Canolfan Hamdden** Leisure Centre, and are appropriately discussing physical fitness. Gwyn is worried about Rhys, and tells him straight (yn blwmp ac yn blaen)*

GWYN: Wi'n poeni amdanat ti, Rhys.
RHYS: Poeni? Amdana i?
G: Ie. Gwed, nawr – pa mor aml wyt ti'n defnyddio'r stafell ffitrwydd?
R: Y stafell ffitrwydd? Wel – gad i mi feddwl . . . ddwywaith y mis, wedwn i.
G: Ddwywaith y mis?
R: 'Swn i'n meddwl.
G: Bob yn ail wythnos, 'te?
R: Ar gyfartal, ie. Pam?
G: Ti ddim yn meddwl fod ti'n gorwneud pethau, 'te?
R: Wi'n moyn cadw'n heini. Mae nghorff i'n deml.
G: Mae eisiau galw'r adeiladwyr i mewn ar frys, 'te, on'd oes? Teisen arall?
R: Pam lai?

Geirfa

poeni worry
gwed tell (me) (**ti**-form) (S)
aml often
ffitrwydd fitness
wedwn i I would say
'swn i'n meddwl I would think
bob yn ail . . . every other . . .

ar gyfartal on average
gorwneud overdo
heini active; fit
teml (f) temple
adeiladwyr builders
teisen (f) cake (S)

Exercise 9

Decide which of the following statements about the conversation above are true, and which are false?

1	Rhys has been worrying lately.	C/A
2	Rhys uses the fitness room twice a month on average.	C/A
	Gwyn is convinced that twice a month is too much.	C/A
4	Rhys's body is important to him.	C/A
5	Gwyn offers Rhys a cake.	C/A
6	Rhys says he'd prefer milk.	C/A

SPORT-CHWARAEON

at

 PENGLAIS CANOLFAN SPORTS CHWARAEON CENTRE PENGLAIS

Penglais School
Waunfawr, Aberystwyth

Rhaglen Gwyliau'r Nadolig i Blant

Llun 20 Rhagfyr i Gwener 31 Rhagfyr 1993

10 i 12 o'r gloch y bore £1.00 am 2 awr

DYDDIAD	OED	GWEITHGAREDD
Llun (20 Rhagfyr)	Dan 12	*GWEITHGAREDDAU AMRYWIOL (Bechgyn a Merched)
Mawrth (21 a 28 Rhagfyr)	Dan 12	PÊL-DROED 5 BOB OCHR
Mercher (22 a 29 Rhagfyr)	I Bob Oed	DISCO RHOLSGLEFRIO (Gellir llogi'r esgidiau)
Iau (23 a 30 Rhagfyr)	Dan 12	*GWEITHGAREDDAU AMRYWIOL
Gwener (31 Rhagfyr)	Dan 12	PÊL-DROED 5 BOB OCHR (Bechgyn a Merched)

*GWEITHGAREDDAU AMRYWIOL = Badminton, Tenis Byr,
Tenis Bwrdd, Pel-Fasged, Uni-Hoc, Criced

Ystafell Cadw'n Heini ar gael i blant dros 12 ac oedolion yn
ystod yr oriau uchod.

Manylion: Dydd 0970 624818 (Nid adeg Gwyliau)
Nos 0970 615303 (Ar ôl 5.30 pm)

Exercise 10

Look at the activity (**gweithgaredd**) programme on p. 179 and use it
to answer the following questions in English:

1 What time of the year is the programme for?
2 What kind of people is it for?
3 How many weeks does it cover?
4 When could one play basketball?
5 What can adults do during these activities?
6 What other activity can children over 12 do, and on what day?

Exercise 11

In the next lesson you will need the possessive adjectives (Lesson 4)
again, so you might as well revise them now.

Match the two halves of each sentence:

1 Mae Sioned wedi colli   (a) 'u llyfrau yn ôl
2 Dych chi heb dalu   (b) ngherdyn aelodaeth gartre
3 Maen nhw heb ddod â   (c) dy fenig
4 Ti 'di cwympo   (d) ei harian rhywle yn y dre
5 Mae Dafydd wedi gwerthu   (e) 'ch tâl aelodaeth
6 Dw i wedi gadael   (f) 'i dŷ o'r diwedd

Geirfa

cwympo fall; drop   **tâl** fee; payment
aelodaeth (f) membership   **o'r diwedd** at last
maneg (**menig**) (f) glove

Yr ieithoedd Celtaidd – the Celtic languages (II): y dyfodol – the future

As **ieithoedd lleiafrifol** *minority languages*, all the Celtic languages
are in danger of their lives, in an age where **cyfathrebu electronig**
electronic communications have raised the **statws** *status* and
increased the **dylanwad** *influence* of English (and a few other lan-
guages) throughout most of the world. Welsh, at least, has proved
remarkably resilient in the face of this almost overwhelming linguis-
tic and cultural competition, and is today by far the strongest and
most viable of the Celtic languages – it is the language of a clearly

defined **cymuned** *community*, and within that community it func-
tions as the primary means of communication in practically all
aspects of **bywyd beunyddiol** *everyday life*. The same is broadly true
of Scots Gaelic, which benefits in this respect from the relative geo-
graphic isolation of the Western Isles, a situation that probably
enhances the sense of a separate community, and hinders the
encroachment of English. And it is no **cyd-ddigwyddiad** *coincidence*
that the least anglicised parts of **y Fro Gymraeg** *the Welsh-speaking
heartlands* also tend to be in remoter or more inaccessible areas.
The fortunes of Welsh and Scots Gaelic have taken an upturn in the
last twenty years, with a more general awareness of the cultural
heritage that the languages represent. In Wales, attendances at
adult language classes everywhere are on the increase – in many
regions permanently oversubscribed.

The language is being given a good start among the very young by
means of an effective if underfunded **rhwydwaith** *network* of **ysgo-
lion meithrin** *nursery schools* (singular **ysgol feithrin**), which give
pre-school age children from both Welsh- and English-speaking
homes the all-important early grounding in the language. In the
school system, Welsh is now an integral part of the National
Curriculum, and in areas with a high proportion of Welsh speakers
most **ysgolion cynradd** *primary schools* teach mostly **trwy gyfrwng y
Gymraeg** *through the medium of Welsh*. This policy aims at enabling
every child to be **dwyieithog** *bilingual* by the time he or she enters
the **ysgol uwchradd** *secondary school*, and the proven **manteision**
advantages of **dwyieithrwydd** *bilingualism*, especially in learning **iei-
thoedd estron** *foreign languages* later on, no doubt account in part
at least for the overwhelming support for this educational policy
among Welsh- and English-speaking families alike. Outside the
school system, there is a vigorous Welsh-language publishing indus-
try, and a popular radio and TV channel. A Welsh-language film
was nominated recently for an Oscar for Best Foreign Language
Film. **Ar y cyfan** *on the whole*, it is probably fair to say that the
prospects for Welsh (and Scots Gaelic) are looking better now than
they have done for a hundred years.

Irish and Breton are in a more precarious position. Irish was dealt
an almost mortal blow by the Famine of the nineteenth century,
when many native speakers lost their lives and many more were
forced into exile in the New World. The drastic decline in numbers
that this engendered is probably now unstoppable, despite wide-
ranging and enthusiastic government support for the language in
the Republic. Then again, there has been a notable resurgence of

interest in the language in recent years, particularly in the North, and this gives, for the first time in many decades, grounds for optimism. Breton, on the other hand, has a large number of speakers (perhaps even more than Welsh), but suffers hostility from central government, which has made determined and undisguised efforts to eradicate the language. The future of these two languages is **yn y fantol** *in the balance.*

As for Cornish and Manx, their fate has already been decided once: Cornish died out some time in the late eighteenth century, while the presumed last native speaker of Manx, Ned Maddrell, died as recently as 1974. Yet today these languages are heard again; not, of course, in exactly the same form as before – while Manx is at least of such recent demise that there are electronic recordings of how it sounded, the restoration of Cornish has presented a more testing problem – but as living languages nonetheless. Both are taught in schools, and both are beginning to experience the birth-pangs of revival. The road will doubtless be a long and wearisome one for them, but the hope of those who wish to see them revived as living community languages (as has already been achieved with Israeli Hebrew) is perhaps not as far-fetched now as it might have seemed even a mere twenty years ago.

13 Dyma'r penaw-dau diweddara

Here are the latest headlines

In this lesson you will learn how to:

- say that something *was done*
- say 'myself', 'yourself' etc.
- make adverbs from adjectives

Pigion o'r newyddion 🔲

Fe gafodd tri o ddynion eu harestio neithiwr ar ôl i'r heddlu gael eu galw i dafarn yng nghanol y dre. Dywedodd llefarydd dros yr heddlu y bore 'ma fod dau ddyn wedi cael eu cyhuddo o fod yn feddw mewn lle cyhoeddus, ac y bydd un arall yn cael ei gyhuddo rywbryd heddiw o ymosod ar heddwas.

Bydd adroddiad yn cael ei gyhoeddi gan y llywodraeth heddiw yn dangos fod y mwyafrif llethol o rieni di-Gymraeg yn y sir o blaid addysg drwy gyfrwng y Gymraeg i'w plant. Bydd ystadegau'n cael eu rhyddhau yfory i ddangos yn union pa ganran o blant y sir sy'n cael eu dysgu'n bennaf trwy'r Gymraeg yn yr ysgolion cynradd.

Fe gafodd tri o bobol eu hanafu'n ddifrifol mewn damwain car ar y ffordd rhwng Abersoch a Phwllheli y bore 'ma. Roedd rhaid i un ohonyn nhw aros am hanner awr cyn iddi gael ei rhyddhau o'r car gan y gwasanaethau brys. Roedd y ffordd ar gau trwy gydol y bore, ond fe gafodd ei hailagor amser cinio.

Mae deugain o bobol wedi cael eu diswyddo o ffatri ddillad ar ymylon y dre. Honnodd rheolwr y ffatri, Mr J Williams, fod y cwmni wedi cael ei daro'n ddifrifol gan yr hinsawdd economaidd yn ddiweddar, ac fe gadarnhaodd y bydd y cwmni yn cael ei roi yn nwylo'r derbynwyr erbyn diwedd yr wythnos. Bydd gweithwyr mewn ffatrïoedd eraill yn Lloegr hefyd yn cael eu diswyddo, meddai.

Ac yn ola, mae merch fach saith oed o Laneglwys wedi cael ei gwobrwyo gan Frigâd Dân y dre am ei dewrder wrth achub ei brawd pedair oed, funudau cyn i'w tŷ gael ei losgi'n ulw ddiwedd mis Tachwedd. Fe geith Mari ap Owain ei chyflwyno i'r Prif Swyddog Tân yfory i dderbyn tystysgrif a medal, ac fe fydd hi a'i theulu a ffrindiau'n cael eu gwahodd i barti Nadolig Maer y dre wythnos nesa.

Geirfa

pigion selections	**anafu** injure
llefarydd spokesman,	**ailagor** reopen
spokeswoman	**diswyddo** sack, fire
cyhuddo accuse; charge	**ymylon** outskirts
ymosod (ar) attack	**honni** claim
adroddiad report	**hinsawdd** climate
mwyafrif majority	**cadarnhau** confirm
llethol overwhelming	**derbynwyr** receivers
sir (f) (Welsh) county	**meddai** he (/she) said
o blaid in favour of	**gwobrwyo** give an award/prize to
addysg (f) education	**dewrder** bravery
cyfrwng medium (noun)	**achub** save, rescue
ystadegau statistics	**llosgi** burn
rhyddhau release	**ulw** ashes
canran percentage	**cyflwyno** present (vb)
yn bennaf mainly	**tystysgrif** (f) certificate

Passive sentences

A sentence like 'The boy threw the snowball' is an active sentence, because the subject ('the boy') is doing the action ('threw'). If we turn it round and say 'The snowball was thrown by the boy', we have a passive sentence, because the subject ('the snowball') is the recipient of the action.

In Colloquial Welsh, passive sentences use **cael** *get* – 'the snowball was (or: got) thrown' is phrased as 'the snowball *got its throwing*':

> **Fe gafodd y bêl eira ei thaflu**

From this it should be clear that the basic construction for passives is:

> **cael** + possessive adjective + VN

and the VN will be subject to mutations depending on which

possessive precedes it – review Lesson 4 if you wish to refresh your memory on this.

Taking **talu** *pay* as an example, we can see how the past-tense passive will look for all persons:

ges i nhalu	I was paid
gest ti dy dalu	you were paid
gaeth e ei dalu	he was paid
gaeth hi ei thalu	she was paid
gaethon ni 'n talu	we were paid
gaethoch chi 'ch talu	you were paid
gaethon nhw eu talu	they were paid

Remember the various alternative forms for the preterite of **cael** – **gafodd** for **gaeth**, **gawson** for **gaethon**, etc. – that you are just as likely to hear depending on the area.

Other tenses of the passive are simply done using the appropriate tense of **cael** – nothing else in the construction changes:

	dw i'n cael nhalu	I am paid
	fydda i'n cael nhalu	
or	**ga i nhalu**	I'll be paid
	dw i wedi cael nhalu	I have been paid

If you need to specify who the action was done *by*, use **gan** (and remember that it has special personal forms – Lesson 6):

Fe gafodd y bêl eira ei thaflu *gan* y bachgen

Exercise 1

Turn these active sentences into passives.

Example:

> **Stopiodd yr heddlu ein bws**
> *The police stopped our bus*
> – **Gaeth ein bws ei stopio gan yr heddlu**
> *Our bus was stopped by the police*

1 Mae'r plant yn golchi'r car.
2 Dorrodd y lleidr ffenest y gegin.
3 Gohiriodd y cadeirydd y cyfarfod.
4 Bydd y trysorydd yn cyhoeddi'r ffigurau nes ymlaen.
5 Bydd Eleri'n canu'r gân 'ma yfory.
6 Mae Rhodri'n paratoi'r bwyd ar hyn o bryd.

Note: An alternative way of forming the passive, using endings instead of **cael**, is the norm in the media and in Literary Welsh – this will be dealt with in Lesson 15.

Stative passives

These correspond to simple past participles in English, used either as adjectives:

  a *broken* window
  an *unopened* letter

or as a complement of the verb 'to be':

  this window is *broken*
  this letter is *unopened*

Welsh does not have true participles, but takes these expressions for what they are: stative passives (where the state is the result of a previous action). If we look first at a *dynamic* passive:

(pres.) **Mae'r ffenest yn cael ei thorri**
(pret.) **Gaeth y ffenest ei thorri**
(perf.) **Mae'r ffenest wedi cael ei thorri**

we see, of course, some form of **cael** in each case. The **cael** serves to indicate the fact that a dynamic action has occurred or is occurring. When we look at a window that *has been* (**wedi cael**) broken already (the third example above), that action has already happened (it could have happened years ago), so in this case the action indicator (**cael**) is removed, so that

  Mae'r ffenest wedi cael ei thorri
  The window has been broken

becomes

  Mae'r ffenest   wedi ei thorri
  The window is   broken

Notice that the possessive + VN remain, and that mutation of the VN will still depend on the gender and number of the noun in question – 'a broken table' will be **bwrdd wedi ei _d_orri**, because **bwrdd** is masculine. The possessives are usually shortened in writing after **wedi: wedi'i thorri, wedi'i dorri, wedi'u torri** etc.

heb *in stative passives*

Heb is used in exactly the same way as **wedi** in stative passives, but to correspond to 'un– . . .', i.e. to indicate a state where something has *not* happened – for 'an unopened letter' we say 'a letter *without its opening*' **llythyr *heb ei agor***. Further examples:

nofel heb ei chyhoeddi	an unpublished novel
siec heb ei llofnodi	an unsigned cheque
siec heb ei llenwi	a blank cheque
	(' . . . without its filling')
problem heb ei datrys	an unsolved problem
swyddog heb ei ethol	an unelected official

Exercise 2

Cyfieithwch i'r Gymraeg

1 This parcel is badly wrapped.
2 I have three undelivered letters here.
3 The garage roof is mended now.
4 This bill is still unpaid.
5 I'd rather read a book aimed at native Welsh speakers.
6 The mistakes are all underlined.

Geirfa

anelu (at) aim	**lapio** wrap
dosbarthu deliver	**tanlinellu** underline
gwall (–au) mistake	**trwsio** mend, repair

Special uses of newydd

In ordinary **wedi–** tenses (of which we have encountered the perfect and pluperfect – Lesson 12), you can replace the **wedi** by **newydd°** to indicate that the event has just happened. Compare:

Mae'r trydanwr wedi mynd	The electrician has gone
Mae'r trydanwr *newydd f*ynd	The electrician has just gone
Maen nhw wedi cyrraedd	They've arrived
Maen nhw *newydd g*yrraedd	They've just arrived

In stative passives, **newydd** + possessive + VN is used to indicate a situation that has only recently come about: **siop newydd ei hagor** *a recently opened shop*; **ffigurau newydd eu datgan** *recently released figures.*

Sgwrs ▣

ALED: Ti 'di clywed am Eifion?
BRUCE: Naddo – dw i newydd ddod yn ôl o Gaerfyrddin pnawn 'ma. Beth sy wedi digwydd?
A: Gafodd e ei stopio gan yr heddlu bore 'ma.
B: Do? Pam? Oedd e'n gyrru'n rhy gyflym fel arfer?
A: Nag oedd, nag oedd – doedd un o'r goleuadau cefn ddim yn gweithio, a 'na pam stopion nhw fe.
B: Wel, a bod yn onest, meddwl dw i y dylai'r heddlu dreulio'u hamser yn mynd ar ôl troseddwyr go iawn yn hytrach nag erlid pobol diniwed fel Eifion . . .
A: Ie . . . ond pan edrychon nhw ar ei ddogfenni, fe welon nhw fod y car heb ei yswirio, a hynny ers wyth mis!
B: Wel, mae hynny'n warthus, rhaid i mi ddweud.
A: Cytuno'n llwyr. Mae cyfrifoldeb arnon ni i gyd i wneud yn siwr bod ni'n gyrru'n gyfreithlon, on'd oes?
B: Oes. Ei roi yn y carchar am fis neu ddau sy eisiau.
(*takes out his own documents*)
Edrych fan hyn, Aled . . . popeth fel y dylai fod.
A: (*has a casual look*)
Popeth ond yr yswiriant, ti'n meddwl.
B: Beth!?
A: (*has another, closer look*)
Ac mae'r drwydded yrru heb ei harwyddo. Ac mae'r dreth yn ddyledus ers tair wythnos . . .
B: Well i mi fynd, Aled. Mae'r swyddfa bost yn cau am bump.

Geirfa

Caerfyrddin Carmarthen
golau (pl. **goleuadau**) light
mynd ar ôl go after; chase
troseddwr (**–wyr**) criminal
go iawn real; genuine
yn hytrach na rather than

gwarthus disgraceful
cyfrifoldeb responsibility
cyfreithlon legal
ei roi . . . sy eisiau he needs putting
carchar prison
trwydded (f) licence

erlid persecute
diniwed harmless
yswirio insure

arwyddo sign (vb)
treth (f) tax
dyledus due

Exercise 3

Cywir neu Anghywir?

1 Oedd y treth ar gar Eifion heb ei thalu.   C/A
2 Doedd dim goleuadau cefn yn gweithio ar gar Eifion.   C/A
3 Oedd Bruce wedi bod yng Nghaerfyrddin.   C/A
4 Cafodd Eifion ei roi yn y carchar am fis.   C/A
5 Doedd dim dogfenni 'dag Eifion pan stopiodd yr heddlu fe. C/A
6 Doedd Bruce ddim wedi llofnodi'i drwydded.   C/A

Sy(dd) – 'who/which is/are'

In English we have special relative pronouns 'who'/'that' (for persons) and 'which'/'that' (for things) that relate back to a previously mentioned item:

> This is the man *who* tunes our piano for us
> I've lost the instructions *that* come with this machine

Where, as in the above examples, a present tense follows the relative pronoun in English, Welsh uses a special *present tense relative* form of the verb **bod** that does the work of the relative as well as the verb. In speech it is usually **sy**, but in writing you will often encounter it as **sydd**. It takes the place of the ordinary present tense when the relative pronouns are required in English.

> *Mae'r dyn ma'n trwsio'n ffôn ni*
> This man *is mending* our phone
> **Dyma'r dyn sy'n trwsio'n ffôn ni**
> This is the man *who is mending* our phone

> *Maen nhw'n siarad yr iaith yn rhugl*
> They *speak* the language fluently
> **Dyna'r bobl sy'n siarad yr iaith yn rhugl**
> Those are the people *who speak* the language fluently

> *Mae'r cyfarwyddiadau'n dod gyda'r peiriant*
> The instructions *come* with the machine

Wi ddim yn deall y cyfarwyddiadau *sy'n dod* gyda'r peiriant
I don't understand the instructions *which come* with the machine

The same substitution occurs with 'who *has* . . . (done something)' etc., because this also involves the present tense of **bod** (+ **wedi**) in Welsh:

Mae'r parseli *wedi cyrraedd*
The parcels *have arrived*
Dyma'r parseli *sy wedi cyrraedd*
These are the parcels *which have arrived*

Sy is also used in place of **mae** after the question-words **Pwy** . . .? *Who* . . .?, **Beth** . . .? *What* . . .? and **Faint** . . .? *How many* . . .? when these are the *subject* of the sentence:

Pwy sy wedi bod yn eistedd ar nghadair i?
Who's been sitting on my chair?

Exercise 4

Turn these ordinary sentences into relative ones using **Dyma** . . .

Example: Mae'r ferch 'ma'n siarad Cymraeg
   – **Dyma'r ferch *sy'n siarad* Cymraeg**

1 Mae'r bobol 'ma wedi dod i'ch gweld chi.
2 Mae'r ddynes 'ma'n gofalu am y plant bob Nos Wener.
3 Mae'r fath beth yn tueddu digwydd.
4 Mae'r anifail 'ma'n sâl.
5 Mae'r car 'ma wedi torri i lawr.
6 Mae'r teulu 'ma wedi prynu'r tŷ drws nesa.

How to say 'myself', 'yourself' etc.

'Self' is **hunan** (singular), **hunain** (plural) in S areas, **hun** (singular or plural) in N areas. It combines with the possessive adjectives:

		South		North
sing.	1	**'n hunan**	myself	**'n hun**
	2	**dy hunan**	yourself	**dy hun**
	3m	**ei hunan**	himself	**ei hun**
	3f	**ei hunan**	herself	**ei hun**

		South		North
plur.	1	**ein hunain**	ourselves	**ein hun**
	2	**eich hun*an***	yourself	**eich hun**
		eich hun*ain*	yourselves	**eich hun**
	3	**eu hunain**	themselves	**eu hun**

Pam na ddewch chi'ch hun?
Why don't you come yourself(/yourselves)?
Pwylla, neu fyddi di'n brifo dy hunan!
Careful now, or you'll hurt yourself!
Mae'n debyg bydda i'n gorfod ffonio fo 'n hun
I'll probably have to phone him myself
Gwnewch eich hunain yn gartrefol
Make yourselves at home

How to say 'on my own' etc.

The forms for 'self' are used with **ar ben** in Colloquial Welsh to mean *on . . . own*:

ar ben 'n hunan	on my own
ar ben dy hunan	on your own
ar ben ei hunan	on his own
ar ben ei hunan	on her own
ar ben ein hunain	on our own
ar ben eich hunan	on your own (singular)
ar ben eich hunain	on your own (plural)
ar ben eu hunain	on their own

These are the usual forms in S areas. In the N, one form **hun** does the job of both **hunan** and **hunain**. In more formal Welsh you may come across versions with a possessive before **pen**, and consequent mutations, e.g. **ar *ei ph*en ei hunan** *on her own*.

Turning adjectives into adverbs

You can make adverbs from adjectives (like adding '-ly' in English) by putting **yn°** before the adjective:

pendant definite	**yn bendant** definitely
araf slow	**yn araf** slowly

cyflym quick	**yn gyflym** quickly
trwm heavy	**yn drwm** heavily
agored open	**yn agored** openly
mawr big; great	**yn fawr** greatly

The same principle applies with the comparative, whether the **–ach** or the **mwy** (Lesson 11) type:

arafach slower	**yn arafach** more slowly
mwy cyfforddus more comfortable	**yn fwy cyfforddus** more comfortably

Exercise 5

Unscramble the following sentences:

1 dre ei cael newydd hagor yn wedi mae llyfrgell y
2 hyn chi eich fan dych ben ? hun ar
3 wedi popeth barod mae 'i yn drefnu
4 'ma wi hunan y moyn 'n 'n gwaith gwneud
5 eu docyn 'r dal gwerthu heb mae 'ma ddau yn
6 'i 'ch wedi chi ydy ? 'to teledu drwsio

Bron – *'almost'*

To say 'I almost/nearly (did something)', use **Oedd bron i mi** + VN:

Oedd bron iawn i mi syrthio	I very nearly fell
Oedd bron i'r plant golli'r bws	The children almost missed the bus
Oedd bron i Mererid fynd hebddon ni	Mererid almost went without us

'Almost . . . -ing' is **bron â** (optional AM; **ag** before vowels):

Oedd hi bron â llefain	She was almost crying (S)
Oedd hi bron â chrio	She was almost crying (N)

Prin – *'hardly', 'scarcely'*

This is usually followed by a 'that'-clause (Lesson 11):

Prin y gallen ni ganiatáu hynny   We could hardly allow that

With the present tense of **bod**, the 'that'-clause is optional:

> **Prin *bo fi*'n cofio fe nawr**
> or **Prin *dw i*'n cofio fe nawr**   I hardly remember him now

How to translate 'become'

There is no verb directly corresponding to 'become' in Colloquial Welsh – instead the usual way of expressing a change of state is with **mynd + yn°**:

> **Mae Sioned yn mynd yn grac**
> Sioned's getting cross
> **Mae'r peth 'ma wedi mynd yn wyrdd**
> This thing has gone green

Sometimes **dod yn°** is used, particularly where the change of state is viewed subjectively:

> **Mi ddaw'n amlwg cyn hir**
> It will soon become clear

Another way of saying 'want to . . .'

Instead of using **eisiau/moyn** (Lesson 6), it is possible in Colloquial Welsh to use **am°** + VN to mean 'want to (do something)':

> **Wi *am drafod* hyn 'da ti ymhellach ar ddiwedd y noson**
> I *want to discuss* this further with you at the end of the evening
> **Pwy sy *am redeg* y stondin teganau eleni?**
> Who *wants to run* the toy stall this year?

Exercise 6

Convert these 'want' sentences from **eisiau/moyn** to **am**, or vice versa:

Example: Wi'n moyn talu â siec
          – **Wi am dalu â siec**

1 Dan ni eisiau gweld y dogfenni i gyd cyn penderfynu
2 O'n i am wneud yn siwr fod pawb yma (– **moyn**)
3 Dych chi'n moyn casglu'r papurau ar y ffordd adre?
4 Maen nhw am ddatblygu eu sgiliau cyfathrebu (– **eisiau**)

5 Bydd Islwyn yn moyn cyfweld â'r ymgeiswyr yn fuan
6 Dw i eisiau dileu 'n enw i o'r rhestr

Geirfa

dogfen (–ni) (f) document
casglu collect
datblygu develop
cyfathrebu communicate

cyfweld â interview
ymgeiswyr (pl.) applicants
yn fuan soon
dileu delete, remove

Feminine and plural forms of adjectives

Some adjectives have different forms for use with feminine nouns. The most common in Colloquial Welsh are (feminine forms in brackets):

gwyn (gwen) white **byr (ber)** short
gwyrdd (gwerdd) green **trwm (trom)** heavy
melyn (melen) yellow **tlws (tlos)** pretty
crwn (cron) round **cry(f) (cre(f))** strong

So we say, for example, **nodyn byr** *a short note* but **stori fer** *a short story*; **crys gwyrdd** *a green shirt* but **ffrog werdd** *a green dress*.

In the older language, many adjectives had plural forms for use either with plural nouns or as nouns in their own right. Nowadays only a very few adjectives do this routinely, of which by far the most common are (plural forms in brackets) **arall (eraill)** *other*, **ifanc (ifainc)** *young*, and **bychan (bychain)** *small*. But plural formations (mostly in **–ion**) are found with other adjectives when they are used as nouns: **(cyfoethog) y cyfoethogion** *the rich*; **(marw) y meirw/ meirwon** *the dead*; **(dall) y deillion** *the blind*.

You will also occasionally come across plural adjectives in set expressions – in Wales, listen for **gwyntoedd cryfion** *strong winds* on the weather forecasts!

Exercise 7

Pair off the adjectives:

ysgafn	drwg
du	hyll
poeth	trwm

hapus	gwyn
tlawd	gwan
cryf	cymhleth
newydd	trist
crwn	petryal
peryglus	cas
golygus	hawdd
diflas	cyfoethog
caredig	hen
da	diogel
syml	diddorol
anodd	oer

Which two were already paired off?

Y tafodieithoedd – the dialects (I)

Like most languages, Welsh comes in a variety of distinct, though similar, dialects. Terrain plays an appreciable part in whether speakers from one area have an **acen wahanol** *different accent* or use **geiriau gwahanol** *different words* from those in another. **Mynydd-dir** *mountainous country* – and there is plenty of that in Wales – hinders **cyfathrebu** *communications* (this has at least been true until **oes y cyfryngau torfol** *the age of the mass-media*) and so encourages the natural process of linguistic change, because speakers from different **cymunedau** *communities* do not get the chance to influence each other's speech.

Much is made in Welsh of the **gwahaniaeth** *difference* between Northern and Southern dialects. According to which type a native speaker is perceived to use, he or she will be regarded and referred to as a **gog** *Northerner* or a **hwntw** or **sioni** *Southerner*. This North/South divide is certainly a useful starting-point for the uninitiated, and native speakers share this perception, even if it is a little simplistic, based as it is broadly on certain pronunciation features; once other factors such as grammar and vocabulary are taken into account, the overall picture becomes less clear-cut. The danger with taking the North/South idea too far is that, for example, many dialects (especially in central regions) sound Southern, but use certain vocabulary items associated with the North. And there is certainly no single line where all 'northern' words stop and 'southern' ones take over. For example, there are two words in Welsh for 'out': **allan** (classed as a N word) and **mas** (classed as a S word); also there are two words for want: **eisiau** (N) and **moyn** (S); but you may well hear a speaker in mid-Wales use **mas** for 'out' but **eisiau** for 'want'. To see this (as some do) as an undesirable 'mixing' of North and South is to fail to understand the nature of dialect in Welsh – which is that, as you move from North to South, the Welsh changes gradually, constantly and by almost imperceptible degrees. One could just as easily claim, incidentally, that distinctively N and S dialects represented divergences from a central norm. The truth is, of course, that there is no norm, at least as far as the dialects are concerned. They are all different, and in this difference lies one of the most fascinating aspects of Welsh. They certainly **cyfrannu** *contribute* to **cyfoeth yr iaith** *the richness of the language.*

In the next lesson, we will be taking a look at some of the characteristics that mark out various dialects of Welsh.

14 Tasai'ch brawd fan'ma . . .

If your brother were here . . .

In this lesson you will learn how to:

- say that something *would* happen
- say that you *would* do something *if* . . .
- talk about the person *who* does something
- talk about the *likelihood* of something happening

Sgwrs 📼

Ceri and Gwyn bump into each other as they are looking for Christmas presents for their wives

GWYN: Wel, wel . . . Ceri Williams yn crwydro canol y dre, a hithau heb nosi!

CERI: (*irritably*)
Cau dy ben, Gwyn, nei di? Dw i'n teimlo fel mod i wedi bod fan hyn ers y bore glas, ac dw i'n dal heb ddod o hyd i anrheg Nadolig i Cathy.

G: 'Na beth od bod y ddau ohonon ni'n digwydd cwrdd fan hyn, 'te, a finnau'n gwneud yr un peth â ti!

C: Ti'n chwilio am rywbeth i Meleri, wyt ti? Wel, pob llwyddiant – oes syniadau 'da ti o gwbwl?

G: Nag oes, fel arfer – dim clem 'da fi be' hoffai hi. Ond gwranda – gan bod ni wedi dod ar draws ein gilydd, beth am inni . . . gydweithio, fel petai?

C: Syniad gwych – helpa di fi, ac fe helpa innau dithau, ti'n meddwl?

G: 'Na yn union be' dw i'n feddwl.

(*They go into* **y siop agosa** *the nearest shop. Ceri instinctively picks up a charming* **llif gadwyn drydanol** *electric chainsaw that is*

both **lliwgar** *colourful and* **rhesymol** *reasonably priced*)
C: Sbia, Gwyn – mae hon yn rhesymol iawn . . . llai nag ugain punt, gyda chyfarwyddiadau llawn! A coch yw hoff liw Cathy, cofia.
G: Wel, bydd yn onest, nawr, Ceri – fyddai honno'n iawn i tithau, siwr iawn – ond teimlo dw i na neith hi mo'r tro i hithau rywsut.
C: (*knows deep down that Gwyn is right*)
Ie – ti'n iawn, wrth gwrs. Merched! 'Sdim plesio nhw, nag oes?
G: Nag oes.
(*sees a notice in* **y siop gyferbyn** *the shop opposite*)
Ond paid digalonni – mae 'na arwerthiant offer garddio ail-law draw fan'na!
C: I'r dim! Byddwn ni'n ffeindio rhywbeth addas iddi fan'na, mae'n debyg.
G: I Meleri hefyd. Gall y ddwy helpu ei gilydd, on' gallan?
C: Gallan. A cofia – pan fyddwn ni wedi prynu'r anrhegion, cadw'n dawel.
G: Iawn – welest ti mono innau, a weles i monot tithau.

Geirfa

crwydro wander
a hithau heb nosi
  and it's not even dark yet
cau dy ben shut up
y bore glas the early morning
'na beth od how funny/strange
pob llwyddiant good luck
'sdim clem 'da fi
  I haven't a clue
gan (bod) since/as . . .
ail-law second-hand

dod ar draws ein gilydd
  bump into each other
cydweithio co-operate
fel petai as it were
yn union exactly
cyfarwyddiadau (pl.) instructions
gwneud y tro do the trick
digalonni get down-hearted
arwerthiant sale
offer equipment
addas suitable

Conditional

There are two ways, depending on the region, of forming the conditional of **bod** ('I would be', etc.), using different stems – **bydd–** or **bas–**. Either way, the endings are the same as in **dylwn i** and **gallwn i** encountered in Lessons 8 and 10.

South			North	
byddwn i	bydden ni		baswn i	basen ni
byddet ti	byddech chi	or:	baset ti	basech chi
byddai fe/hi	bydden nhw		basai fe/hi	basen nhw

General principles for inflected verbs apply (see Lesson 7). You will frequently hear the **bas–** forms without the **ba–**, so for example **'sech chi** for **basech chi**.

'Tag'-questions can be made by placing **On'** before the full forms (with or without the pronouns):

Fydden nhw gartre erbyn hyn, *on' bydden (nhw)*?
They would be home by now, wouldn't they?
'Sai fe o blaid, *on' basai (fe)*?
He'd be in favour, wouldn't he?

Conditional of other verbs – 'I would (do something)'

Any other VN can be linked with the conditional of **bod** (by means of **yn** in the usual way) to form its own conditional:

Byddwn i'n mynd	I would go
Basech chi'n cyrraedd	You would arrive
Fyddai hi'n cytuno?	Would she agree?
'Sen nhw ddim eisiau 'ny	They would not want that

And if you use **wedi** as the link-word, you get '. . . would *have (done* something)':

Byddwn i wedi mynd	I would have gone
Basech chi wedi cyrraedd	You would have arrived
Fyddai hi wedi cytuno?	Would she have agreed?
'Sen nhw ddim wedi eisiau 'ny	They would not have wanted that

Exercise 1

Turn these sentences into conditionals – use the **bydd–** type for this exercise.

Example: Mae Fred a Ron yn cytuno
  – **Byddai Fred a Ron yn cytuno**

1 Dw i'n derbyn popeth dych chi'n ddweud.
2 Dych chi'n fodlon helpu?
3 Maen nhw'n gwadu'r cyhuddiadau.
4 Ydy Gwen yn dod 'da ni?
5 Dyn ni ddim yn sôn am bethau felly.
6 Oes rhaid i chi gael caniatâd i wneud hynny?

Exercise 2

Now turn the sentences in Exercise 1 above into conditionals –
using the abbreviated **bas–** type.

Example: Mae Fred a Ron yn cytuno
        – **'Sai Fred a Ron yn cytuno**

1
2
3
4
5
6

'If' with conditionals

In Lesson 10 we saw that **os** is used for 'if' with a following future or
present. So we could say:

(talking about the future)

> **Os *bydd* Ron yno heno, weda i wrtho fe**
> If Ron is (lit. 'will be') there tonight, I'll tell him

and

(talking about the present)

> **Os *ydy* Ron fan hyn rhwyle, ga i air ag e**
> If Ron is here somewhere, I'll have a word with him

Notice that the verb in the clause after the comma (saying what will
actually happen 'if. . . ') is in the future in English. Now look at this
English example:

> If Ron were here, I would tell him

In this case, the verb after the comma is not 'will' but 'would', and the implication is rather different – that in fact Ron is *not* here. In other words, the speaker would tell him if he could, but as it is he can't. This is called a closed condition, while the two previous examples are open conditions. An open condition leaves 'open' the possibility that the 'if. . . ' element might happen; a closed condition implies that it will not, and that the whole idea is hypothetical.

Closed conditions in Welsh require a different word for 'if': **pe**. Using the **bydd–** set of conditional forms, we would say:

Pe byddai Ron fan hyn, fyddwn i'n dweud wrtho

Using the **bas–** set of conditional forms, these turn into **tas–** after the **pe: pe taswn i** . . . *if I were* . . ., **pe taset ti** . . . *if you were* . . ., etc. With many speakers, the **pe** itself is dropped, leaving the **t–** element alone to convey the idea of 'if':

Tasai Ron fan'ma, 'swn i'n dweud wrtho

There are a number of other variants for closed conditions in Colloquial Welsh. The two explained here are fine for S and N respectively, but don't be surprised if you hear other forms – the **pe** will be present to give you a clue.

Exercise 3

Change the following open condition (**os** . . .) sentences into closed conditions – use the **bydd–** conditional forms for this exercise. Pay attention to both halves of each sentence.

Example: Os bydda i'n hwyr, bydd y gweddill yn aros
  – *Pe byddwn i'n hwyr, byddai'r gweddill yn aros*

1 Os bydd amser 'da ni, gewch chi chwarae ar y siglenni.
2 Os byddan nhw'n cwyno, byddwn ni'n gorfod meddwl am rywbeth arall.
3 Os bydd y car yn torri lawr, bydd rhaid i mi gerdded.
4 Os gwela i fe, bydda i'n rhoi gwybod i ti.
5 Os eith pethau'n chwith, gallwn ni ailddechrau.
6 Os digwyddith hynny, bydd y teulu i gyd yn siomedig.

Geirfa

siglen (–ni) (f) swing
cwyno complain
gorfod be obliged to

rhoi gwybod i let . . . know
mynd yn chwith go wrong
ailddechrau start again

Exercise 4

Change the following closed condition sentences into open conditions – for this exercise, use the **bod–** future.

Example: **Pe byddwn i yno, bydden nhw'n gofyn i mi**
If I were there, they would ask me
Os bydda i yno, byddan nhw'n gofyn i mi
If I'm there, they will ask me

1 Pe byddet ti'n ymaelodi â'r clwb sboncen, byddwn i'n gallu chwarae yn d' erbyn di.
2 Pe byddai ei phlant hithau'n perfformio heno, byddai 'n plant ninnau'n perfformio hefyd.
3 Pe bydden nhw'n mynd i'r Eidal, bydden ni'n mynd i Ffrainc.
4 Pe bydden ni'n gallu, bydden ni'n dod.
5 Pe byddech chi'n cael trafferth, bydden ni'n helpu.
6 Pe byddai Ad a Vic ar gael, byddwn i'n gofyn iddyn nhw.

Geirfa

ymaelodi join (club, etc.)   **sboncen** squash (game)

Exercise 5

Imagine what you might do if the following six things came true, and make two-part sentences with **pe byddwn i'n . . ., byddwn i'n . . .** or **taswn i'n . . ., baswn i'n . . . .** You can use negatives in the second part if you like, of course.

Example: (ennill miliwn o bunnoedd)
   – **Taswn i'n ennill miliwn o bunnoedd, baswn i'n mynd ar daith o gwmpas y byd**
   If I won a million pounds, I'd go on a trip round the world

1 cael ngwahodd i Balas Buckingham
2 gweld papur deg punt ar y palmant
3 bod yn frenin
4 etifeddu Ferrari coch
5 bod yn blentyn eto
6 cael 'yn stopio gan yr heddlu am yrru'n rhy gyflym

Reported speech with byddwn etc.

If someone makes a statement about the future ('I will buy a mobile phone') and you then wish to report what was said, the future is turned into the conditional, as in English:

Sioned: 'I'll buy a mobile phone tomorrow'

[reported] Sioned said *she would buy* a mobile phone the next day

In this usage, the **bydd–** type conditional is used rather than the **bas–** type.

Sioned: 'Bydda i'n prynu ffôn symudol yfory'
Wedodd Sioned *y byddai hi'n prynu* **ffôn symudol y diwrnod wedyn**

Exercise 6

Report what the people said as indicated.

Example: Gerwyn: 'Bydd hi'n bwrw glaw heno'
– **Wedodd Gerwyn** *y byddai* **hi'n bwrw glaw heno**

1 Mrs Williams: 'Bydda i'n mynd i'r dre'
2 Iestyn: 'Bydd y siop ar gau'
3 Meleri: 'Bydd y ddau ohonoch chi'n hwyr'
4 Rhys: 'Byddan nhw wedi mynd yn barod'
5 Aled: 'Fydd dim bwyd ar ôl'
6 Gwenith: 'Fydda i ddim yn gwneud ngwaith cartre'

Extended pronouns (emphasis)

In addition to the ordinary pronouns (Lesson 3), Welsh has a set of extended versions used to convey emphasis or contrast:

	singular	*plural*
1	**innau, finnau, minnau**	**ninnau**
2	**tithau**	**chithau**
3m	**yntau, fintau, (N) fothau**	**nhwthau**
f	**hithau**	

You will not come across these all that often, but you should certainly be aware of them. You are quite likely to hear **chithau** if you wish someone **Nadolig Llawen** *Happy Christmas*, to which one set response is **A chithau** *And (the same to) you (too)*. They are common in expressions of the type:

a finnau (hefyd)	me too
na finnau (chwaith)	me neither

Dw i'n mynd i'r dre yfory.	– **A finnau**
I'm going to town tomorrow	– Me too
Ŷn ni ddim yn danfon cardiau Nadolig	– **Na ninnau**
We don't send Christmas cards	– Neither do we ['nor we']

A hithau ... is sometimes heard in idiomatic Welsh with impersonal expressions (remember that **hi** is the pronoun used for 'abstract' *it*):

A hithau'n tynnu at saith o'r gloch, dyma benawdau'r newyddion
(With) it getting on for seven o'clock, here are the news headlines
Oedd hi bron yn amhosib, a hithau'n bwrw mor drwm
It was almost impossible, (with) it raining so heavily

How to say 'each other'; and 'together'

The expression for 'each other' varies for person:

ein gilydd	1st person (talking of *us*)
eich gilydd	2nd person (talking of *you*)
ei gilydd	3rd person (talking of *them* – but notice that the spelling is the singular **ei** rather than the plural **eu** – the pronounciation, of course, is 'i' in any case)

Fyddwn ni'n helpu'*n gilydd*	We will help each other
Dach chi'n rhy bell o'*ch gilydd*	You're too far away from each other
Maen nhw'n casáu *ei gilydd*	They hate each other

'Together' is done is Colloquial Welsh by saying 'with each other', using either **gyda** (S) or **efo** (N) – the principle of varying for person still applies. So:

South			North
gyda'n gilydd	(we)	together	**efo'n gilydd**
gyda'ch gilydd	(you)	together	**efo'ch gilydd**
gyda'i gilydd	(they)	together	**efo'i gilydd**

Dan ni isio bod efo'n gilydd
We want to be together
Dych chi'n mynd gyda'ch gilydd?
Are you going together?
Bydd rhaid iddyn nhw aros gyda'i gilydd am y tro
They'll have to stay together for now

Exercise 7

Without translating, choose the right form for 'together' in the following sentences

1 We want to be together (S)
2 Are you two together? (N)
3 We'll all go together when we go (N)
4 Hang my two platinum discs together over there, would you? (S)
5 All together now, smile for the camera! (S)
6 These two want to sit together (N)

Sgwrs 🔲

Siôn is trying to tell Ieuan about his eventful trip to town

SIÔN: Wel, yn gynta, nes i barcio'n anghyfreithlon – oedd rhaid ... oedd y lle mor llawn. A dim ond am bum munud, cofia, wrth i mi brynu rhywbeth ...
IEUAN: Be' ddaru ti brynu, 'ta?
S: Nes i brynu hogydd pensil, ac wedyn nes i fynd yn syth yn ôl i'r car ...
I: Faint ddaru ti dalu?
S: Faint nes i dalu am beth?
I: Am yr hogydd pensil. Dw i isio gwybod – ddaru mi golli 'n un i ddoe.
S: O ... nes i dalu pedair punt a nawdeg ceiniog, dw i'n meddwl. Ac yna nes i weld heddwas yn sefyll wrth ochor y car, a naeth o ...

I: Pedair punt a nawdeg ceiniog am hogydd pensil!? Ddaru mi brynu set gyfan o bensiliau, gan gynnwys hogydd pensil, am lai na hynny wythnos diwetha!

S: Ie . . . Wel, naethon nhw ddweud 'tha i yn y siop fod y pethau 'ma'n brin ofnadwy ar hyn o bryd. Ond, fel o'n i'n dweud, mi naeth yr heddwas . . .

I: Ddaru nhw weld ti'n dod.

Geirfa

anghyfreithlon illegal
hogydd sharpener
'n un i my one; mine
cyfan whole; complete

gan gynnwys including
llai less
prin scarce
ofnadwy awful
   (after adj.: awfully . . .)

Alternative ways of forming the preterite 🔲

Instead of using the inflected preterite (Lesson 9), you can use the preterite of **gwneud** (**nes i** *I did* etc.) with a following verb noun. So instead of saying *I saw* (**gweles i** etc.), you can say 'I did see'. This way, the preterite of an ordinary verb like **gweld** looks like this:

singular	*plural*
1 **nes i weld** I saw	**naethon ni weld** we saw
2 **nest ti weld** you saw	**naethoch chi weld** you saw
3 **naeth e/hi weld** he/she saw	**naethon nhw weld** they saw

The questions forms will be the same but with different intonation (**Nes i weld?** *Did I see?*), and the NEG forms will have a **ddim** and an *unmutated* VN (**Nes i ddim gweld** *I didn't see*).

In N regions of Wales, an even simpler alternative preterite is in common use, involving the auxiliary **ddaru**. This is invariable for person, and is followed by subject + °VN:

singular	*plural*
1 **ddaru mi weld** I saw	**ddaru ni weld** we saw
2 **ddaru ti weld** you saw	**ddaru chi weld** you saw
3 **ddaru o/hi weld** he/she saw	**ddaru nhw weld** they saw

Both these alternatives are exactly the same in meaning as the inflected preterite:

(Fe/Mi) Werthes i hanner dwsin
Nes i werthu hanner dwsin
Ddaru mi werthu hanner dwsin (N)
I sold half a dozen

Exercise 8

Change the preterite in each sentence into the alternative form indicated. You may need the glossary at the back for some of the verbs.

Example: Codon ni dŷ newydd wrth droed y rhiw (ddaru)
– **Ddaru ni godi tŷ newydd wrth droed y rhiw**

1 Gofynnes i iddi hi am ddod yn ôl wedyn (ddaru)
2 Mi gollodd o ei swydd mis diwetha (ddaru)
3 Arhoson nhw yma am dair wythnos (gwneud)
4 Pwy dynnodd y llun 'ma? (ddaru)
5 Faint archeboch chi? (gwneud)
6 Fe ofales i am y plant (gwneud)

Expressing likelihood – 'probably', etc.

To say that something is *probably* the case, use the phrase **mae'n debyg** ('it is likely/probable') either at the beginning of the sentence and followed by a that-clause (Lesson 11), or tagged onto the end of the sentence as it is. You cannot put it in the middle in the way that the adverb *probably* can be used in English.

> **Mae'n debyg bod hi'n mynd i fwrw pnawn 'ma**
> or **Mae hi'n mynd i fwrw pnawn 'ma, *mae'n debyg***
> It's *probably* going to rain this afternoon

> **Mae'n debyg y bydd y gweddill yn dod cyn hir**
> or **Bydd y gweddill yn dod cyn hir, *mae'n debyg***
> The rest of them will *probably* be along soon

If you want to say that something seems to be the case, or is *apparently* so, use the phrase **mae'n ymddangos** ('it appears') in the same way:

Mae'n ymddangos na **fydd digon o amser 'da ni**

or **Fydd dim digon o amser 'da ni,** *mae'n ymddangos*

It seems we won't have enough time

Mae'n ymddangos fod **popeth dan reolaeth bellach**

Mae popeth dan reolaeth bellach, *mae'n ymddangos*

Everything is apparently under control now

In more formal written Welsh you may see **mae'n ymddangos** as **ymddengys**.

Remember that **efallai** *perhaps*, **hwyrach** *perhaps* (N), and **gobeithio** *(I) hope, hopefully* work in exactly the same way as **mae'n debyg** and **mae'n ymddangos**.

Exercise 9

Inject a little doubt into these bald statements by prefacing them (you will need 'that'-clauses) with the words indicated.

Example: Mae'r swyddfa docynnau ar gau erbyn hyn. (debyg)
 – **Mae'n debyg** *fod* **y swyddfa docynnau ar gau erbyn hyn**

1 Dan ni'n mynd i fod yn hwyr.   (ymddangos)
2 Dylech chi ymddiheuro.   (efallai)
3 Maen nhw'n dal i fod yn aros amdani.   (debyg)
4 Mae hi'n rhy hwyr.   (efallai)
5 Bydd y gwaith papur 'da chi yfory.   (debyg)
6 Does dim caws ar ôl yn yr oergell.   (ymddangos)

Geirfa

ymddiheuro apologise   **oergell** (f) fridge
gwaith papur paperwork

'Ever' and 'never'

These two words are not distinguished in Welsh – context makes plain which is appropriate in English. But there are two words to choose from, depending on the type of sentence.

Byth means *ever/never* with tenses formed with **yn** + VN.
Erioed means *ever/never* with tenses formed with **wedi** + VN.

As for inflected tenses, **byth** is used with the future, while **erioed** is used with the preterite (also with the **nes i** and **ddaru** alternative preterites explained above).

Examples:

Dw i *byth* yn siarad Saesneg â hi
I never speak English to her
Dw i *erioed* wedi siarad Saesneg â hi
I have never spoken English to her

Welwn ni byth monyn nhw 'to
We'll never see them again
Weles i erioed y fath lanast
I never saw such a mess

Dyma'r gaea gwaetha erioed
This is the worst winter ever
Dolffinod Miami am byth!
Miami Dolphins for ever!

As one-word answers, **byth** and **erioed** mean *Never*:

Ydy e'n sgrifennu atat ti?	**Byth.**
Does he write to you?	Never.
Wyt ti wedi bod mewn ysbyty?	**Erioed.**
Have you been in hospital?	Never.

Exercise 10

Answer with an indignant 'Never!' to the following outrageous accusations. (Be really indignant – can't you see it is your **côd anrhydedd** *code of honour* that is being impugned here?):

1 Dych chi wedi dweud celwydd? _____!
2 Dych chi'n darllen y Financial Times? _____!
3 Fyddet ti'n mynd i Bangkok? _____!
4 Fuoch chi erioed yng Nghanada? _____!
5 Fasech chi wedi talu treth y pen? _____!
6 Wyt ti'n siarad Saesneg yn y Llew Du? _____!
7 Ydy'ch chwaer yn mynd allan gyda llyfrgellwyr? _____!
8 Wyt ti'n cribo dy wallt yn y bore? _____!

Geirfa

celwydd lie
llyfrgellydd librarian
treth y pen the poll tax
cribo comb (vb)

Y tafodieithoedd – the dialects (II)

There is no denying that even beginners in the language can usually hear the difference in accent between a speaker from the far North and one from the far South – the Welsh spoken in, say, Bangor and Barry (**Y Barri**) does sound very different. Then again, this is to be expected anyway because they are at geographically opposite poles (the same is true of the English of **Caergaint** *Canterbury*, **Caerliwelydd** *Carlisle* and **Caeredin** *Edinburgh*). On the other hand, spotting differences between, say, Aberaeron and Cardigan (**Aberteifi**) requires much closer examination (though natives of the area would probably have little difficulty). Seen objectively, the difference is not really that great. It is more a question of accent, including **ynganu** *pronunciation* and **goslef** *intonation*, than anything else. Other factors, in decreasing order of importance, are **geirfa** *vocabulary*, **gramadeg** *grammar* and **cystrawen** *sentence-structure*. As a **newydd-ddyfodiad** *newcomer* to the language, you will be **ymwybodol** *aware* of dialect primarily at the pronunciation and intonation level.

Listen for the distinctive pronunciation of **u** in most N dialects – it sounds quite unlike **i** (in the S they are indistinguishable) and verges more towards a French *u* but with unrounded lips. If you have the cassette, there are examples of words with this sound pronounced by a North-Walian and a South-Walian for you to listen to and compare. You may also notice a greater preponderance of –**a**– in N speech: not only are the plural marker –**au** and the verb-ending –**ai** pronounced –**a**, but many N regions turn unstressed –**e**– in a final syllable into –**a**–: **rhedeg** sounds like **rhedag**, **halen** like **halan**. Typically S pronunciation features are:

plural marker –**au** and verb-ending –**ai** pronounced –**e**;
chw– at the start of a word often reduced to **hw**– or even **w**–: **wech** for **chwech**, **warae** for **chwarae**

and if you live in **Sir Benfro** *Pembroke* in the south-west corner of Wales, you may hear a number of unusual pronunciations, notably **wê** for **oe**: so **wêdd hi** for **oedd hi**, **wês** for **oes**, and so on.

This is a big subject – but the important things to remember about the dialects as far as *you* are concerned are to take them in your stride – they are not that different from each other on the whole, and not to let anyone tell you the dialects are 'not real Welsh' or, even worse, that they are 'bad Welsh'. Nobody would tell a Yorkshireman that about his dialect of English, would they? Not unless they were very **haerllug** *cheeky* and/or **hunanddinistriol** *suicidal*.

15 Cefn gwlad

The countryside

In this lesson you will learn:

- a more formal way of doing the passive
- how to put special emphasis on a particular idea
- more about compound sentences

Cefn Gwlad is a term you will hear a lot of in Wales – it means 'countryside', and for many it epitomises the unique character of the country in the same way as the language speaks for its people. There are many organisations dedicated to conserving (**gwarchod**) and, where necessary, defending (**amddiffyn**) this aspect of Welsh life – one of them is the Countryside Council for Wales, **Cyngor Cefn Gwlad Cymru**. Here are some short items from their newspaper *Adain y Ddraig* ('Dragonwing'). You will see certain verb-forms you have not yet encountered – with the help of the vocabularies provided, try and get the gist of these pieces before going on to the grammar. 〔◯◯〕

Mae arolwg a gomisiynwyd gan y Cyngor Cefn Gwlad yn dangos fod yna 81 o safleoedd yng Nghymru lle gellid agor chwareli, o ganlyniad i ganiatâd a roddwyd yn ystod y pedwardegau. Mae'r rhan fwyaf o'r safleoedd mewn ardaloedd a gafodd eu dynodi oherwydd pwysigrwydd eu tirlun neu eu bywyd gwyllt.

Geirfa

arolwg survey	**o ganlyniad i** as a result of
comisiynu commission (vb)	**dynodi** earmark (vb)
safle (**–oedd**) site	**tirlun** landscape
chwarel (**–i**) (f) quarry	**bywyd gwyllt** wildlife

Mae'r Cyngor Cefn Gwlad yn awyddus i glywed gan unrhyw un sy'n fodlon cynorthwyo mewn arolwg fel y gellir casglu mwy o wybodaeth am y pathew. Cafwyd dirywiad mawr yn nifer y pathewod oherwydd torri coetiroedd, plannu conifferau a rheoli coetiroedd mewn dull anaddas. Gellir adnabod y creadur bychan wrth ei gynffon flewog drwchus, ei ffwr tywodliw a'i lygaid duon chwyddedig.

Geirfa

awyddus keen, eager	**adnabod** recognise
cynorthwyo help, assist	**bychan** little
pathew (**–od**) dormouse	**cynffon** (f) tail
dirywiad deterioration	**blewog** furry
coetir (**–oedd**) woodland	**trwchus** thick
rheoli manage	**tywod** sand
dull method, manner	**lliw** colour
anaddas unsuitable	**chwyddedig** bulging

Os dewch chi ar draws pysgodyn anghyffredin, neu bysgod mewn mannau annisgwyl, hoffai'r Cyngor Cefn Gwlad gael gwybod. Mewn cynllun ar y cyd â Chymdeithas Bywydeg y Môr, mae'r Cyngor yn casglu gwybodaeth ynghylch dosbarthiad yr holl bysgod sy'n byw yn y môr a'r aberoedd yng Nghymru. Mae cardiau cofnodi Cymraeg ar gael o'r cyfeiriad a roddir uchod.

Geirfa

dod ar draws come across	**bywydeg** biology
pysgodyn (**pysgod**) fish	**dosbarthiad** distribution
anghyffredin unusual	**holl°** all
cynllun plan	**cofnodi** record (vb)
ar y cyd joint(ly)	**uchod** above

◖◗

Ar hyn o bryd, mae'r Cyngor Cefn Gwlad yn ceisio trosglwyddo mwy o wybodaeth i'r cyhoedd ynghylch Gwarchodfeydd Natur Cenedlaethol. Darparwyd byrddau hysbysrwydd newydd, ac mae cynllun ar y gweill i gyhoeddi casgliad o ffeithiau diddorol am yr holl Warchodfeydd yng Nghymru.

Geirfa

trosglwyddo transmit; pass on	**bwrdd** board
ynghylch about; concerning	**hysbysrwydd** information

gwarchodfa (–feydd) reserve (n)   **ar y gweill** in the pipeline
darparu provide   **casgliad** collection

Gwahoddir partneriaid y Cyngor Cefn Gwlad i holi Aelodau ac
uwch swyddogion mewn tri chyfarfod cyhoeddus a gynhelir yng
Nghaerdydd, Y Drenewydd a Llandudno. Bydd cyfle hefyd i drafod
rhaglen strategol y Cyngor.

Geirfa

gwahodd invite   **cyfle** chance, opportunity
holi ask; put questions to **strategol** strategic

Alternative forms of the passive

We saw in Lesson 13 how, in Colloquial Welsh, the usual way of
forming the passive is by using **cael** + possessive + VN. But more
formal styles of Welsh – notably the media and Literary Welsh –
frequently use an inflected impersonal (or autonomous) form of the
verb. The two most common endings are:

–wyd   past tense
–ir   present or future tense

These endings are added to the stem of the verb in the normal way.
They are invariable for person. If a subject is stated, they corre-
spond exactly to the passive with **cael**. Examples:

  anafwyd dyn a man *was injured*
    [spoken: **cafodd dyn ei anafu**]
  gwerthwyd y tŷ the house *was sold*
    [spoken: **cafodd y tŷ ei werthu**]
  trefnir cyfarfodydd yn gyson
    meetings are (*or* will be) regularly organised
    [spoken: **mae** (*or* **bydd**) **cyfarfodydd yn cael eu trefnu'n gyson**]

They can also be used on their own without a stated subject, in
which case they corresond to impersonal expressions with 'It is/
was . . . ed':

  Dywedir fod . . .   It is said that . . .
  Honnir fod . . .   It is claimed that . . .
  Drwgdybir fod . . .   It is suspected that . . .

Disgwylir fod . . . It is expected that

This device is very common on the media, as are the **–wyd** and **–ir** endings generally.

Cafwyd, the **–wyd** form of **cael**, is frequently used in the media to mean *There has been . . .* or even *There has happened . . .* – **Cafwyd ymateb da** *There has been a good response.*

The **–ir** ending is unusual in that it can affect the form of the *stem* when it is added. If the last vowel of the stem is **–a–**, this is changed to **–e–** when the **–ir** is added:

darpar–u provide	**darpᵉrir**
siarad speak	**siarᵉdir**
tal–u pay	**tᵉlir**
cadw keep (consonantal **w**)	**cedwir**

Fe *gynhelir* y cyfarfod nesaf wythnos i heddiw
The next meeting *will be held* a week today
Fe *delir* eich cyflog yn uniongyrchol i'ch banc
Your salary *will be paid* direct to your bank
***Siaredir* Cymraeg yma**
Welsh (is) *spoken* here
***Darperir* lluniaeth ysgafn**
Light refreshments *will be provided*

Note also the useful **gellir** *one can*, and (with a different ending) **gellid** *one could* and **dylid** *one ought to*.

Remember that these endings belong to more formal Welsh – you will see them written, and you will hear them on the media, but you should avoid them in everyday conversation.

Exercise 1

Turn the following impersonal sentences into their colloquial **cael**-versions.

Example: Fe gynhelir y gystadleuaeth bob blwyddyn
  – *Mae*'r gystadleuaeth *yn cael ei chynnal* bob blwyddyn

1 Fe drefnir yr ail gêm ar gyfer y pumed o fis Tachwedd
2 Stopiwyd dros ugain o gerbydau ar y ffordd i'r Bala
3 Lansiwyd ymgyrch newydd dros hawliau dynol yn Llundain ddoe
4 Agorir y llyfrgell newydd yn swyddogol gan y Dywysoges yfory
5 Fe dynnir lluniau o'r digwyddiad gan ein ffotograffydd
6 Chwalwyd yr adeilad yn gyfangwbl gan y taflegryn

Geirfa

cerbyd vehicle
lansio launch
ymgyrch campaign
hawl right (n)
dynol human
swyddogol official

tywysoges (f) princess
digwyddiad event
chwalu destroy
yn gyfangwbwl completely
taflegryn missile

Sgwrs 🔲

*Gwyn has a crisis (**argyfwng**) on his hands*

SIÂN: Beth sy'n bod, Gwyn?
GWYN: Wi'n ffili ffeindio'r allweddi. Maen nhw ar goll fel arfer.
S: Fe ddylet ti wneud fel fi, cariad, a rhoi nhw'n syth yn yr un lle bob tro wrth ddod i mewn.
G: Ydy hi'n anodd, Siân?
S: Beth, nawr?
G: Bod yn berffaith mewn byd sy mor bell o fod yn berffaith.
S: Wi'n ymdopi. A 'sdim eisiau bod yn bigog, Gwyn, oes e? Nawr, 'te . . . efallai taw yn y gegin maen nhw. Beth am edrych fan'na?
G: Wi wedi chwilio fan'na'n barod.
S: Ti 'di mynd i weld ydyn nhw yn y lolfa, 'te?
(Gwyn goes to look and comes back unsuccessful)
S: Wel, rhaid bod nhw'n rhywle.
G: Wel, diolch yn fawr iawn, iawn am y cyfraniad pwysig 'na, Siân. Fe wyddon ni o leia fod yr allweddi'n debyg o fod rhywle. Wi'n teimlo'n well o lawer yn barod.
S: Ti'n mynd yn grac nawr, Gwyn. Ti wastad fel hyn pan ti'n ffili derbyn taw ti sy ar fai. Alla i weld yn syth drwyddat ti.
G: O, gad lonydd i fi, nei di?
(sits down for a minute to think)
Nawr, 'te. Gad i mi feddwl.
S: Paid gorwneud pethau, cariad.
(while struggling not to split his sides laughing at this, Gwyn suddenly remembers)
G: Aros eiliad – nes i roi'r allweddi i ti, on'do?
S: Naddo!
G: Do! Fi agorodd y drws . . .

S: Ie . . .
G: . . . a fi oedd yn gorfod nôl gweddill y pethau o'r car.
S: Ie . . .
G: Ac yn y cyfamser, ti oedd yn gofalu am yr allweddi!
S: . . . O, ie . . .
G: Ac erbyn i mi ddod yn ôl, oeddet ti wedi rhoi nhw . . .
S: . . . yn 'y mhoced.

(*Siân, realising the enormity of her guilt, produces* **yr eitemau sy dan sylw** *the items in question*)
Mae'n ddrwg 'da fi, Gwyn. Rhaid mod i wedi rhoi nhw fan'na heb feddwl.
G: (*magnanimous in victory*) Popeth yn iawn, cariad. Ond ti sy'n coginio heno.

Geirfa

allwedd (–i) (f) key
fel arfer as usual
yr un lle the same place
anodd difficult
perffaith perfect
byd world
pell far
pigog touchy
cyfraniad contribution

crac cross, angry
wastad always
derbyn accept
gad lonydd i fi leave me alone
gorwneud overdo
yn y cyfamser in the meantime
gofalu am look after
coginio cook

Focus

As we saw quite early on, the usual order of words in a Welsh sentence is: verb first, then subject, then whatever else is needed. This is the 'neutral' order of words in Welsh. For example:

Mae Dylan gartre heno   V – S – place – time

simply makes a statement – 'Dylan is at home tonight'. But sometimes we wish to focus in on a particular part of the sentence. We might wish to make the point that Dylan is *at home* tonight and not somewhere else. The usual way of doing this in English is by intonation. The usual way in Welsh is by altering the word-order – if you want to focus on something, you put it first in the sentence (the place we usually expect the verb to be in Welsh). So any of the constituents (*subject*, *place* or *time* in the above neutral sentence) can be focused on by putting them first in the sentence, displacing the verb into second place:

(a) **Gartre mae Dylan heno**   place – V – S – time
(b) **Heno mae Dylan gartre**   time – V – S – place
(c) **Dylan *sy* gartre heno**   S – V – place – time

The sense of each of these focused versions is as follows:

(a) Dylan is *at home* tonight (, not out on the town)
(b) Dylan is at home *tonight* (, not tomorrow night)
(c) It's *Dylan* who is home tonight (, not Ronnie)

The italicised (focused) ideas in the English correspond to what comes first in the Welsh equivalents. Notice, incidentally, in sentence (c) that **mae** cannot be preceded by its own subject (it is unique in this respect), and must be changed for **sy(dd)** in these circumstances.

In the *Sgwrs* above, Gwyn says **Fi agorodd y drws**, meaning '*I* (and not you) opened the door' – he is making that point that it wasn't Siân, but him. If he had said **Agores i'r drws**, that would simply mean 'I opened the door' (and then I did something else, and then something else happened, and so on) – this would be the neutral sentence with the verb first, and it simply answers the very vague and non-specific notional question **Be' ddigwyddodd?** *What happened?* The focused version here answers a much more specific notional question: **Pwy agorodd y drws?** *Who opened the door?* Notice also that whenever the subject of an inflected verb is focused in this way, the verb is put in the 3rd person singular (with SM) regardless (so not: Fi agores y drws).

When a pronoun is the focused element in the sentence, it is often (though optionally) preceded by **y**: **Y fi . . .** *It is I who . . .*, **Y nhw . . .** *It is they who . . . .*

Exercise 2

Find and underline all the focused words or phrases in the Sgwrs.

Exercise 3

Turn the following neutral (verb first) sentences into focused ones, putting the item(s) in italics first. Watch out for **sy**!

Example: Mae *Reggie* yn gwneud y siopa
      – **Reggie sy'n gwneud y siopa**

1 Wedon *nhw* hynny
2 Bydda i *gartre* trwy'r dydd
3 Mae *Buzz ac Amanda* yn byw fan hyn
4 Mae *Alun, Lilian ac Osian* wedi danfon y cerdyn 'ma
5 Byddwn *ni*'n rhedeg y stondin planhigion eleni
6 Talest *ti*'r bil

There are three focused sentences in the following piece previewing a new series of a sports programme on the Welsh language TV channel S4C. See if you can spot them – look out for sentences that don't begin with the verb.

The Welsh in this piece is basically colloquial, apart from **gennym** (= **gan** + **ni** – **gynnon ni** in Colloquial Welsh), and a more strict application of AM (e.g. **a phêl-droed** where many native speakers would say **a** *p*êl-**droed**). See how much you can get the gist of just by reading it through quickly a couple of times. Then use the vocabulary to help you out.

Lle Cymru ar faes chwarae'r byd

Mae'r plant yn ôl yn yr ysgol, mae'r dyddiau'n byrhau ac mae 'na oerni yn yr awyr yn y boreau. Ydi, mae'r Haf yn cau, a'r Hydref ar garreg ein drws ni. Mae chwaraewyr rygbi a phêl-droed wedi cael eu seibiant yn yr haul ac yn barod i ddechrau tymor newydd o gystadlu am glod a chwpanau.

Huw Llywelyn Davies a Gareth Roberts, enwau cyfarwydd iawn ym myd rygbi a phêl-droed; fydd yn cyflwyno yng nghyfres newydd *Tocyn Tymor*, a fydd yn awr o hyd ar nos Sadwrn o hyn ymlaen. Y pencampwyr Llanelli yn erbyn Pontypwl fydd yn dechrau'r tymor; gyda Inter Cardiff yn erbyn Bangor yn agor y tymor pêl-droed.

Ond er mai rygbi a phêl-droed yw prif gynhaliaeth y rhaglen, bydd cyfle i edrych ar chwaraeon gwahanol hefyd, meddai Huw Bevan, golygydd y rhaglen. 'Mae'n dibynnu beth sydd ar y gweill,' meddai, 'ond gan fod gennym fwy o amser ar y rhaglen fe fyddwn yn gallu cyfuno ychydig o'r hyn y byddai Y Maes Chwarae yn mynd ar ei ôl.' Mae hyn yn golygu edrych ymlaen at yr hyn sydd i ddod yn ogystal ag edrych yn ôl a dadansoddi'r hyn sydd wedi bod.

Gan fod Morgannwg wedi bod mor llwyddiannus eleni yn y byd criced, bydd golwg yn ôl dros y tymor, a golwg hefyd ar achlysuron arbennig megis y ffeit fawr rhwng Frank Bruno a

Lennox Lewis sydd yn dod i
Barc yr Arfau yng Nghaerdydd
ym mis Hydref.
  Mae gan Cymru dair gêm
cartref ar ôl yn ei hymgyrch i
gyrraedd rowndiau terfynol
Cwpan y Byd yn yr Unol
Daleithiau. Rhaid ennill y tair

os am lwyddo. Fe fydd y gêm
gynta'n cael ei dangos yn fyw
o'r Maes Cenedlaethol Ddydd
Mercher am 7.25pm, gyda
sylwebaeth gan Ian Gwyn
Hughes.

Sbec (Western Mail)

Geirfa

maes chwarae playing field
byrhau shorten; get shorter
oerni cold (n)
carreg (f) stone
pêl-droed football
seibiant break; time off
tymor [here] season
clod praise; renown
cyfarwydd familiar
cyfres (f) series
hyd length
o hyn ymlaen from now on
pencampwr champion
prif gynhaliaeth main fare
golygydd editor

ar y gweill in the pipeline
cyfuno combine
yr hyn the thing (that) . . .; what . . .
yn ogystal â as well as
dadansoddi analyse
golwg look (n)
achlysur (–on) occasion
megis like (= colloquial **fel**)
arf (–au) arm [weapon]
ymgyrch campaign
terfynol final
llwyddo succeed
yn fyw live [broadcasting]
cenedlaethol national
sylwebaeth (f) commentary

Exercise 4

True or False?

1 The football season will be opened by Cardiff and Bangor T/F
2 *Tocyn Tymor* will deal exclusively with rugby and football T/F
3 Glamorgan had a good cricketing year last year T/F
4 Bruno and Lewis will be in Cardiff in November T/F
5 *Tocyn Tymor* will be an hour long every weekend T/F
6 Wales need three away wins to qualify for the World Cup T/F

Exercise 5

Rearrange these scrambled sentences for the dialogue to make sense:

A: olchi mi ? nei 'r i di llestri
B: nhw ond olchodd fi ! neithiwr
A: di nhw hefyd wel, olchi gelli heno
B: tost pen fi 'da mae

gwybod – 'know'

This verb is used when speaking of knowing a fact (as opposed to a person). It has a number of peculiarities. The VN is widely pronounced as **gwbod**. In many ways it acts as a normal VN, but being a stative verb, it cannot form a preterite, because *knew* does not imply completed action. Instead the imperfect is used – where English says 'I knew that', Welsh says **O'n i'n gwybod hynny** 'I *was knowing* that'.

Gwybod is unusual in having alternative inflected forms for the present and imperfect:

		present	*imperfect*
sing.	1	**gwn i** I know	**gwyddwn i** I knew
	2	**gwyddost ti** you know	**gwyddet ti** you knew
	3	**gŵyr e/hi** he/she knows	**gwyddai fe/hi** he/she knew
pl.	1	**gwyddon ni** we know	**gwydden ni** we knew
	2	**gwyddoch chi** you know	**gwyddech chi** you knew
	3	**gwyddon nhw** they know	**gwydden nhw** they knew

So, for example, **gwn i** is another way of saying **dw i'n gwybod**, and **gwyddwn i** is another way of saying **o'n i'n gwybod**.

Examples of usage:

Wyddech chi fod Alun yn sâl?   Did you know Alun was ill?

Several set phrases use the inflected forms: **Hyd y gwn i** *As far as I know/am aware*; **Am wn i** *For all I know*; **Pwy a ŵyr?** *Who knows?*

The very useful phrase 'I don't know' is heard variously as

Dw i ddim yn gwybod
Dwn i ddim (N)
Dwn 'im (N)
Sa i'n gwybod (S)
So fi'n gwybod (S)

Wyddost ti (often shortened to **'sti**) and **wyddoch chi** (often short-ened to **'ddchi**) are the N equivalents of S **timod, chimod** *y'know*:

'Sdim isio gweiddi, 'sti   There's no need to shout, y'know

Exercise 6

Convert the inflected **gwybod** forms into their **bod** + VN equiva-lents.

Example: *Wyddost ti* be' ddigwyddodd?
– *Wyt ti'n gwybod* **be' ddigwyddodd?**

1 Be' ŵyr o am wleidyddiaeth?
2 Wyddet ti fod Siân am fod yn athrawes?
3 Dw i wedi cael llond bol o'r sothach 'ma, wyddost ti.
4 Gwn i am rywun allai helpu chi.
5 Wydden nhw ddim byd amdani.
6 Fe wyddai fe'n union beth oedd angen.

Geirfa

gwleidyddiaeth (f) politics
llond ... a ... ful

bol (or **bola**) belly
sothach rubbish (figurative)

'cannot'

For 'I cannot (do something)', you can of course use the NEG forms of **gallu** or **medru**: **Alla i ddim/Fedra i ddim** or **Dw i ddim yn gallu/Dw i ddim yn medru**. But where 'cannot' implies physical inability, Colloquial Welsh has an alternative construction using AFF **methu** *fail* (**ffili** in some S areas):

> **Alla i ddim gweld y sgrîn o fan hyn**
> or **Dw i'n methu gweld y sgrîn o fan hyn**
> or: **Wi'n ffili gweld y sgrîn o fan hyn (S)**
> I can't see the screen from here

Exercise 7

Go back to the *Sgwrs* above and say whether the following are

Cywir neu Anghywir?

1 Mae Gwyn yn ffili dod o hyd i'w allweddi.	C/A
2 Mae Gwyn yn ffili meddwl lle gallen nhw fod.	C/A
3 Mae Siân yn ffili gweld drwy Gwyn o gwbwl.	C/A
4 Mae Siân yn ffili deall taw hi sy ar fai am hyn oll.	C/A
5 Mae Gwyn yn ffili ffeindio'r gegin hyd yn oed.	C/A
6 Mae Siân yn ffili ymdopi â bod yn berffaith.	C/A

Indirect questions and 'whether'

These involve 'whether' (interchangeable with 'if') in English: *I'm not sure whether they will come* (direct question: 'Will they come?'); *Go and ask whether Ieuan is intending to go as well* (direct question: 'Is Ieuan intending to go as well?') The underlying direct question is important, because Colloquial Welsh simply forms the indirect version from this by placing **a°** before it. You should note that, in normal speech, this **a** is not heard, though the following SM is.

Dw i ddim yn siwr (a) fyddan nhw'n barod mewn pryd
I'm not sure if (= whether) they'll be ready in time
Dos i ofyn (a) ydy Ieuan yn bwriadu mynd hefyd
Go and ask if (= whether) Ieuan is intending to go as well

Notice that **os** *if* is not used in indirect questions, even though 'if' is perfectly acceptable in English – **os** is restricted to *open conditions* (see Lesson 10).

Further examples:

Cer i ofyn (a) ydyn nhw'n moyn dod 'da ni
Go and ask if they want to come with us
Dw i ddim yn siwr (a) ddylen ni ddeud wrtho neu beidio
I'm not sure whether we should tell him or not
Dan ni isio gwybod (a) fasen nhw'n barod i helpu nos yfory
We want to know if they would be prepared to help tomorrow night
Gawn ni weld (a) oes digon o arian ar ôl yn y cadwmigei
We'll see if there's enough money left in the moneybox

Exercise 8

Cyfieithwch i'r Gymraeg

1 I don't know if they'll be ready yet.
2 Let's go and see if the ticket office is open now.

3 I want to know whether you can see that sign over there.
4 I can't say definitely whether Aled will succeed or not.
5 I'm not sure if term has started yet.
6 We'll have to find out if you're telling the truth, won't we?

Geirfa

arwydd sign (n)	**tymor** term
pendant definite	**darganfod** discover; find out
llwyddo succeed	**gwir** truth
. . . neu beidio . . . or not	

rhaid bod . . . *'must' (supposition)*

When **rhaid** *must* implies obligation, we follow it with **i** + subject + VN (Lesson 8). But sometimes 'must' implies supposition: 'He must be home by now' (i.e. 'I am sure that he is home by now'). 'You must be out of your mind' (i.e. 'you certainly look to me like you are mad'). In these cases, **rhaid** is used with a **bod** 'that'-clause (review Lesson 11 if you are not sure about this).

Rhaid fod e gartre erbyn hyn
Rhaid bod chi o'ch co'

Exercise 9

Cyfieithwch i'r Gymraeg. You will have to decide in each case which construction to use with **rhaid**.

1 You must be mad!
2 He must be home by now.
3 We must arrange to go out together some time.
4 I must phone my parents by eight.
5 They must have gone out already.
6 We must buy something for the kids while we're here.

Ownership

There is no word for *Whose . . .?* in Welsh, and questions asking about ownership are phrased in either of two ways. You can say **. . . pwy yw/ydy hwn?** lit. 'The . . . of whom is this?', to which the answer will be along the lines of . . . **Des yw/ydy e** *It's Des's* . . . .

Or you can use **biau** *own*, and say **Pwy sy biau'r** . . . **'ma?** *Who owns this. . .?*, to which the answer might be **Des sy biau fe**, or **Fi sy biau fe**. There is no linking **yn** between **sy** and **biau**, and indeed the **sy** can also be dropped: **Pwy biau'r rhain? – Nhw biau nhw.** *Whose are these? – They're theirs.*

Notice that these are *focused* sentences in Welsh – because statements of ownership by definition single out a particular person. The owner, whether noun or pronoun, will be the first element in the phrase.

Expressing good wishes 📼

To congratulate somebody on something, use **Llongyfarchiadau ar°** + noun or VN:

> **Llongyfarchiadau ar eich dyrchafiad**
> Congratulations on your promotion
> **Llongyfarchiadau ar gael eich diswyddo o'r swydd ofnadwy 'na**
> Congratulations on getting the sack from that awful job
> **Llongyfarchiadau ar basio dy brawf gyrru o'r diwedd**
> Congratulations on passing your driving test at last

To wish someone a happy birthday, use **Penblwydd Hapus!** You may also need the following:

Pryd mae'r parti?	When's the party?
Pam na ges i wahoddiad?	Why didn't I get an invitation?

Another good way to annoy someone on their birthday is to say:

> **O ystyried eich oedran, dych chi'n edrych yn hynod o dda**
> You're looking awfully good considering your age

If you wish to pass on greetings via someone else, use:

Cofia (Cofiwch) fi at . . .	Remember me to . . .

For letter-writing, you will need **Annwyl°. . .** for *Dear. . .* (but don't mutate personal names). As in English, there are various ways of signing off:

Yr eiddoch yn gywir	Yours truly
Yn gywir	Truly

Yn gywir iawn	Very truly
Yn ddiffuant	Sincerely
Cofion	Regards
Cofion cynnes	Warm regards/Best wishes

There are certain other set phrases of a rather literary flavour which are quite common in letter-writing:

Cyfeiriaf at eich llythyr ...   I refer to your letter ...
Ymhellach i'n sgwrs ...   Further to our conversation ...
Diolch am eich llythyr dyddiedig y ...
    Thank you for your letter of the ...
Edrychaf ymlaen at glywed gennych (cyn bo hir)
    I look forward to hearing from you (in due course)

Exercise 10

The sentences in this letter are in the wrong order. Rearrange them so that the letter makes sense:

RHOWCH WYBOD I MI OS NA ALLWCH CHI DDOD.

DW I'N MEDDWL Y DYLEN NI GWRDD I DRAFOD
Y MATER. ANNWYL MR WILLIAMS. DW I'N
EDRYCH YMLAEN AT WELD CHI. YR EIDDOCH YN
GYWIR. DIOLCH AM EICH LLYTHYR. BYDDAI IO
O'R GLOCH DDYDD GWENER YN GYFLEUS I MI.

ALLECH CHI DDOD I'N SWYDDFA I ?

More relative clauses

In Lesson 13 we saw that **sy(dd)** *who/which is/are* can be used to form relative clauses involving the present tense (or the perfect with **wedi**), where the person or thing referred back to is the *subject* of the verb.:

Dyna'r dyn *sy*'n dysgu Cymraeg   (*Mae* e'n dysgu Cymraeg)
That's the man *who's* learning Welsh
Dyna'r dyn *sy* wedi dysgu Cymraeg   (*Mae* e wedi dysgu Cymraeg)
That's the man *who has* learnt Welsh

But other tenses simply involve the *relative particle* (**a**)°:

Dyna'r dyn (a) oedd yn dysgu Cymraeg
(*Oedd* e'n dysgu Cymraeg)
That's the man who was learning Welsh
Dyna'r dyn (a) fydd yn dysgu Cymraeg
(*Bydd* e'n dysgu Cymraeg)
That's the man *who* will learn Welsh
Dyna'r dyn (a) ddysgith Gymraeg   (*Dysgith* e Gymraeg)
That's the man *who* will learn Welsh
Dyna'r dyn (a) ddysgodd Gymraeg   (*Dysgodd* e Gymraeg)
That's the man *who* learnt Welsh

Remember that, in Colloquial Welsh, the **a** itself is often not heard, leaving only the following SM to indicate its presence: **Dyna'r dyn ddysgodd Gymraeg**.

In formal Welsh, the autonomous –**ir** and –**wyd** forms of the verb can also be preceded by **a°**:

Mewn cyfarfod *a gynhelir* **yfory**
In a meeting *that* will be held tomorrow
Ffigurau *a gyhoeddwyd* **gan y llywodraeth**
Figures *that have been/were published* by the government

This particle **a°** has a NEG equivalent **na°** (or AM):

Dyna'r dyn na ddysgodd Gymraeg
That's the man who didn't learn Welsh

Finally, to return to the world of nature, here is a bilingual leaflet from the **Comisiwn Coedwigaeth** *Forestry Commission* explaining something of what they do and why. Use the English to help you understand the phrasing and structuring of the Welsh – the two versions follow each other very closely, and the Welsh is both natural and idiomatic. All manner of material is available bilingually in Wales these days, and this kind of comparison exercise can be both interesting and rewarding. It is also good for vocabulary acquisition, because you see new words immediately in context without the distraction of having to look them up in the dictionary, and they will tend to **ymsefydlu yn eich meddwl** *stick in your mind* better.

Ychydig o lonydd

Dim ond rhai o fanteision ein coedwigoedd yw cynnig Coed Nadolig a phren. Mae'r goedwig hefyd yn cynnig lle llonydd a thawel i bobl ymlacio a mwynhau. Mae fforestydd a choetiroedd yn gwella'r tirlun ac yn rhoi cynefin pwysig – ac unigryw weithiau – i fywyd gwyllt y goedwig. Ers mwy na deng mlynedd a thrigain mae'r Comisiwn Coedwigaeth, sy'n Adran o'r Llywodraeth, wedi bod yn gyfrifol am wneud yn siwr fod Coedwigoedd Prydain yn datblygu, ac ar yr un pryd, yn taro cydbwysedd rhesymol rhwng coedwigaeth a'r amgylchedd. Mae Menter Goedwig yn rhan o'r Comisiwn Coedwigaeth.

Peace and quiet

Christmas trees and timber are just one of.the many benefits of our forests and they also provide people with havens of peace and quiet to relax in and enjoy. Forests and woodlands enhance the landscape and provide important and sometimes unique habitats for forest flora and fauna. For over seventy years the Forestry Commission – a Government Department – have had the responsibility of ensuring that Britain's forests develop and at the same time achieve a reasonable balance between forestry and the environment. Forest Enterprise is part of the Forestry Commission.

16 Cymraeg ysgrifenedig a'r cyfryngau

Written Welsh and the media

In this lesson you will learn:

- about formal and Literary Welsh
- how to read Literary Welsh
- interesting facts about the electronic media in Wales
- how to use the media to your advantage

This last lesson is devoted largely to reading passages. Now that you are nearly at the end of this book, you will want to continue with your Welsh. All the main grammatical structures have been explained, and your main strategy to achieve fluency now, other than of course using the language with native speakers wherever you get the chance, will be to acquire vocabulary. For this you will need to read Welsh, and before you can set out on this course you will need to know how to cope with the differences between native spoken Welsh and what you may come across in print. There are differences, but they are not insurmountable. For example, we saw in the previous lesson an alternative way of doing the passive – this is commonly used in print, but is not part of the spoken language. You need to recognise it when you see it, but that is all. Depending on subject-matter and style, the distance between a written piece and any variety of spoken Welsh will vary – but there are certain characteristics of the formal language that are very prevalent, and very easy to deal with once you know how.

We will use this extract from *Hanes Cymru* by John Davies, a complete history of Wales in Welsh and written in moderately formal language, to illustrate some of these features. There is a fairly comprehensive vocabulary at the end of the piece to help you.

This section deals with the immediate aftermath of the Battle of

Hastings, an event whose effects were as far-reaching on Wales as on England, though in a different way:

Ar ôl brwydr wyth awr yn Hastings, cipiwyd[1] Lloegr gan Wilym;[2] bu'n rhaid wrth ragor o ymgyrchoedd ar gyrion y wlad, ond erbyn 1070 yr oedd[3] y deyrnas i gyd yn ddarostyngedig iddo. Gymaint oedd gafael y Concwerwr ar ei diriogaeth newydd fel y medrai[4] gynnal ymchwiliad manwl i'w hadnoddau yn 1086, sef sail y ddogfen ryfeddol honno,[5] y *Domesday Book*. Bellach, dinasyddion eilradd oedd y Saeson yn Lloegr. Nid[6] eu hiaith hwy[7] oedd iaith cyfraith a llywodraeth, a byddai bron tair canrif a hanner yn mynd heibio cyn y byddai eto ŵr rhugl ei Saesneg ar orsedd Lloegr. Peidiodd nawdd i lenyddiaeth Saesneg ymhlith dosbarthiadau uchaf cymdeithas, a throes[8] llifeiriant cryf y llenyddiaeth honno'n ddiferion gwan. Amddifadwyd y bendefigaeth Seisnig o'u hystadau; erbyn 1086 Normaniaid oedd perchnogion bron y cwbl o dir Lloegr, a thros[9] hanner y wlad yn eiddo i'r brenin, ei berthnasau a rhyw ugain o'i ddilynwyr amlycaf.[10] Magodd y Normaniaid ddirmyg at y genedl a ddarostyngwyd ganddynt;[11] erbyn oes Gerallt Cymro (1146–1220), ystyrid[12] bod y Saeson yn bobl ddiog, fudr, wasaidd, feddw a di-ffrwt.

Nid hynny fu[13] tynged y Cymry, o leiaf nid y pryd hwnnw. Pan aeth llenyddiaeth y Saeson o dan gwmwl, yr oedd llenyddiaeth y Cymry ar drothwy cyfnod ysblennydd, a phan alltudiwyd y Saesneg o lys a chyngor, yr oedd y Gymraeg yn magu ystwythder cynyddol fel cyfrwng cyfraith a llywodraeth. Am genedlaethau wedi[14] 1066 cyfarfyddai[15] pendefigion Cymreig a Normanaidd fel gwŷr cydradd; er y bu gelyniaeth rhyngddynt, bu hefyd gydbriodi, a chyfoethogwyd y naill gan draddodiadau'r llall.

Hanes Cymru (Penguin)

Geirfa

brwydr (f) battle	**eiddo** property
cipio capture, seize	**dilynwyr** followers
ar gyrion on the borders/edges	**amlycaf** (**amlwg**) most prominent
teyrnas (f) kingdom	**magu** nurture, nurse
darostwng subdue, subject	**dirmyg** scorn, contempt
gafael grip	**oes** (f) age
tiriogaeth (f) territory	**diog** lazy
ymchwiliad investigation	**budr** dirty
adnoddau resources	**gwasaidd** servile
sail (f) basis	**di-ffrwt** feeble, gutless, no spark

rhyfeddol wonderful
dinesydd (dinasyddion) citizen
eilradd second-class/rate
cyfraith (f) law
gorsedd (f) throne
nawdd patronage, support
llenyddiaeth (f) literature
ymhlith amongst
cymdeithas (f) society
llifeiriant flood
diferyn (diferion) drop
amddifadu deprive
pendefigaeth (f) aristocracy
ystad (f) estate
perchennog owner

tynged (f) fate
trothwy threshold
cyfnod period
ysblennydd splendid
alltudio banish
ystwythder flexibility
cynyddol increasing
cenhedlaeth (f) generation
cydradd (of) equal (standing)
gelyniaeth enmity
cydbriodi intermarry
cyfoethogi enrich
y naill ... y llall ... the one ...
   ... the other
traddodiad tradition

Specifically formal linguistic or stylistic features are indicated by numbers in the extract above as follows:

1 **cipiwyd** 'was captured' – autonomous past of **cipio**; as mentioned previously, this neat way of doing the passive is virtually the norm in formal Welsh, and common enough on the media. Don't use it when speaking, though. CW **cafodd ... ei chipio**.

2 °**Wilym** – SM of name **Gwilym**; personal names are rarely mutated in CW.

3 **yr oedd** – in formal Welsh the imperfect of **bod**, and the 3rd persons singular and plural in the present, are usually prefixed by **y(r)**. So similarly **Y mae ...** for CW **Mae ...**.

4 **medrai** 'he could' – omission of the personal pronoun after an inflected verb is a common feature of formal Welsh.

5 **y ddogfen ryfeddol honno** 'that wonderful document' – use of **hwn/hon** and **hwnnw/honno** for 'this' and 'that' instead of CW **'ma** and **'na**.

6 **Nid** is the norm for 'not' in the formal language, while CW frequently uses **dim**.

7 **hwy** 'they', 'them' – never found in CW, which always uses **nhw**.

8 **throes** – AM of **troes**: literary 3rd person sing. preterite of **troi**; CW would more likely have **troddodd** or **trôdd**.

9 **thros** – AM of **tros** 'over'; CW usually has this word with permanent SM: **dros**.

10 **amlycaf** – superlative of **amlwg** 'prominent'; in CW final –**f** is hardly ever pronounced (**amlyca**), but it is usually written in formal Welsh.

11 **ganddynt** – 3rd person plural form of preposition **gan**; the **–nt** inflection for 'they/them' is widespread in formal Welsh, but has not been part of the spoken language for the best part of a thousand years. CW: **ganddyn nhw, gynnyn nhw.**

12 **ystyrid** 'it was considered' – the **–id** past autonomous inflection, though neat, is entirely confined to the formal language.

13 **fu** – preterite of **bod**, here meaning simply 'was'; this tense of **bod** is much less common in CW, where it tends to mean 'has/have been' (Lesson 9)

14 **wedi** 'after' – usually **ar ôl** in CW, with **wedi** confined to time expressions and constructions with VNs.

15 **cyfarfyddai** 'used to meet' – inflected imperfect of **cyfarfod**; inflected imperfects are very unusual in CW apart from with certain verbs (e.g. **gwybod** – Lesson 15)

Characteristics of Literary Welsh

The 'formality' of formal Welsh varies by degrees – i.e. to what extent it departs from spoken usage. Literary Welsh (LW) is simply a term for a style (and structure) that diverges most widely and with the greatest frequency from the spoken language. In some respects LW is very like Colloquial Welsh – much of the vocabulary is identical, for instance. But in other respects – notably the verb system, it is very different. All you have to do, however, is be able to *recognise* specifically LW forms for what they are when you see them (so that you don't try and imitate them in speech, where most of them have no place), and identify what they correspond to in the living language.

Verbs

LW has a more complex tense-system than Colloquial Welsh, and makes far more use of inflected tenses. But first, let us look at how the inflections themselves differ from Colloquial Welsh.

		Preterite	(Future)	Unreality
sing.	1	–*ais*	–*af*	–**wn**
	2	–*aist*	–**i**	–*it*
	3	–**odd**	*no ending* or –**a**	–**ai**

		Preterite	(Future)	Unreality
pl.	1	*–asom*	**–wn**	*–em*
	2	*–asoch*	**–wch**	*–ech*
	3	*–asant*	*–ant*	*–ent*

Sometimes an **–a–** in the stem changes to **–e–**: LW **telais** for **tales i.** In addition to this, LW likes to make the inflections do all the work by omitting the following subject pronouns that are virtually always present in the living language. So, for example, **byddan nhw** will appear in LW as **byddant**; **fe redon nhw** as **rhedasant**; and so on. On no account should any of this be imitated in speech.

Notice also that verbs are made negative in LW by prefixing **Ni** (**Nid** before vowels): **Ni theithiasant** 'They did not travel' (CW: **Deithion nhw ddim**); **Ni hoffai** 'He/She did not like (CW: **Doedd e/hi ddim yn hoffi**); this is completely alien to the spoken language.

As far as the tenses themselves are concerned, there are three major differences between the living and Literary systems:

1 The *inflected future* serves also as a present in LW, where a permanent state is involved rather than an action.
2 There is an *inflected pluperfect* in LW that is simply absent from the living language – it combines the **–as–** element of the LW preterite with the unreality endings: **rhedasent** for **o'n nhw wedi rhedeg**.
3 The *subjunctive*, which survives in the living language only in set expressions, still forms part of the tense-system of LW.

Pronouns

We have already seen that subject pronouns after verbs are frequently omitted in LW. But several of the pronouns even look different: **ef** (CW **e, fe**), **chwi** (CW **chi**), and **hwy** or **hwynt** (CW **nhw**). Some of the focused pronouns (**y fi, y fe/fo** etc. – Lesson 15) are almost unrecognisable: **chwychwi** (= **y chi**), **hwynthwy** (= **y nhw**).

Object pronouns can precede the verb if a particle is available to attach them to: **Ni'*th* gosba** *He will not punish you* (CW **Fydd e ddim yn cosbi di** or **Fydd e ddim yn dy gosbi di**).

Finally, a point about word-order: the fundamental 'verb first in a neutral sentence' principle is sometimes disregarded by writers aiming at what they perceive to be an 'elevated' style, and the subject placed first, even though it has no special emphasis: **Hwy a welsant** 'They saw' (CW: **Welon nhw**); **Chwi welwch** 'You see' (CW: **Dych chi'n gweld**). No prizes for guessing whether or not you should imitate this.

These are the main aspects of Literary Welsh that may cause you problems in reading. Don't be downhearted – native Welsh-speakers have to be taught Literary Welsh as well; it is a native language to no-one. But it is the vehicle of a prolific literature, and merits mastering for that. Unless or until you venture into the realm of novels and, particularly, traditional formal poetry, the formal language will not encroach too much on your reading. But whatever, just make sure that you keep the dividing line between LW and CW clear in your mind. Some claim, incidentally, that there is no real distinction between spoken Welsh and the literary construct. The evidence is otherwise, as these two versions of the same sentence give eloquent demonstration:

> I did not know that you had seen him
> CW: **O'n i ddim yn gwybod bod chi wedi'i weld e**
> LW: **Ni wyddwn y'i gwelasech**

Y cyfryngau yng Nghymru – the media in Wales

If you live in Wales, you will be greatly helped in your learning of the language by the **cyfryngau torfol** *mass media*, and particularly the Welsh-language radio and TV stations that broadcast to all parts of the country. **Radio Cymru** is an excellent station whose programmes feature ordinary people talking about everyday things in everyday language. If you're at home during the day, switch it on in the morning and let it burble on regardless while you get on with **rhoi silffoedd i fyny** *putting shelves up*, **aildoi'r tŷ** *reroofing the house* or **ailwifro'r estyniad** *rewiring the extension* (and as for the husbands: why not listen to the **canlyniadau pêl-droed** in Welsh while all that **sŵn** *noise* is going on in other parts of the house?). You may not understand much to start with, but **o'r cychwyn cynta** *right from the start* it is a good way to attune your brain to the sounds of the language – an important stage in language learning.

The Welsh TV channel **S4C** (**Sianel Pedwar Cymru**) has one obvious advantage over radio – **lluniau**. Not only will the pictures give a **cyd-destun** *context* to the words you are hearing, but you will be able to watch people's lips – this is more of a help than you might think, especially if it gives a clue to a **gair allweddol** *keyword* in the sentence. With **rhaglenni newyddion** *news programmes*, watch the English news on another channel first, and then you will (partly) know what's coming on the Welsh channel! **Llechwraidd** *underhand*, but **effeithiol** *effective*. **Rhaglenni plant** *children's programmes* are **i'w cymeradwyo** *to be recommended* – the language used in programmes for young children is of necessity colloquial and relatively simple in structure, and of course (**fel yn y byd darlledu'n gyffredinol** *as in broadcasting generally*) the subject matter is generally more interesting, and the storylines far more intelligent and convincing, than is the case with the **mwyafrif llethol o raglenni wedi'u hanelu at oedolion** *vast majority of programmes aimed at adults*. **Eto i gyd** *then again*, the **operâu sebon** *soap operas* are good for natural language, although the **cyflymder** *speed* may put you **mewn penbleth** *in a dizzy*; if you have TeleText, try switching on the **isdeitlau** *subtitles*, but don't make too much of a habit of it – there are no subtitles out in the Real World. **Gyda llaw** *incidentally*, the world's longest-running **opera sebon**, *Pobol y Cwm*, will give you **isdeitlau** even if you haven't got TeleText – they show it in pristine condition in the evening **ar ôl y newyddion**, and then **ailddarlledu** *repeat* it **gydag isdeitlau** the next day (**amser cinio** *lunch time*). It is soon to be made available to **gwylwyr** *viewers* in England, **i lewyrchu i'r rhai sydd yn eistedd mewn tywyllwch** *to give light to them that sit in darkness* (Biblical Welsh!).

The following piece is an article from a television listings paper previewing a big new series to be shown on the Welsh language channel S4C. As with most material aimed at a mass audience, the language is essentially CW with a few more formal features here and there (see below). Inclusion of these formal features is more a matter of convention than anything else.

Mae'r Saeson yn hoff o ddweud bod y gwir yn rhyfeddach na'r dychymyg. A phrin fod esiampl gwell na Môr-Ladron, cynhyrchiad rhyngwladol S4C. Bwriad cyd-gynhyrchydd y gyfres, Dafydd Rowlands, oedd ymdrin â chymhellion ac ochr seicolegol y môr-ladron.

Roedd yn sialens anferth. Sut oedd esbonio anlwc yr enwog William Kidd? Nid yn unig cafodd ei fradychu a'i grogi, ond fe dorrodd y rhaff a bu'n rhaid iddo ailfyw'r holl brofiad erchyll. A phwy fedr egluro paham y dewisiodd yr hen Barti Ddu hoff ddiod o rwm a phowdr ffrwydrol? Roedd yn ddigon synhwyrol wrth wynebu'r Llynges Frenhinol!

Dros 13 pennod, cawn hanes

môr-ladron o ddyddiau'r Rhu-
feiniaid hyd heddiw gyda
graffeg, mapiau, drama a hen
ffilm. A mentrwn i bob rhan o'r
byd yng nghwmni'r cyflwynydd
Geraint Wyn Davies. 'Roedd yn
brosiect enfawr,' meddai Dafydd
Williams. 'Aeth tri chriw i rannau
amrywiol o'r byd i ffilmio.'

Ac er ymrwymiad y gyfres i
nifer o gwmnïau teledu dros y
byd i gyd, megis The Discovery
Channel, clywir hefyd hanes y
môr-ladron Celtaidd – Barti Ddu,
Harri Morgan a Chapten Kidd.

Sbec (Western Mail)

Characteristics of formal language in this piece include: omission of
pronouns after verbs (e.g. **roedd, cafodd, cawn, mentrwn**); **paham**
for CW **pam**; **er** despite (CW **er gwaetha**); autonomous forms
(**clywir**); consistent use of AM.

Geirfa

dychymyg imagination	**rhaff** (f) rope
môr-ladron pirates	**ailfyw** relive
cynhyrchiad production	**profiad** experience
rhyngwladol international	**erchyll** horrible
cyd- co-	**ffrwydrol** explosive
ymdrin â deal with	**synhwyrol** sensible
cymhelliad (cymhellion) motive	**llynges** (f) navy
anferth huge	**Rhufeiniaid** Romans
anlwc bad luck	**mentro** venture
bradychu betray	**enfawr** enormous
crogi hang (on gallows)	**ymrwymiad** association, connection

This final reading piece, from *Hanes Cymru* by John Davies, out-
lines the circumstances surrounding the establishment of the Welsh
language television channel, a development that was of significance
both culturally and for the status of the language, and one which
gave the lead to other linguistic minorities in Europe. The language
is, as in the first extract in this lesson, moderately formal Welsh with
certain Literary characteristics. A few purely Literary Welsh verb-
forms (i.e. that have no place in Colloquial Welsh) are explained.
The vocabulary at the end is not complete – see how much of the
rest you can get over several readings by guesswork and intuition.

Gan dybied bod Cenedlaetholdeb Cymreig mwyach 'mewn
parlys o ddiymadferthwch', cyhoeddodd yr Ysgrifennydd Cartref
ym mis Medi 1979 na fyddai'r llywodraeth yn anrhydeddu ei

haddewid i sefydlu Sianel Deledu Gymraeg. Bu'n rhaid wrth ymgyrchu taer a charcharu llym cyn ennill yr addewid honno a chythruddwyd y Cenedlaetholwyr wrth i'r llywodraeth gefnu'n swta arni. Erbyn dechrau 1980, yr oedd dwy fil o aelodau Plaid Cymru wedi ymdynghedu i fynd i'r carchar yn hytrach na thalu'r drwydded deledu. Yn y gwanwyn, cyhoeddodd Gwynfor Evans y byddai'n ymprydio hyd at farwolaeth pe na sefydlid Sianel Gymraeg. Pennodd 6 Hydref 1980 fel diwrnod cychwyn ei ympryd, ac ar ddechrau mis Medi anerchodd filoedd o'i gyd-Gymry mewn cyfarfodydd a nodweddid gan angerdd dirdynnol. Ildiodd y llywodraeth ar 11 Medi – yn rhy gynnar ym marn Gwynfor Evans, gan ei fod ef yn argyhoeddedig y byddai ychydig yn rhagor o wythnosau o gynnwrf wedi rhoi i Blaid Cymru 'safle di-syfl'. Rhoddwyd cychwyn ar Sianel Pedwar Cymru ar 1 Tachwedd 1982. Roedd yn wefr i'r Cymry Cymraeg gael y byd a'i bethau ar y sgrîn trwy wasanaeth a siaradai eu hiaith, a bu gwledydd eraill yn awyddus i brynu rhai o raglenni gorau S4C. Bu dadleuon maith ynglŷn â ffigurau gwylio; denodd rhaglenni mwyaf poblogaidd y Sianel hyd at 150,000 o wylwyr, nifer pitw o gymharu â'r rhwydwaith Prydeinig, ond un a gynrychiolai 30 y cant o'r gynulleidfa botensial, canran y byddai unrhyw gwmni teledu'n hynod falch ohoni.

Hanes Cymru (Penguin)

pe na sefydlid: 'if . . . were not established' (LW autonomous form of **sefydlu**); *a nodweddid* '. . . which were characterised' (LW autonomous form of **nodweddu**); *a siaradai* '. . . which spoke' (LW imperfect 3rd pers. sing. of **siarad**); *a gynrychiolai* '. . . which represented' (LW imperfect 3rd pers. sing. of **cynrychioli**)

Geirfa

tybied suppose	**dirdynnol** excruciating
cenedlaetholdeb nationalism	**argyhoeddedig** convinced
parlys paralysis	**cynnwrf** commotion
diymadferthwch helplessness	**di-syfl** immovable
anrhydeddu honour (vb)	**cychwyn** start
addewid (f) promise (n)	**gwefr** thrill
taer earnest	**gwlad** (**gwledydd**) (f) country
llym severe; harsh	**dadl** (**–euon**) (f) debate, argument
cythruddo annoy; provoke	**maith** long
swta abrupt	**denu** attract

ymdynghedu take an oath; vow   **o gymharu â** compared with
ymprydio fast (vb)   **rhwydwaith** network
marwolaeth (f) death   **canran** percentage
annerch (anerch–) address (vb)   **hynod** remarkable
angerdd passion   **balch** proud; pleased

Further reading

A systematic account of the grammar of spoken Welsh is given in *Modern Welsh: A Comprehensive Grammar* (G. King: Routledge 1993). This reference book deals with all main structures and morphology in the modern living language, and includes numerous examples from native speakers throughout.

It is difficult to recommend a Welsh-English dictionary for the serious student. Those currently available are either dated and given over entirely to Literary Welsh, or (in the case of one or two aimed specifically at second-language users) are inadequate and unhelpful. One exception is *Y Geiriadur Cymraeg Cyfoes/ Dictionary of Modern Welsh* by H. Meurig Evans (G. Hughes: Llandybie) which, although making few allowances for learners, is at least up-to-date and pretty thorough in its coverage. Oxford University Press have a usage and phraseology dictionary of the modern language under way at the moment.

Hanes Cymru, already mentioned, gives a history of Wales in Welsh with a helpful vocabulary for apprentice readers. Published by Penguin. Also available in an English translation.

You can read selections from early Welsh (and Irish) literature in translation in *A Celtic Miscellany*, edited by K.H. Jackson (Penguin). The mediaeval Welsh tales comprising the Four Branches of the *Mabinogi* are available in a number of English and modern Welsh editions, as well as children's and learners' versions.

An excellent book on Celtic culture and customs in Wales and Ireland is *Celtic Heritage* by Alwyn Rees and Brinley Rees (Thames & Hudson). Nora K. Chadwick has written several general books on the Celts, including *The Celts* (Penguin) and *Celtic Britain* (Thames & Hudson).

Key to exercises

Lesson 1

Exercise 1

da, mae, go, diolch, chithau, yn, ddrwg

Exercise 2

Bore da; Bore da; Shwd ych chi? Iawn, diolch . . . a chithau? Dim yn
ddrwg, chimod; Wela i chi; Hwyl nawr

Exercise 3

1 Dyma fy mam 2 Dyma mrawd Ronnie 3 'Na mrawd 4 Ga i
gyflwyno Mrs Williams? 5 'Na 'n chwaer 6 'Na weddill y teulu tu ôl
iddi 7 Dyma nghyfaill sy'n byw drws nesa 8 Ga i gyflwyno ngŵr?

Exercise 4

1 Pwy ydy(/yw) honno draw fan'na? 2 Beth ydy hwn? 3 Beth ydy
hwnnw? 4 Pwy ydy hwn? 5 Pwy ydy hon? 6 Pwy ydy hwnnw draw
fan'na?

Exercise 5

1 y 2 'r 3 'r 4 y 5 'r 6 yr 7 'r 8 y, 'r

Exercise 6

1 Pwy ydy(/yw)'r rheiny? 2 Faint ydy hwn? 3 Beth ydy hwn yn
Gymraeg? 4 Gymera i'r rhain, os gwelwch yn dda 5 Faint ydy'r rheiny?

Exercise 7

1 Mae'n braf, 'tydy? 2 Mae'n oer, on'd yw hi? 3 Mae'n ddiflas, on'd yw hi? 4 Mae'n boeth, 'tydy?

Exercise 8

1 ti 2 chi 3 chi 4 chi 5 ti 6 chi 7 chi 8 chi 9 ti 10 chi

Exercise 9

mynedfa croeso nawr diolch drws nesa cymydog

Lesson 2

Exercise 1

1 dw, yw 2 yw, yw 3 yw, dw 4 yw, yw 5 yw, dw

Exercise 2

1 Mae Mari tu allan 2 Maen nhw draw fan'na 3 Mae hi lan y grisiau 4 Mae e o dan y bwrdd 5 Dan ni *or* (d)yn ni i ffwrdd yfory 6 Dw i fan hyn 7 Dach chi *or* (D)ych chi mewn pryd 8 Mae Dafydd gartre heddiw

Exercise 3

ydy hi? dan ni ydyn nhw? dw i ydw i? wyt ti ydych chi?

Exercise 4

1 Ydyn nhw? 2 Ydych chi? 3 Ydych chi? *or* Wyt ti? 4 Ydyn nhw? 5 Ydy hi? 6 Ydw i?

Exercise 5

1 I'm not home tomorrow 2 Are you away all week? 3 Siân isn't here at the moment 4 Am I in time? 5 Are Dewi and Silfan here? 6 They're over there somewhere, I think 7 They're not upstairs 8 Are they in the kitchen, perhaps?

Exercise 6

1 *Dach chi*'n siarad Cymraeg yn dda 2 Mae Eddie *a* Paula '*n* mynd i ffwrdd yfory 3 Dan *ni*'n siarad Cymraeg trwy'r amser *gartre* 4 *Mae* mrawd yn *darllen* yr Independent 5 Maen *nhw*'n hedfan i Iwerddon *yfory* 6 Mae'r plant *yn* gwilio'r *teledu*

Exercise 7

1 Dydy *or* Dyw Sioned ddim yn gweithio fan hyn 2 Dw i ddim yn siarad Ffrangeg 3 Dan *or* (D)yn ni'n gadael wythnos nesa 4 Dw i'n prynu gormod o lyfrau 5 Mae Alun yn gwerthu'r car 6 Ydy e'n dod yfory? 7 Ydyn nhw'n gwybod? 8 Ydy'ch rhieni chi'n gwybod? 9 Ydych chi (*or* Wyt ti)'n darllen hwn? 10 Ydy'ch mam chi'n siarad Cymraeg?

Exercise 8

1 Mae Sioned yn gweithio ar hyn o bryd 2 Dw i'n prynu gormod o lyfrau 3 Dydy mrawd ddim yn siarad Ffrangeg 4 Lle dach chi'n byw erbyn hyn? 5 Mae'n oer tu allan 6 Ydy'ch gwraig yn gweithio fan hyn?

Exercise 9

1 Ydy 2 Ydw 3 Ydw *or* Ydyn 4 Ydyn 5 Ydyn *or* Ydych 6 Wyt *or* Ydych

Exercise 10

1 Ydw 2 Ie 3 Ydyn 4 Ie 5 Ydych 6 Ydy 7 Ydyn 8 Ie 9 Ie 10 Ydw

Exercise 11

glwb chwaraeon; rhif ffôn (cartref); rhugl; llofnod; cyfeiriad; briod; rhif ffôn (gwaith); mam-iaith; cyfenw; rhieni; aelod; dyddiad; enwau eraill

Lesson 3

Exercise 1

frodyr wely frecwast gaws bopty daith lyfr fodryb goffi fap ddinas

Exercise 2

gwenu cas denu bawd prisiau mawr bach tynnu bocsys canol canu
planhigion gwaith baner draig coch

Exercise 4

1 A 2 C 3 A 4 C

Exercise 5

masculine: tywydd ceffyl dyn llwybr aderyn; feminine: eglwys ffen-
est lori ffordd ysgol siop stafell tre; unclear: teledu ffurflen

Exercise 6

little church, big window, new television, black lorry, fine weather,
narrow road, primary school, official form, local shop, white horse,
important man, green room, public path, quiet town, black bird

Exercise 7

1 Ydy'r bwyd yn barod? 2 Dan ni i gyd yn gynnar 3 Mae Simon a
Louisa yn brysur ar hyn o bryd 4 Mae'r tywydd yn braf heddiw
5 Wyt ti'n oer? 6 Mae'r parsel 'ma'n drwm 7 *Mae'ch brawd tu allan*
8 Dyw pethau ddim yn rhad fan hyn 9 Mae Llanafan yn bentre bach
tlws 10 Ydy'r dyn 'na'n gynghorwr?

Lesson 4

Exercise 1

cyllell tad pupur Cymraeg torri punt poeni tramor caws plant pen-
blwydd ceiniog The radical words all begin with chw–.

Exercise 2

(a) mhapur (b) nghyllell (c) mara (d) nheipiadur (e) mws (f) mys (g) nhegell (h) ngwydr (i) nghath (j) nghorff (k) nghyfrifiadur (l) nhŷ (m) ngeiriadur (n) nghrys (o) misgedi (p) mrws dannedd (q) nghinio (r) *chwaer* (s) nhocyn tymor (t) mhlant

Exercise 3

o Lanilar, yn Llanilar; o Ystalyfera, yn Ystalyfera; o Ddinas Mawddwy, yn Ninas Mawddwy; o Dalybont, yn Nhalybont; o'r Rhyl, yn y Rhyl; o Fachynlleth, ym Machynlleth; o Aberteifi, yn Aberteifi; o Benybont-ar-Ogwr, ym Mhenybont-ar-Ogwr; o Gaerfyrddin, yng Nghaerfyrddin

Exercise 4

1 prifddinas Canada 2 drws y stafell wely 3 diwedd y mis 4 dechrau'r wythnos 5 dechrau'r tymor rygbi 6 llofnod y rheolwr 7 car y teulu 8 tocyn tymor mrawd 9 geiriadur Cymraeg Mr Jenkins 10 dyfodol yr iaith

Exercise 5

1 Wi'n byw yn Ne Cymru 2 Dw i'n byw yng Ngogledd Cymru 3 Dw i'n dod o Ogledd Lloegr 4 Maen nhw'n dod o Orllewin Lloegr 5 Dan ni'n dod o Ogledd yr Alban 6 Mae bwthyn 'da nhw yng Ngorllewin Iwerddon 7 Mae hi'n byw yng Nghanolbarth Lloegr 8 Mae ei theulu'n dod o Ganolbarth Cymru

Exercise 6

di ddiffodd (viii) ddarllen (iv) alla dalu (v) allwch drefnu bwyd (i) ti fwydo (vii) no changes necessary (ii) brynu (vi) allech roi (iii)

Exercise 7

1 Allech chi fynd â'r rheiny 'da chi? Gallwn 2 Alli di eistedd yng nghefn y car? Galla 3 Allet ti helpu fi gyda ngwaith cartre? Gallwn 4 Alli di weld copa'r Wyddfa? Galla 5 Alla i'ch helpu chi? Gallwch 6 Nei di roi'r llythyr 'ma yn y post? Gwna 7 Allet ti danlinellu'r gwallau? Gallwn 8 Newch chi siarad Cymraeg â fi? Gwna

Lesson 5

Exercise 3

gorsaf–tocyn dwyffordd; swyddfa bost–stampiau; sinema–hufen iâ; siop lyfrau–geiriadur Cymraeg; ysgol–bwrdd du; banc–llyfr siec; siop felysion–siocled; siop flodau–cenhinen Bedr; canolfan hamdden–raced sboncen

Exercise 4

1 Lle mae'r orsaf? Draw fan'na mae hi 2 Lle mae'r banc agosa? Fan hyn ar y chwith mae e 3 Lle mae'r llyfrgell? Lawr y ffordd mae hi 4 Lle mae'r siop flodau? Gyferbyn y banc mae hi

Exercise 5

Rhodri has to put the boxes down over there. Siân has to hold the door open.

Exercise 6

1 Allech chi agor y ffenest 'ma i mi? 2 Newch chi sgrifennu'ch cyfeiriad i lawr i mi? 3 Allwch chi ddweud wrtha i lle mae'r safle bysiau? 4 Newch chi siarad Cymraeg â fi heddiw? 5 Newch chi brynu'r tocynnau? 6 Allech chi gau'r drws?

Exercise 7

(y)sgrifennwch! arhoswch! rhedwch! brysiwch! dewch yn ôl! dangoswch! pleidleisiwch! rhowch! *or* rhoddwch! dysgwch! siaradwch!

Exercise 8

1 look for the yellow boxes in the schedule 2 watch the programmes and answer the questions 3 phone the number with the answer 4 yes 5 holiday worth up to £2,000 6 Christmas 7 mini-TVs, video-cassettes, S4C T-shirts 8 midnight

Exercise 9

1 Peidiwch chwarae gyda'r gath 2 Paid gweiddi fel 'ny 3 Paid taflu llestri 4 Peidiwch gwneud gormod o sŵn 5 Paid eistedd fan'na 6 Paid edrych ar yr hamster fel 'ny 7 Peidiwch symud 8 Peidiwch symud

Exercise 10

ar goll, o leia, llwyd, ta beth, rhwng, peidiwch poeni, nesa, o gwbwl, ddwywaith, meddwl

Exercise 11

1 A – Dyw Susan ddim ar y ffordd iawn 2 A – Dyw Rhodfa'r Gogledd ddim yn bell 3 A – Rhwng y siop lyfrau a'r banc mae hi 4 A – Mae'r twrist yn hollol ar goll

Exercise 12

(a) nai (b) ferch-yng-nghyfraith (c) ferch (d) dad-yng-nghyfraith (e) dad-cu/daid (f) gefnder (g) frawd (h) wyres (i) fam-yng-nghyfraith (j) fodryb (k) fab (l) chwaer-yng-nghyfraith

Lesson 6

Exercise 2

1 Ga i hanner pwys o de? 2 Ga i chwe p(h)wys o datws? 3 Ga i ddau lyfryn o stampiau? 4 Ga i dri tun o ffa pob? 5 Ga i hanner dwsin o afalau? 6 Ga i dair potel o laeth?

Exercise 3

1 Ga i dri pwys o gaws? 2 *Oes wyau 'da chi bore 'ma?* 3 Rhowch ddau becyn o greision caws a nionyn i mi os gwelwch yn dda 4 Does dim tatws 'da ni ar hyn o bryd 5 Alla i gael dau bwys o sgewyll? 6 Mae rhagor o foron ar waelod y bocs 'na

Exercise 4

(c) Gawn ni bwys o datws; (d) gawn ni becyn o greision; (e) ga i becyn o greision; (f) ga i ddau becyn o greision; (g) ga i dorth wen;

(h) gawn ni dorth wen; (i) gawn ni ddwy dorth wen; (j) gawn ni
dorth wen; (k) ga i dorth wen; (l) ga i ddwsin o wyau; (m) ga i ddau
ddwsin o wyau; (n) ga i hanner dwsin o wyau; (o) faint ydy/yw
hanner dwsin o wyau?; (p) faint ydy/yw'r selsig cig moch?

Exercise 5

1 naw punt a pedwardeg saith ceiniog 2 punt a chwedeg ceiniog 3
saithdeg pum ceiniog 4 deg punt ac wythdeg ceiniog 5 tair punt a
pymtheg ceiniog 6 dwy bunt a nawdeg naw ceiniog 7 chwe phunt a
dauddeg dwy geiniog 8 saith punt a trideg wyth ceiniog 9 tair punt a
nawdeg pum ceiniog 10 pum punt a saithdeg pum ceiniog

Exercise 6

Ga i dalu'r siec 'ma i mewn? *Cewch. Oes credyd talu i mewn 'da chi?*
Oes. Allech chi lenwi fe i mi? *Gallwn. 'Na chi.* Diolch. Oes eisiau i
mi wneud unrhywbeth arall? *Oes – newch chi lofnodi fe?* Gwna. Lle
dach chi eisiau i mi lofnodi? *Fan hyn ar y gwaelod.* 'Na ni, 'te. Hwyl.
Hwyl fawr.

Exercise 7

(a) yn (b) mewn (c) yn (d) mewn (e) yn (f) yn (g) yn (h) mewn
(i) yn (j) yn (k) mewn (l) yn (m) yn (n) yn (o) yn (p) mewn (q) yn
(r) mewn (s) yn (t) mewn (u) mewn

Lesson 7

Exercise 1

1 C 2 A – Mae pobol yn bwyta sgoldion yn Abergwaun 3 A – Does
neb yn siarad Saesneg yn Majorca 4 A – Dyw Nige ddim yn mynd
eto

Exercise 2

1 Oedd Aled a Julie yn rhannu fflat 2 O'ch chi'n gwylio'r teledu?
3 O'n ni ddim yn moyn talu gormod 4 O't ti'n bwriadu dod 'da ni?
5 Oedd mrawd ddim yma 6 Oedd y dosbarthiadau Cymraeg yn
anodd?

Exercise 3

1 Roedd Aled a Julie yn rhannu fflat 2 Oeddech chi'n gwylio'r tele-du? 3 Doedden ni ddim yn moyn talu gormod 4 Oeddet ti'n bwriadu dod 'da ni? 5 Doedd mrawd ddim yma 6 Oedd y dosbarthiadau Cymraeg yn anodd?

Exercise 4

1 Fydd Fred yn y dosbarth heno? 2 Fyddwch chi'n gweithio dros yr Ha? 3 Byddan nhw eisiau gweld y manylion gynta 4 Fydda i ddim yn dod i'r parti 5 Byddwn ni'n gwerthu'r tŷ 6 Fyddi di'n barod?

Exercise 5

1 Fe/Mi fydda . . . 2 Fe/Mi fydd . . . 3 – 4 – 5 Fe/Mi fyddan . . . 6 Fe/Mi fydd . . .

Exercise 6

1 first forecast 2 fourth forecast 3 third forecast

Exercise 7

a – ii; b – iii; c – i

Exercise 8

1 very wet 2 till the end of the week 3 wet 4 in a tent 5 pick them up at the station 6 fine

Lesson 8

Exercise 1

1 'da 2 arnat 3 ar 4 arnyn 5 'da 6 arnoch

Exercise 2

1(e) 2(d) 3(f) 4(a) 5(c) 6(b)

Exercise 3

1 Ddylen ni aros fan hyn am funud neu ddau? 2 Oes rhaid i ti/chi gwyno trwy'r amser? 3 Rhaid i mi beidio anghofio magiau 4 Dylai Ieuan a Sioned gyfnewid swyddi 5 Ddylet ti (/Ddylech chi) ddim ffwdanu gymaint 6 Does dim rhaid atgoffa fi

Exercise 4

1 A – Dyw Siwan ddim yn gwybod eto 2 A – Doedd Emyr ddim ar y teledu neithiwr 3 A – Mae'r ddau docyn yn rhad ac am ddim 4 A – Bydd Emyr yn galw am Siwan am hanner awr wedi saith

Exercise 5

a2 b3 c4 d1

Exercise 6

1d 2c 3a 4e 5f 6b

Exercise 7

1 g, 11.30; 2 d, about 12.00; 3 c, 10.00; 4 f, by 6.00; 5 b, between 7.15 and 7.30; 6 a, 7.00; 7 e, 12.45

Exercise 8

1 Pwy *sy*'n gyrru'r lori 'na? 2 Pwy *sy* fan'na? 3 *correct* 4 *correct* 5 Pwy *yw (ydy)*'ch brawd? 6 *correct*

Lesson 9

Exercise 2

Gest ti amser da ar dy wyliau? *Do, oedden ni'n lwcus iawn gyda'r tywydd.* Wariest ti lawer o arian? *Naddo, ond fe ddes i â hwn yn ôl i ti.* 'Na garedig. Beth yw e? *Anrheg o Faes Awyr Caerdydd.*

Exercise 3

1 A 2 C 3 C 4 A 5 A 6 A

Exercise 4

1 Gaeth Peter sanau i Nadolig 2 Ymweles i â'r teulu 3 Ddefnyddioch chi'r llyfr 'na? 4 Ynganest ti hynny'n anghywir 5 Agorodd John a Sally y siop bore 'ma? 6 Ddysgon ni lawer o'r llyfr 'ma

Exercise 5

1 Ddarllenes i lyfr wrth i'r plant wneud eu gwaith cartre 2 Gyrhaeddon ni adre cyn iddi dywyllu 3 Ddiffoddes i'r teledu cyn i'r rhaglen orffen 4 Gerddodd e allan cyn i mi gael cyfle i esbonio 5 Doedd dim Cymraeg 'da ni cyn inni ddod i Gymru 6 Oedd yr ardd yn edrych yn well ar ôl inni blannu'r blodau

Exercise 6

1 ddim 2 mo 3 mo 4 mo 5 ddim 6 mo

Exercise 7

1 every day Mon–Fri 2 11.00 in the morning 3 first episode

Exercise 8

1 school-leavers and adults 2 new full-time students

Lesson 10

Exercise 1

1 A 2 C 3 C 4 A 5 A 6 A

Exercise 2

1 Allech chi helpu fi? 2 Dylen ni roi gwybod i'r awdurdodau 3 Gallet ti fod yn iawn 4 Ddylen ni drafod hyn gyda fe? 5 Gallwn i drwsio hwnnw i ti os (wyt) ti eisiau 6 Gallen ni ddod yn ôl ar adeg fwy cyfleus

Exercise 3

y siopau eraill; llyfrau eraill; gair arall; y geiriau eraill; y cyllyll eraill; ei sgidiau eraill; sianel arall; y merched eraill; y tŷ arall; rhaglenni eraill; y sianeli eraill; eich coes arall; athrawon eraill; athrawesau eraill

Exercise 5

1 welan 2 flodeuith (/blodeuith) 3 dali (/thali) 4 dynnith 5 dreuliwn 6 gysylltwch (/chysylltwch)

Exercise 6

Dw i ddim eisiau gweld ti mwyach. *Beth wyt ti'n feddwl?* Dw i'n mynd allan gyda Huw. *Mi bwnia i fe.*

Exercise 7

1 All 2 Galla 3 Alla 4 Allwn 5 Gall 6 Allwch

Exercise 8

Fe *ddo* i draw am bedwar. Os na *fydd* neb o gwmpas, *a* i adre a *ffonio* Ron. Os na *atebith* Ron, *bydd* rhaid i mi *aros* tan heno. Ond os *dewch* chi adre erbyn chwech, *ffoniwch* fi; wedyn fe *allwn* ni *drefnu* popeth, ac os *cawn* ni unrhyw broblemau, fe *ddaw* mrawd i'n *helpu* ni.

Exercise 9

1 playing Father Christmas 2 Wyn and the children 3 tomorrow 4 food

Exercise 10

1 Mae nhad yn bumdeg saith oed 2 Ces i ngeni ym mil naw pedwar wyth 3 Cafodd hi ei geni ym mil naw saith chwech 4 Mae e'n saith oed 5 Cafon (/Cawson/Caethon) nhw eu geni ym mil naw wyth wyth 6 Mae hi'n ugain oed

Lesson 11

Exercise 1

1 *Dw i'n meddwl* . . . mod i'n mynd i chwydu 2 . . . bod nhw yn erbyn y syniad 3 . . . bod ni angen mwy o amser 4 bod chi wedi nghamddeall i 5 . . . bod hi'n bwrw eira 6 . . . fod e'n aros tu allan

Exercise 2

1 *Dw i ddim yn siwr* . . . fod hynny'n iawn 2 . . . bod chi i fod i wneud hynny 3 . . . (y) byddwn ni mewn pryd 4 . . . (y) dylset ti ddeud wrtho 5 . . . fod/bod digon o fwyd ar ôl 6 . . . mod i'n gallu dod o hyd iddyn nhw nawr

Exercise 3

1 *Dw i'n siwr* . . . fod hynny ddim yn iawn 2 . . . bod chi ddim i fod i wneud hynny 3 . . . na fyddwn ni (ddim) mewn pryd 4 . . . na ddylset ti ddim deud (*or* . . . na ddylset ti ddeud) wrtho 5 . . . fod dim digon o fwyd ar ôl 6 . . . mod i ddim yn gallu dod o hyd iddyn nhw nawr

Exercise 4

1 bod, yn 2 bod, ddim 3 dy, fod 4 na, 'da 5 i, mod 6 na, hi

Exercise 5

1 Rhaid cyfadde bod chi'n iawn 2 Mae'n amlwg fod ti ddim yn deall 3 Glywest ti fod y siop leol yn mynd i gau? 4 Gobeithio na fyddan nhw'n grac 5 Dw i'n credu y dylen ni fynd nawr 6 Dw i'n eitha siwr fod peth caws ar ôl

Exercise 6

1 . . . achos fod nghoes yn rhoi dolur 2 . . . achos mod i'n gorfod trwsio'r peiriant golchi llestri 3 . . . achos fod y lle'n llanast 4 . . . achos bod/fod rhaid i mi ymarfer Nghymraeg 5 . . . achos fod Cymru ar fin sgorio 6 . . . achos fod ti'n feddw gaib yn barod

Exercise 7

1 Fydda i ddim yn mynd (*or* A i ddim) onibai fod ti'n addo dod 'da fi 2 Gad inni gadw'n dawel nes bod rhywun yn gofyn 3 Edrych(wch) yn yr oergell am y caws tra mod i'n torri'r bara 4 Mae e'n gallu deall Cymraeg, er fod e ddim yn siarad yn rhugl 5 Rodda i (*or* Bydda i'n rhoi) hwn yn y cwpwrdd rhag ofn bod rhywun yn galw 6 Allwch chi ddim dod i mewn onibai bod tocyn 'da chi

Exercise 8

1 correct 2 Mae banana'n ddrutach na chaws 3 correct 4 correct 5 Jam ydy'r rhata ohonyn nhw i gyd 6 Mae selsig-a-marmalêd yn ddrutach na chaws *a* banana

Exercise 9

Alli di siarad yn arafach? *Dw i'n siarad yn araf yn barod.* Wel, ti ddim yn siarad yn ddigon araf i mi. *Na i drio arafu, 'te.*

Exercise 10

1 mor, on'd 2 'n, na 3 fwy, nag 4 ydy, fwya 5 mor, ag 6 yr, un, mor, â

Exercise 11

1 Dw i 'n eitha siwr fod y tŷ 'ma ar werth 2 Mae'n amlwg fod ti ddim yn gwybod y ffeithiau 3 Dw i'n clywed fod Ceri'n sgrifennu llyfr am y Gymraeg 4 Ond o'n i'n meddwl mai cynllunydd tre oedd e 5 Efallai fod e'n dysgu Cymraeg fel hobi 6 Gobeithio fod e'n gwybod beth mae'n wneud

Lesson 12

Exercise 1

1c 2a 3f 4b 5d 6e

Exercise 2

1 Wyt ti wedi gweld Delyth? 2 Ydy'r post wedi mynd eto? 3 Dych chi wedi anghofio llofnodi (*or* arwyddo) 'r siec 4 Mae 'n allweddi

wedi diflannu eto! 5 Mae Ronnie a Fifi wedi mynd i Ogledd Cymru am bythefnos 6 Ydyn nhw wedi mynd â'u pasbortau ('da nhw)?

Exercise 3

1 c (wedi) 2e (wedi) 3d 4f (yn) 5b (wedi) 6a

Exercise 4

1 Wyt ti wedi bod yn tynnu lluniau ar y waliau eto? 2 Mae'r ddau ddyn 'ma wedi bod yn aros amdanoch chi ers dau o'r gloch 3 Dw i wedi bod allan o'r swyddfa trwy'r dydd 4 Gobeithio bod chi i gyd wedi bod yn ymarfer eich Cymraeg 5 Maen nhw wedi bod yn addo dod draw ers Nadolig 6 Dw i'n clywed bod eich brawd wedi bod yn gweithio yng Nghaerdydd ers amser bellach

Exercise 5

1 C 2 C 3 A 4 A 5 A 6 A

Exercise 6

1 fod, herbyn 2 yw, flaen 3 mod, erbyn 4 ei, le 5 â, gyfer 6 blaen, ar

Exercise 7

1 Mae Ioan a Iona heb ffonio yn ôl 2 Dych chi heb brynu'r tocynnau, 'te? 3 O'n i heb feddwl am hynny ar y pryd 4 Mae'r llywodraeth heb gyhoeddi'r ffigurau 5 Mae'r bws heb ddod 6 Dw i heb ddeall yr un gair

Exercise 8

1 *Yn anffodus* . . . dw i'n dal i olchi'r llestri 2 . . . dw i'n dal i dacluso stafell y plant 3 . . . dw i ('n) dal (i fod) yn brysur gyda'r cyfrifon 4 . . . dw i'n dal i geisio cysylltu â Jeremy Beadle 5 . . . dw i ('n) dal (i fod) yn y gwely 6 . . . dw i'n dal i drwsio'r recordydd fideo

Exercise 9

1 A 2 C 3 C 4 C 5 C 6 A

Exercise 10

1 Christmas 2 children 3 two 4 Mondays and Thursdays 5 use the
keep fit room 6 disco rollerskating on Wednesdays

Exercise 11

1d 2e 3a 4c 5f 6b

Lesson 13

Exercise 1

1 Gaeth y car ei olchi gan y plant 2 Gaeth ffenest y gegin ei thorri
gan y lleidr 3 Gaeth y cyfarfod ei ohirio gan y cadeirydd 4 Bydd y
ffigurau'n cael eu cyhoeddi gan y trysorydd nes ymlaen 5 Bydd
y gân 'ma'n cael ei chanu gan Eleri yfory 6 Mae'r bwyd yn cael ei
baratoi gan Rhodri ar hyn o bryd

Exercise 2

1 Mae'r parsel 'ma wedi'i lapio'n wael 2 Mae tri llythyr heb eu
dosbarthu 'da fi fan hyn 3 Mae to'r garej wedi'i drwsio nawr/bellach
4 Mae'r bil 'ma'n dal (i fod) heb ei dalu 5 Well gen i (*or* 'da fi)
ddarllen llyfr wedi'i anelu at Gymry Cymraeg 6 Mae'r gwallau i gyd
wedi'u tanlinellu

Exercise 3

1 A 2 A 3 C 4 A 5 A 6 C

Exercise 4

1 Dyma'r bobol sy wedi dod i'ch gweld chi 2 Dyma'r ddynes sy'n
gofalu am y plant bob Nos Wener 3 Dyma'r fath beth sy'n tueddu
digwydd 4 Dyma'r anifail sy'n sâl 5 Dyma'r car sy wedi torri i lawr
6 Dyma'r teulu sy wedi prynu'r tŷ drws nesa

Exercise 5

1 Mae llyfrgell newydd wedi cael ei hagor yn y dre 2 Dych chi ar ben
eich hun fan hyn? 3 Mae popeth wedi'i drefnu yn barod 4 Wi'n

moyn gwneud y gwaith 'ma 'n hunan 5 Mae'r ddau docyn 'ma yn dal heb eu gwerthu 6 Ydy'ch teledu chi wedi'i drwsio 'to?

Exercise 6

1 Dan ni am weld y dogfenni i gyd cyn penderfynu 2 O'n i'n moyn gwneud yn siwr fod pawb yma 3 Dych chi am gasglu'r papurau ar y ffordd adre? 4 Maen nhw eisiau datblygu eu sgiliau cyfathrebu 5 Bydd Islwyn am gyfweld â'r ymgeiswyr yn fuan 6 Dw i am ddileu 'n enw i o'r rhestr

Exercise 7

ysgafn-trwm; du-gwyn; poeth-oer; hapus-trist; tlawd-cyfoethog; cryf-gwan; newydd-hen; *crwn-petryal*; peryglus-diogel; golygus-hyll; diflas-diddorol; caredig-cas; da-drwg; syml-cymhleth; anodd-hawdd.

Lesson 14

Exercise 1

1 Byddwn i'n derbyn . . . 2 Fyddech chi'n fodlon . . .? 3 Bydden nhw'n gwadu . . . 4 Fyddai Gwen yn dod . . .? 5 Fydden ni ddim yn sôn . . . 6 Fyddai rhaid i chi . . .?

Exercise 2

1 'Swn i'n derbyn . . . 2 'Sech chi'n fodlon . . .? 3 'Sen nhw'n gwadu . . . 4 'Sai Gwen yn dod . . .? 5 'Sen ni ddim yn sôn . . . 6 'Sai rhaid i chi . . .?

Exercise 3

1 Pe byddai amser 'da ni, byddech chi'n cael chwarae ar y siglenni 2 Pe bydden nhw'n cwyno, bydden ni'n gorfod meddwl am rywbeth arall 3 Pe byddai'r car yn torri lawr, byddai rhaid i mi gerdded 4 Pe byddwn i'n gweld e, byddwn i'n rhoi gwybod i ti 5 Pe byddai pethau'n mynd yn chwith, bydden ni'n gallu (*or* gallen ni) ailddechrau 6 Pe byddai hynny'n digwydd, byddai'r teulu i gyd yn siomedig

Exercise 4

1 Os byddi di'n ymaelodi â'r clwb sboncen, bydda i'n gallu chwarae yn d'erbyn di 2 Os bydd ei phlant hithau'n perfformio heno, bydd ein plant ninnau'n perfformio hefyd 3 Os byddan nhw'n mynd i'r Eidal, byddwn ni'n mynd i Ffrainc 4 Os byddwn ni'n gallu, byddwn ni'n dod 5 Os byddwch chi'n cael trafferth, byddwn ni'n helpu 6 Os bydd Ad a Vic ar gael, bydda i'n gofyn iddyn nhw

Exercise 6

1 Wedodd Mrs Williams y byddai hi'n mynd i'r dre 2 Wedodd Iestyn y byddai'r siop ar gau 3 Wedodd Meleri y byddai'r ddau ohonon ni'n hwyr 4 Wedodd Rhys y bydden nhw wedi mynd yn barod 5 Wedodd Aled na fyddai bwyd ar ôl 6 Wedodd Gwenith na fyddai hi'n gwneud ei gwaith cartre

Exercise 7

1 gyda'n gilydd 2 efo'ch gilydd 3 efo'n gilydd 4 gyda'i gilydd 5 gyda'ch gilydd 6 efo'i gilydd

Exercise 8

1 Ddaru mi ofyn iddi hi . . . 2 Ddaru o golli ei swydd . . . 3 Naethon nhw aros yma . . . 4 Pwy ddaru dynnu'r llun 'ma? 5 Faint naethoch chi archebu? 6 Nes i ofalu am y plant

Exercise 9

1 Mae'n ymddangos bod ni'n mynd i fod yn hwyr 2 Efallai y dylech chi ymddiheuro 3 Mae'n debyg bod nhw'n dal i fod yn aros amdani 4 Efallai bod hi'n rhy hwyr 5 Mae'n debyg y bydd y gwaith papur 'da chi yfory 6 Mae'n ymddangos fod dim caws ar ôl yn yr oergell

Exercise 10

1 Erioed 2 Byth 3 Byth 4 Erioed 5 Erioed 6 Byth 7 Byth 8 Byth

Lesson 15

Exercise 1

1 Bydd yr ail gêm yn cael ei threfnu ar gyfer y pumed o fis Tachwedd 2 Cafodd dros ugain o gerbydau eu stopio ar y ffordd i'r Bala 3 Cafodd ymgyrch newydd dros hawliau dynol ei lansio yn Llundain ddoe 4 Bydd y llyfrgell newydd yn cael ei hagor yn swyddogol gan y Dywysoges yfory 5 Bydd lluniau o'r digwyddiad yn cael eu tynnu gan ein ffotograffydd 6 Cafodd yr adeilad ei chwalu'n gyfangwbwl gan y taflegryn

Exercise 2

efallai taw yn y gegin maen nhw; Fi agorodd y drws; fi oedd yn gorfod nôl gweddill y pethau o'r car; ti oedd yn gofalu am yr allweddi; ti sy'n coginio heno.

Exercise 3

1 Nhw wedodd hynny 2 Gartre bydda i trwy'r dydd 3 Buzz ac Amanda sy'n byw fan hyn 4 Alun, Lilian ac Osian sy wedi danfon y cerdyn 'ma 5 Ni fydd yn rhedeg y stondin planhigion eleni 6 Ti dalodd y bil

Exercise 4

1 C 2 A 3 A 4 A 5 C 6 A

Exercise 5

Nei di olchi'r llestri i mi? *Ond fi olchodd nhw neithiwr!* Wel, gelli di olchi nhw heno hefyd. *Mae pen tost 'da fi.*

Exercise 6

1 Beth mae e'n wybod am wleidyddiaeth? 2 O't ti'n gwybod fod Siân am fod yn athrawes? 3 Dw i wedi cael llond bol o'r sothach 'ma, timod 4 Dw i'n gwybod am rywun allai helpu chi 5 O'n nhw ddim yn gwybod dim byd amdani 6 Oedd e'n gwybod yn union beth oedd angen

Exercise 7

1 C 2 C 3 A 4 C 5 A 6 A

Exercise 8

1 Dw i ddim yn gwybod fyddan nhw'n barod eto 2 Awn ni i weld
ydy'r swyddfa docynnau ar agor nawr 3 Dw i eisiau gwybod allwch
chi weld (*or* ydych chi'n gallu gweld) yr arwydd draw fan'na 4 Alla
i ddim dweud yn bendant fydd Aled yn llwyddo neu beidio (*or*
... yn bendant lwyddith Aled neu beidio) 5 Dw i ddim yn siwr ydy'r
tymor wedi dechrau 'to 6 Bydd rhaid inni ddarganfod ydych chi (*or*
wyt ti) 'n dweud y gwir, on' bydd?

Exercise 9

1 Rhaid bod chi o'ch co! 2 Rhaid fod e gartre erbyn hyn 3 Rhaid
inni drefnu i fynd allan gyda'n gilydd rywbryd 4 Rhaid i mi ffonio'n
rhieni erbyn wyth 5 Rhaid bod nhw wedi mynd allan yn barod
6 Rhaid inni brynu rhywbeth i'r plant tra bod ni yma

Exercise 10

Annwyl Mr Williams. Diolch am eich llythyr. Dw i'n meddwl y
dylen ni gwrdd i drafod y mater. Allech chi ddod i'n swyddfa i?
Byddai 10 o'r gloch ddydd Gwener yn gyfleus i mi. Rhowch wybod
i mi os na allwch chi ddod. Dw i'n edrych ymlaen at weld chi. Yr
eiddoch yn gywir.

Ready-reference grammar

Word-order

The order of *main constituents* of the normal sentence in Welsh is:

    verb first, then
    subject of the sentence, and then
    object of the sentence, or other remaining elements.

The only real exception to this arrangement is a *focused* sentence, where a particular element is highlighted for attention by being placed first; this includes *identification* sentences.

Gender

There are two genders in Welsh – masculine and feminine. Feminine *singular* nouns undergo Soft Mutation after the definite article; adjectives undergo Soft Mutation when used after feminine singular nouns.

Definite article

The definite article ('the') has different forms:

    y   used before consonants
    yr used before vowels and **h–**
    'r   used after vowels

The third option **'r** has priority where more than one criterion is fulfilled at the same time: **yr ardd** *the garden* but **i'r ardd** *to the garden*; **y siop** *the shop*, but **i'r siop** *to the shop*.

    Gender of the noun does not affect the form of the definite article. There is no indefinite article ('a', 'an') in Welsh.

Adjectives

Adjectives undergo Soft Mutation when used with a feminine singular noun. A few common adjectives have different forms for masculine and feminine nouns, e.g. **gwyn/gwen** *white*, **trwm/trom** *heavy*. A very few adjectives have special forms for use with plural nouns – **arall/eraill**, **ifanc/ifainc**.
Comparison of adjectives ('. . . er', '. . . est'; 'more . . .', 'most . . .') is done in one of two ways:

shorter adjectives add **–ach** and **–a(f)**: **cyflym** *fast*, **cyflymach** *faster*, **cyflyma** *fastest*.
longer adjectives use **mwy** *more* and **mwya** *most*: **gwerthfawr** *valuable*, **mwy gwerthfawr** *more valuable*, **mwya gwerthfawr** *most valuable*.

'As . . . as . . .' is done with **mor°** . . . **â** (**ag** before vowels) . . . in the spoken language: **mor werthfawr ag aur** *as valuable as gold*.
Adjectives *follow* the noun they describe, with a very few exceptions such as **hen** *old*. Where an adjective does precede a noun, the noun undergoes Soft Mutation: **hen ddyn** *an old man*.

Pronouns

In Welsh, there is no distinction between subject and object pronouns:

sing.	1	**i, fi, mi**	I, me
	2	**ti, di**	you
	3m	**e, fe**	
		o, fo (N)	he, him
	f	**hi**	she, her
pl.	1	**ni**	we, us
	2	**chi**	you
	3	**nhw**	they, them

There is no pronoun corresponding to 'it' in Welsh; **hi** is used for 'abstract' meanings (as in 'it is raining'), while concrete objects go with their grammatical gender.
The different uses for the variants in the singular pronouns are explained in detail in *Modern Welsh: A Comprehensive Grammar* (King: Routledge).

There is a set of extended pronouns used for emphasis and contrast:

sing. 1   **innau, finnau, minnau**
     2   **tithau, dithau**
     3m   **yntau, fintau; fothau** (N)
     f   **hithau**
pl.   1   **ninnau**
     2   **chithau**
     3   **nhwthau**

Verbs

The verb bod 'to be' is used not only as a verb in its own right, but also as an auxiliary in conjunction with the base-form of other verbs (the verb-noun – VN).

Affirmative (statement) colloquial forms are as follows (some regional variants omitted):

	present	*imperfect*	*future*
sing. 1	**dw i** I am	**o'n i** I was	**bydda i** I will be
2	**(wyt) ti** you are	**o't ti** you were	**byddi di** you will be
3	**mae e/hi** he/ she is	**oedd e/hi** he/ she was	**bydd e/hi** he/ she will be
pl. 1	**dyn ni** we are	**o'n ni** we were	**byddwn ni** we will be
2	**dych chi** you are	**o'ch chi** you were	**byddwch chi** you will be
3	**maen nhw** they are	**o'n nhw** they were	**byddan nhw** they will be

	preterite	*conditional*
sing. 1	**bues i** (see Lesson 9)	**byddwn i** or **baswn i** I would be
2	**buest ti**	**byddet ti** or **baset ti** you would be
3	**buodd e/hi**	**byddai fe/hi** or **basai fe/hi** he/ she would be
pl. 1	**buon ni**	**bydden ni** or **basen ni** we would be
2	**buoch chi**	**byddech chi** or **basech chi** you would be
3	**buon nhw**	**bydden nhw** or **basen nhw** they would be

The present and imperfect tenses of **bod** have special question and negative forms which need to be learnt – see Lessons 2 and 7. Future, preterite and conditional, as well as all other verbs used with endings in Colloquial Welsh, use SM to make questions (e.g. **Fydda i? Will I be?**) and add **ddim** after the pronoun (or other subject) to make the negative (**Fydda i ddim** *I won't be*). An optional affirmative particle **fe°** or **mi°** can be placed in front of statement forms only: **Fe fydda i** *I will be*.

Verbs can be used with *endings* (preterite and future tenses; also command forms), or in conjunction with **bod**. Endings are added to the *stem* of the verb, which may or may not be the same as the VN:

		preterite	*future*
sing.	1	–es i	–a i
	2	–est ti	–i di
	3	–odd e/hi	–ith e/hi
pl.	1	–on ni	–wn ni
	2	–och chi	–wch chi
	3	–on nhw	–an nhw

So, for example, from **aros** (stem **arhos–**) *wait*: **arhoses i** *I waited*, **arhosa i** *I will wait*.

Other tenses, including an alternative future, use the simple VN in conjunction with **bod**, and joined to it by a link-word **yn** (ongoing action) or **wedi** (completed action). 1st person sing. examples with **aros**:

dw i'n aros	I am waiting *or* I wait
dw i wedi aros	I have waited
o'n i'n aros	I was waiting
o'n i wedi aros	I had waited
bydda i'n aros	I will wait or I will be waiting
bydda i wedi aros	I will have waited
byddwn/baswn i'n aros	I would wait
byddwn/baswn i wedi aros	I would have waited

Four verbs – **mynd** *go*, **dod** *come*, **gwneud** *do, make* and **cael** *get* – are irregular in the endings-tenses (some regional variants omitted):

preterite

		'went'	'came'	'did'	'got'
sing.	1	**es i**	**des i**	**nes i**	**ces i**
	2	**est ti**	**dest ti**	**nest ti**	**cest ti**
	3	**aeth e/hi**	**daeth e/hi**	**naeth e/hi**	**caeth e/hi**
pl.	1	**aethon ni**	**daethon ni**	**naethon ni**	**caethon ni**
	2	**aethoch chi**	**daethoch chi**	**naethoch chi**	**caethoch chi**
	3	**aethon nhw**	**daethon nhw**	**naethon nhw**	**caethon nhw**

future

		'will go'	'will come'	'will do'	'will get'
sing.	1	**a i**	**do i**	**na i**	**ca i**
	2	**ei di**	**doi di**	**nei di**	**cei di**
	3	**eith e/hi**	**daw e/hi**	**neith e/hi**	**ceith e/hi**
pl.	1	**awn ni**	**down ni**	**nawn ni**	**cawn ni**
	2	**ewch chi**	**dewch chi**	**newch chi**	**cewch chi**
	3	**ân nhw**	**dôn nhw**	**nân nhw**	**cân nhw**

Adverbs

Adverbs of manner are formed from adjectives by **yn°**: **araf** *slow*, **yn araf** *slowly*; **tawel** *quiet*, **yn dawel** *quietly*.

Prepositions

Most cause SM of the following word. When used with pronouns, most take verb-like endings, sometimes with an extra element inserted. In Colloquial Welsh these endings are:

sing.	1	**–a i**
	2	**–at ti**
	3m	**–o fe**
	f	**–i hi**
pl.	1	**–on ni**
	2	**–och chi**
	3	**–yn nhw**

Mutations

The effects of the various mutations are laid out in Lessons 3 and 4. The main *circumstances* for them are as follows:

Soft Mutation:

1 After the actual or notional *subject* of the sentence;
2 After a feminine singular noun or after the feminine singular definite article;
3 After most simple (monosyllabic) prepositions;
4 After the following miscellaneous words:

dau° *two* (m)
dwy° *two* (f)
dyma° *here is* . . .
dyna° *there is* . . .
dacw° *there is* . . . (*yonder*)
dy° *your* (sing.)
ei° *his*
fe° affirmative marker
go° *fairly, quite* (+ adj)
mi° affirmative marker
mor° *so* (+ adj) (not **ll–** or **rh–**)
neu° *or*
pa° . . .? *which* . . .?
pwy° . . .? *which* . . .? (S)
pan° *when* (not question)
pur° *very*
rhy° *too*
un° *one* (f)
yn° before nouns and adjectives (not **ll–** or **rh–**)

5 On verbs with endings generally in the colloquial language – e.g. **golles i** *I lost* (alternative for **colles i**);
6 On adverbs of time – e.g. **flwyddyn yn ôl** *a year ago*;
7 On the second of two words joined together in a compound: **prifddinas** *capital city* (**prif** + **dinas**);
8 After prefixes like **af–** *un–*, **di–** *–less*, **gwrth–** *anti–, against*, **ym–** *self* – e.g. **aflwyddiannus** *unsuccessful* (**af** + **llwyddiannus** *successful*), **di-Gymraeg** *non-Welsh-speaking* (**di** + **Cymraeg** *Welsh language*), **gwrthblaid** *opposition party* (**gwrth** + **plaid** *political party*), **gwrthdaro** *collide* (**gwrth** + **taro** *hit*), **ymolchi** *wash* (*oneself*) (**ym** + **golchi** *wash*).

Aspirate Mutation:

1 In some regions, on a negative inflected verb – **chollest ti ddim byd** *you didn't miss anything*. But SM is very common here instead: **gollest ti ddim byd**.
2 After the following miscellaneous words:

a *and*
â *with*
chwe *six*
ei *her*
gyda *with*
tri *three* (m)
tua *towards, about*

In many regions the AM is not consistently applied, especially the mutation **t–** to **th–**.

Nasal Mutation:

1 On nouns to indicate 'my', sometimes preceded by **'y**: (**plant**) **'y mhlant** *my children*;
2 After the *preposition* (not particle) **yn**, meaning 'in': **yn Nolgellau** *in Dolgellau*. This usage is followed only erratically in the colloquial language.

From the above it will be clear that the SM is by far the most frequently occurring of the three mutations. You must master the *effects* of this mutation as quickly as possible, so that you will be able to identify words that you hear. Automatic and unconscious use of the mutations yourself comes only with practice, and is therefore not something you should allow to worry you – just make sure you get the practice, and don't worry about mutation errors on your part. The main object, as with all languages, is to get the message across; the trimmings come later, and will quite often fall into place by themselves, the more Welsh you use in natural conversation.

Welsh–English glossary

Nouns are masculine unless indicated (f); plural forms are given in brackets where appropriate.
Verbs are given in their basic VN form; some unpredictable stems (see Lesson 5) are given in brackets.
The alphabetical order is according to the Welsh alphabet as given on page 1.

Welsh	English
a (ac *before vowels*)	and
a (ag *before vowels*)	with
Abertawe	Swansea
absennol	absent
achos	because
achub	save
adeg (–au) (f)	time, occasion
adeilad (–au)	building
adeiladwr (adeiladwyr)	builder
aderyn (adar)	bird
adnabod	recognise
adre	(to) home
adrodd	report (vb)
addas	suitable
addewid	promise (n)
addo (addaw–)	promise
addysg (f)	education
aelod (–au)	member
aelodaeth (f)	membership
afal (–au)	apple
afon (–ydd) (f)	river
agor	open
agored	open (adj)
agoriad (–au)	key (N)
agosa	nearest
angen	need
anghofio	forget
anghyfforddus	uncomfortable
anghyffredin	unusual
anghywir	wrong, incorrect
ail	second
ail-law	second-hand
ailagor	reopen
ailddechrau	start again
ailfeddwl	think again, have second thoughts
Albanes (–au) (f)	Scot (f)
Albanwr (Albanwyr)	Scot (m)
Almaenes (–au) (f)	German (f)
Almaenwr (Almaenwyr)	German (m)
allan	out

allanfa	exit
(allanfeydd) (f)	
allwedd (-i) (f)	key (S)
am°	(in exchange) for; at (time); want to . . .
am faint?	for how long?
ambell waith	occasionally
ambiwlans (-ys)	ambulance
Americanes (-au) (f)	American (f)
Americanwr (Americanwyr)	American (m)
amgaeëdig	enclosed
amgau (amgae-)	enclose
amgueddfa (amgueddfeydd) (f)	museum
amhosib	impossible
aml	often
amlwg	obvious
amser (-au)	time
amser hamdden	leisure time
amserlen (-ni) (f)	timetable; schedule
anadlu	breathe
anafu	injure
anelu	aim
anferth	huge
anfon	send
anffodus	unfortunate
anhrefnus	disorganised
anhygoel	incredible
annwyd	cold (illness)
annwyl	dear
anrheg (-ion) (f)	present
ansawdd	quality
apwyntiad (-au)	appointment
ar°	on
ar agor	open (adj)
ar ben . . . hun(an)	on . . . own

ar bwys	beside
ar fai	to blame
ar fin	about to (+ VN)
ar frys	in a hurry; urgently
ar gael	available
ar gau	closed
ar goll	lost
ar gyfartal	on average
ar gyfer	for
ar hyd	along
ar hyn o bryd	at the moment
ar ôl	after
ar ran	on behalf of
ar unwaith	at once
(ar y) gweill	in the pipeline; planned
araf	slow
arafu	slow down
arall	other (sing.)
arbennig	special
archebu	order (goods)
archfarchnad (-oedd) (f)	supermarket
ardal (-oedd) (f)	region, area
ardderchog	excellent
arestio	arrest
arfer	used to (*with imperfect*)
argyfwng	crisis; emergency
arhosfa (f)	waiting room
arian	money
aros (arhos-)	stay; wait
arwydd (-ion)	sign (n)
arwyddo	sign (vb)
asiantwyr teithio	travel agents
at°	at; to
atgoffa	remind
athrawes (-au)	teacher (f)
athro (athrawon)	teacher (m)
awn ni	let's go
awyddus	keen, eager

awyr iach	fresh air	**bore**	morning
awyren (–nau) (f)	aeroplane	**braf**	fine
baban (–od)	baby	**braidd**	rather
bach	small	**brawd (brodyr)**	brother
bachgen	boy	**brecwast**	breakfast
(bechgyn)		**brifo**	hurt
bag (–iau)	bag	**bron**	almost
balch	proud; happy	**brown**	brown
banc (–iau)	bank	**brwd**	keen,
bant	away (S)		enthusiastic
bara	bread	**brwnt**	dirty
bargen (bar-	bargain	**brws dannedd**	toothbrush
geinion) (f)		**bryn (–iau)**	hill
becso	worry	**brysio**	hurry
beic (beiciau)	bike	**buan**	soon
bellach	now	**budr**	dirty
beth?	what?	**busnes (–au)**	business
beth bynnag	whatever; all the	**busnesa**	meddle; be nosy
	same	**bwcio**	book (vb)
biau	own (vb)	**bwrdd (byrddau)**	table; board
bil (–iau)	bill	**bwriadol**	deliberate, on
bisged (–i) (f)	biscuit		purpose
ble?	where?	**bwriadu**	intend
blinedig	tired	**bwrw eira**	snow (vb)
blodyn (blodau)	flower	**bwrw glaw**	rain (vb)
blwydd	years old	**bws (bysiau)**	bus
blwyddyn	year	**bwthyn**	cottage
(blynyddoedd,		**(bythynnod)**	
blynyddau) (f)		**bwydo**	feed
blynedd	year (after	**bwyta**	eat
	numbers)	**bychan** (pl.	small
bob amser	every time;	**bychain)**	
	always	**byd**	world
bob dydd	every day	**byr**	short
bob tro	every time;	**bys (–edd)**	finger
	always	**byth**	ever/never (see
bob wythnos	every week		Lesson 14)
bocs (–ys)	box	**byw**	live
bod/fod . . .	that . . . (see	**cacen (–nau)** (f)	cake
	Lesson 11)	**cadair**	chair
bodio	hitch	**(cadeiriau)** (f)	
bodlon	satisfied; willing	**cadw'n heini**	keep fit/active

cae (–au)	field	cerdyn (cardiau)	card
cael (irr.)	get, receive; be allowed	cerdyn siec	cheque-card
		cerdded (cerdd–)	walk
Caerdydd	Cardiff	cerddoriaeth (f)	music
caled	hard	ci (cŵn)	dog
camddeall	misunderstand	cig	meat
camera (camerâu)	camera	cig eidion	beef
		cig moch	pork
caniatâd	permission	cinio	lunch
caniatáu	allow, permit	cloc (–iau)	clock
canlyniad (–au)	result	cloc larwm	alarm clock
canol y dre	town centre	clust (–iau)	ear
canolbarth	central region	clwb (clybiau)	club
canolbwyntio	concentrate	coch	red
canolfan (f)	centre (building)	codi	get up; raise; build
canolfan chwaraeon	sports centre	coed	wood
canolfan hamdden	leisure centre	coeden (coed) (f)	tree
		coes (–au) (f)	leg
canran	percentage	coffi	coffee
canu	sing; (bell) ring	coginio	cook (vb)
carchar	prison	colli	lose
cariad	boy/girlfriend	copa	top, summit
cartre	home	corff (cyrff)	body
caru	love	costus	expensive
casáu	hate	cownter	counter
casglu	collect	crac	angry, cross
cath (–od) (f)	cat	credu	think; believe
cau (cae–)	close, shut	creision	(pl.) crisps
cawod (–ydd)	shower	creision ŷd	cornflakes
caws	cheese	crio	cry, weep
cefn	back	croesffordd	crossroads
cefn gwlad	countryside	croeso	welcome
cefnogi	support	crwn (f. cron)	round
ceffyl (–au)	horse	crwydro	wander
ceg (f)	mouth	cryf (f. cref)	strong
cegin (f)	kitchen	crys (–au)	shirt
ceiniog (–au) (f)	penny	cuddio	hide
ceisio	try	cul	narrow
celwydd (–au)	lie (falsehood)	curo	knock
cenedlaethol	national	cwch (cychod)	boat
cerbyd (–au)	vehicle	cwm (cymoedd)	valley

cwmni	company	cyfweld â	interview
(cwmnïau)		cyfforddus	comfortable
cwpan (–au)	cup	cyffredinol	general
cwpwrdd	cupboard	cyngerdd	concert
(cypyrddau)		cyhoeddi	publish
cwrdd (â)	meet	cyhuddo	accuse; charge
cwrw	beer	cylchgrawn	magazine
cwympo	fall; drop	(cylchgronau)	
cwyno	complain	cyllell (cyllyll) (f)	knife
cychwyn	start	cymaint	so much/many
cydweithio	co-operate	cymhleth	complicated
cyfadde	admit	cymorth	help (n)
cyfaill (cyfeillion)	friend	Cymraes	Welshwoman
cyfan	whole	(–au) (f)	
cyfarchion	greetings	Cymro (Cymry)	Welshman
cyfarwydd	familiar	Cymru	Wales
cyfarwyddiadau	instructions	cymryd (cymer–)	take
(pl.)		cymuned	community
cyfathrebu	communicate	(–au) (f)	
cyfeillgar	friendly	cymydog	neighbour
cyfeiriad (–au)	address,	(cymdogion)	
	direction	cyn	before
cyfenw	surname	cyn bo hir	before long
cyfieithu	translate	cynlleied	so little/few
cyfieithydd	translator	cynllun	plan
cyfle (–oedd)	chance,	cynnal (cynhali–)	hold (meeting)
	opportunity	cynnar	early
cyfleus	convenient	cynnes	warm
cyflwyno	present;	cynta	first
	introduce	cynyddu	increase
cyflym	fast, quick	cyrraedd	arrive; reach
cyfnewid	exchange	(cyrhaedd–)	
(cyfnewidi–)		cysgu	sleep
cyfoethog	rich	cyson	regular
cyfrannu	contribute	cystal	so/as good
cyfreithiwr	lawyer	cysylltu â	contact; get in
(cyfreithwyr)			touch with
cyfres (–i) (f)	series	cytuno	agree
cyfrif (–on)	account	cythruddo	annoy
cyfrifiadur (–on)	computer	cyw iâr	chicken
cyfrifol	responsible	cywir	correct
cyfrifoldeb	responsibility	cywiro	correct (vb)

chi	you	**defnyddio**	use
chimod	y'know (S)	**deffro**	wake up
chithau	you	**delfrydol**	ideal
chwaer	sister	**denu**	attract
(**chwiorydd**) (f)		**derbyn**	receive; accept
chwaith	(not) either	(**derbyni–**)	
chwalu	destroy	**dianc** (**dihang–**)	escape
chwarae	play	**dibynnu**	depend
chwaraeon	sports	**didrafferth**	without trouble/
chwerthin	laugh		problems
chwilio am	look for	**diddordeb** (**–au**)	interest
chwith	left	**diflannu**	disappear
chwydu	vomit	**diflas**	miserable; boring
'da (**'dag** *before*	with	**difrifol**	serious
vowels)		**diffodd**	switch off
da	good	**digalonni**	get down-
dacw . . .	(over) there is		hearted
	. . .; that is . . .	**digon**	enough
dadl	argument;	**digwydd**	happen
	debate	**dileu**	delete
dadlau (**dadleu–**)	argue	**dilyn**	follow
dangos	show	**dim byd**	nothing
dal	catch; keep on	(**dim**) **clem**	(I haven't) a clue
	(see Lesson 12)	(**'da fi**)	
damwain	accident	(**dim**) **ots**	it doesn't matter
(**damweiniau**)		**dim ysmygu**	no smoking
(f)		**dinas** (**–oedd**) (f)	city
dan reolaeth	under control	**diniwed**	harmless
danfon	send	**diod** (**–ydd**) (f)	drink
dant (**dannedd**)	tooth	**diogel**	safe
darganfod	discover, find out	**diolch**	thank you
darlledu	broadcast	**dirwy** (**–on**) (f)	fine, penalty
darn (**–au**)	piece	**disgwyl**	expect
darparu	provide	**diswyddo**	sack, fire
datblygu	devevlop	**diwedd**	end
datgan	declare,	**diwetha**	last (most
	announce		recent)
datrys	solve	**diwrnod**	day (after
dau°	two (m)		numbers)
de	right, south	**diwydiant**	industry
deall	understand	**diwylliant**	culture
dechrau	begin	**do**	yes (preterite)

dod (irr.)	come
dod â	bring
dod o hyd i	find
dod yn°	become
dogfen (–ni) (f)	document
Dolig	Christmas
dolur	pain
doniol	funny, humorous
dosbarth	class
(dosbarthiadau)	
dosbarthu	deliver;
	distribute
draw	over (here/there)
draw fanna	over there
dros°	over; on behalf of
dros y Sul	over the week-
	end
druan	poor (thing)
drud	expensive
drwg	bad
drws (drysau)	door
drws nesa	next door
drwy°	through
dull	method
dweud, deud	say; tell
dŵr	water
dwsin (–au)	dozen
dwy°	two (f)
dwyffordd	two-way (return)
dwylo	(pl.) hands
dwyrain	east
dychmygu	imagine
dychryn	frighten
dychwelyd	return
(dychwel–)	
dydd (–iau)	day
(dydd) Gwener	Friday
(dydd) Iau	Thursday
(dydd) Llun	Monday
(dydd) Mawrth	Tuesday
(dydd) Mercher	Wednesday
(dydd) Sadwrn	Saturday

(dydd) Sul	Sunday
dyddiad (–au)	date
dyddiau gweithio	working days
dyfodol	future
dyffryn	valley, dale
(dyffrynnoedd)	
dylwn (i)	ought, should
dyma . . .	here is . . .; this
	is . . .
dymunol	pleasant
dyn (–ion)	man
dyna . . .	there is . . .;
	that is . . .
dysgu	learn
ddoe	yesterday
ddwywaith	twice
e	he, him; it
eang (ehang–)	wide, broad
edrych	look
edrych ar	look at
edrych ymlaen	look forward
at	to
efallai	perhaps
efo	with (N)
effeithiol	effective
eglur	clear
egluro	explain
eglwys (–i) (f)	church
ei gilydd	each other
eiliad (–au) (f)	second
eisiau	want
eisiau bwyd	hunger
eistedd	sit
eitha	quite, fairly
eleni	this year
enfawr	enormous
enghraifft	example
(enghreifftiau)	
(f)	
ennill (enill–)	win; earn
enw (–au)	name
enwog	famous

er enghraifft	for example	ffôn	phone
eraill	other (pl.)	fforc (ffyrc) (f)	fork
erbyn	by (time)	ffordd (ffyrdd)	way; road
erbyn hyn	by now	(f)	
erchyll	horrible	fforest (–ydd) (f)	forest
erioed	ever/never	ffotograffydd	photographer
	(see Lesson 14)	Ffrances (–au) (f)	Frenchwoman
ers	since	Ffrancwr	Frenchman
ers tro	for (= since)	(Ffrancwyr)	
	quite a while	ffrind (–iau)	friend
esbonio	explain	ffrwyth (–au)	fruit
esgid (sgidiau) (f)	shoe	ffurflen (–ni) (f)	form (paper)
estron	foreign	ffwdanu	(make a) fuss
ethol	elect	gadael (gadaw–)	leave; let
eto	again; still	Gaea(f)	winter
faint?	how much/	gafael	grip
	many?	gair (geiriau)	word
fan hyn	here	gallu	can; be able
fan'cw	there (in the	galw (galw–)	call
	distance)	gan°	by
fan'ma	there	gan gynnwys	including
fanna	there	gardd (gerddi) (f)	garden
fe	he, him; it	garddio	garden (vb)
fe°	affirmative	garej (–ys)	garage
	particle	gartre	(at) home
fel	like; as	garw	severe
fel arall	otherwise	geirfa (f)	vocabulary
fel hyn	like this	geiriadur (–on)	dictionary
fel (hyn)ny	like that	gêm (–au) (f)	game
felly	so; in this way	geni	give birth to
finnau	I, me	gitarydd	guitarist
ffa pob (pl.)	baked beans	glan (glannau) (f)	shore, bank
ffaith (ffeithiau)	fact	glân	clean
(f)		glas	blue; (of
ffatri	factory		vegetation:
(ffatrïoedd) (f)			green)
ffeindio	find	glaswellt	lawn
ffenest (–ri) (f)	window	glyn (glynnoedd)	valley, vale
fferm (–ydd) (f)	farm	go°	fairly
ffili	cannot; not be	go iawn	real, genuine
	able (S)	go lew	OK (health)
fflat (–iau) (f)	flat, apartment	gobeithio	(I) hope

gofalu am	look after	gwastad	flat
gofalus	careful	gweddill	remainder, rest
gogledd	north	gweiddi	shout
gohirio	postpone	gweithio	work
golau	light (n)	gweld (gwel–)	see
(goleuadau)		gwell	better
golau	light (adj)	gwella	improve; get
golchi	wash		better
golwg	look	gwenu	smile
	(appearance)	gwersyllu	go camping
golygu	mean	gwerthfawr	valuable
golygus	handsome, good-	gwerthu	sell
	looking	gwesty (gwestai)	hotel
gorau	best	gweud	say; tell (S)
gorfod	have to	gwibdaith	trip, excursion
gorffen	finish	(gwibdeithiau)	
gorffennol	past	(f)	
gorffwys	rest (vb)	gwin	wine
gorllewin	west	gwisg nofio	swimming
gormod	too much/many		costume
gorsaf (–oedd)	station	gwisgo	wear; put on
(f)		gwlad	country
gorwedd	lie (repose)	(gwledydd) (f)	
gorwneud	overdo	gwledig	rural
gostwng	reduce; decrease	gwlyb	wet
gradd	degree	gwneud (irr.)	do, make
grisiau	(pl.) stairs	gwneud y tro	do the trick
gwadu	deny	gwobr (–au) (f)	prize
gwaelod	bottom	gŵr	husband
gwaeth	worse	gwraig (f)	wife
gwaetha	worst	gwrando ar	listen to
gwaetha'r modd	unfortunately	gwregys	seatbelt
gwaethygu	worsen	diogelwch	
gwahanol	different	gwreiddiol	original
gwahodd	invite	gwres	temperature
gwaith cartre	homework		(fever)
gwall (–au)	mistake	gwrthod	refuse
gwallt	hair	gwrthwynebu	oppose
Gwanwyn	spring	gwybod	know (fact)
gwario	spend (money)	gwybodaeth (f)	information;
gwarthus	disgraceful		knowledge
gwasanaeth (–au)	service	gwych	great, marvellous

gwydr (–au)	glass
gwydraid	glass(ful)
Gwyddel (–od)	Irishman
Gwyddeles (–au) (f)	Irishwoman
gwyliau	(pl.) holidays
gwylio	watch
gwynt	wind
gwyntog	windy
gwyrdd (f. gwerdd)	green
gyda . . .gilydd	together
gyda (gydag before vowels)	with
gyferbyn	opposite
gynnau	just now
gyrru	drive
gyrrwr (gyrwyr)	driver
Ha(f)	summer
hala	send
halen	salt
hanes (–ion)	history; story
hanner (haneri)	half
hapus	happy
heb°	without
hedfan	fly (vb)
heddiw	today
heddlu	police
heddwas (heddweision)	policeman
hefyd	also
heibio	past
heno	tonight
heulog	sunny
hi	she, her; it
hinsawdd (f)	climate
hithau	she; it
hofrennydd	helicopter
hogydd	sharpener
holi	ask
holl°	all
hon	this (one) (f)
honni	claim
honno	that (one) (f)
hosan (sanau) (f)	sock
hufen iâ	ice-cream
hun, hunan, hunain	self
hunanwasanaeth	self-service
hwn	this (one) (m)
hwnnw	that (one) (m)
hwyl	goodbye; fun
hwyr	late
hwyrach	perhaps (N)
hyd	(at) up to
hyd yn oed	even
Hydre(f)	autumn
hyn	these (ones)
hynny	those (ones)
hynod o° . . .	awfully . . . (+ adj)
hysbyseb (–ion) (f)	advert
i	I, me
i°	to, for
i fyny	up
i ffwrdd	away
i gyd	all
(i) lawr	down
i mewn	in (adv)
i raddau	to a certain extent
i'r dim	exactly right; just the thing
iaith (ieithoedd) (f)	language
iawn	very; OK
ie	yes (focus/ identification)
iechyd da!	cheers! good health!
ifanc (pl. ifainc)	young
innau	I, me
is	lower

isa	lowest	llonydd	peace,
ise (= eisiau)	want (central)		tranquillity
isel	low	llosgi	burn
isio (= eisiau)	want (N)	llu	large number of;
Iwerddon	Ireland		host
lan	up (S)	llun (–iau)	picture
lapio	wrap	Llundain	London
ledled	throughout	llwy (–au) (f)	spoon
	(country)	llwyd	grey; pale
lein (f)	line (railway)		(complexion)
lolfa (f)	living room	llwyddiant	success
lori (loriau) (f)	lorry	llwyddo	succeed
lwcus	lucky	llyfrgell	library
llai	less; smaller	(–oedd) (f)	
llanast	mess; (place) tip	llygad (llygaid)	eye
llaw (dwylo) (f)	hand	llym	harsh
llawer	much, many; a	llyn (llynnoedd)	lake
	lot	llynedd	last year
llawn	full	llysiau	vegetables
llawn dop	full right up	llythyr (–au, –on)	letter
llawr (lloriau)	floor; storey	llywodraeth (f)	government
lle (–fydd or	place	mab (meibion)	son
–oedd)		maes (meysydd)	field; flat area
lle?	where?	maes awyr	airport
llefain	cry, weep	maes parcio	carpark
llefarydd	spokesman,	mai	that . . . (focus/
	spokeswoman		identification)
lleidr (lladron)	thief	mam (f)	mother
llenwi (llenw–)	fill (up/in)	mam-gu (f)	grandmother (S)
lleol	local	man a man i . . .	. . .might as well
llestri	(pl.) crockery	maneg (menig)	glove
llinell (f)	line	(f)	
lliw	colour	mantais	advantage
lliwgar	colourful	(manteision)	
Lloegr	England	(f)	
llofnodi	sign (vb)	manylion	(pl) details
llogi	hire	map (mapiau)	map
llong (–au) (f)	ship	marchnad	market
llongyfarchiadau	congratulations	(–oedd) (f)	
llond bol	bellyful, too	mas	out (S)
	much of	math (–au)	kind, sort
llond . . .	-ful	mawr	big

medru	can; be able (N)	**mynychu**	go to (school);
meddw	drunk		frequent
meddwl	think; mean	**mynydd (–oedd)**	mountain
(meddyli–)		**na** (AM) (**nag**	than
meddyg (–on)	doctor	*before vowels*)	
meddygfa	surgery	**nabod**	know (person)
(meddygfeydd)		**Nadolig**	Christmas
(f)		**naddo**	no (preterite)
mêl	honey	**nage**	no (focus/
melyn (f. **melen**)	yellow		identification)
melysion	(pl) sweets	**nain** (f)	grandmother (N)
menyn	butter	**natur** (f)	nature
menyw (–od) (f)	woman	**nawr**	now
merch (–ed) (f)	daughter; girl	**neb**	no-one
methu	cannot; not be	**neis**	nice
	able	**neithiwr**	last night
mewn	in (Lesson 6)	**nesa**	next; nearest
mewn golwg	in mind	**neu°**	or
mewn pryd	in time	**neuadd (–au)** (f)	hall
mi°	*affirmative*	**neuadd y dre**	town hall
	particle	**newid (newidi–)**	change
milltir	mile	**newydd**	new
(–oedd) (f)		**newydd°**	(have) just (done
minnau	I, me		something)
mis (–oedd)	month	**newydd sbon**	brand new
modd	way	**newyddion**	news
môr	sea	**nhw**	they, them
mor°...	so...	**nhwthau**	they, them
mor°...â	as...as...	**ni**	we, us
(AM)...		**ni chaniateir...**	...is/are not
moyn	want; fetch		allowed
munud (–au)	minute	**nifer (–oedd)**	number
mwy	more; bigger	**ninnau**	we, us
mwyach	(any) more	**nodiadur (–on)**	notebook
mwyafrif	majority	**nodyn**	note
mynd (irr.)	go	**nofio**	swim
mynd â	take (accompany)	**nôl**	fetch
mynd yn chwith	go wrong	**nos** (f)	night
mynd yn°	become	**noson (nos-**	evening
mynedfa	entrance	**weithiau)** (f)	
(mynedfeydd)		**nwy**	gas
(f)		**nyrs (–ys)**	nurse

o°	from; of
o blaid	in favour of
o bryd i'w gilydd	now and again
(o) dan	under
o flaen	in front of
o gwbwl	at all
o gwmpas	around; about
o gymharu â	compared with
o hyn ymlaen	from now on
o leia	at least
o'r blaen	before, previously
o'r diwedd	at last
o'r gorau	alright
ochor (–au) (f)	side
oed	years old
oedolyn (oedolion)	adult
oedran	age
oer	cold
oergell (–oedd) (f)	refrigerator
ofn	fear
ofnadwy	awful
oherwydd	because
ola	last (in a series)
olew	oil
olwyn (–ion) (f)	wheel
on'(d) ...?	tag element
ond	but
oren (–au)	orange
oriawr	watch (timepiece)
os	if (open conditions – see Lesson 10)
osgoi	avoid
pa° ...?	which ...? what ...?
p'un?	which one?
pa fath o ...?	what kind of ...?
pa mor ...?	how ... (+ adj.)?

pa rai?	which ones?
pabell (pebyll) (f)	tent
palmant (palmentydd)	pavement, sidewalk
palu	dig
pam?	why?
pan°	when
panaid	cup(ful)
papur newydd	newspaper
paratoi	prepare
parod	ready
parti	party
parhau (para)	last, continue
pasio	pass
pawb	everyone
pe	if (closed conditions – see Lesson 14)
pecyn (–nau)	pack(et)
peidio	stop, cease; don't
peiriannydd	engineer
peiriant (peiriannau)	machine
peiriant golchi llestri	dishwasher
pêl (peli) (f)	ball
pêl-droed	football
pell	far
pen	head; end
penblwydd	birthday
pendant	definite
pennod (penodau) (f)	chapter; episode
pensil (–iau)	pencil
pentre (pentrefi)	village
penwythnos (–au)	weekend
perffaith	perfect
pert	pretty
perthnasau	(pl.) relations
perthyn	belong
peryglus	dangerous
peswch	cough

petryal	square	pwylla!	watch out! be careful!
peth (–au)	thing		
pigog	touchy	pwys (–au)	pound (lb)
pisin	piece (money)	pwysig	important
planhigyn	plant	pysgodyn	fish
(planhigion)		(pysgod)	
plât (platiau)	plate	pysgota	fish (vb)
platfform	platform	pythefnos	fortnight
pleidleisio	vote (vb)	'r	the
plentyn (plant)	child	recordydd fideo	video-recorder
pobol (f)	people	recordydd tâp	tape recorder
poced (–i) (f)	pocket	rŵan	now (N)
poeni	worry; bother	rygbi	rugby
poeth	hot	rywbryd	sometime
pont (–ydd) (f)	bridge	rywle, yn rhywle	somewhere
popeth	everything	rhad	cheap
popty	oven	rhaglen (–ni) (f)	programme
posib	possible	rhagor	more
potel (–i) (f)	bottle	rhaid	must (see Lesson
pres	money (N)		8)
presennol	present	rhan (–nau) (f)	part
prif°	main	rhannu	share; divide
prifddinas (f)	capital city	rhedeg (rhed–)	run
priffordd	main road;	rheilffordd	railway
(priffyrdd) (f)	motorway	(–ffyrdd) (f)	
prin	scarce; hardly	rheolwr	manager
	(see Lesson 13)	(rheolwyr)	
priod	married	rheswm	reason
priodi	get married	(rhesymau)	
pris (–iau)	price	rhesymol	reasonable
pryd (–iau)	meal	rhewgell	freezer
pryd?	when?	(–oedd) (f)	
prydlon	punctual	rhiant (rhieni)	parent
p(ry)n(h)awn	afternoon	rhif (–au)	number
prynu	buy	rhoi	give; put
prysur	busy	rhoi gwybod i	inform; let . . .
punt (punnoedd,	pound (£)		know
punnau) (f)		rhoi'r gorau i	give up
pupur	pepper	rhugl	fluent
pwll nofio	swimming pool	rhwng	between
pwnio	punch, thump	rhwym	bound
pwy?	who?	rhy°	too

rhybudd	warning; (advance) notice	**siopa**	shop (vb)
		sir	(Welsh) county
rhydd	free	**siwr**	sure
rhyddhau	release	**sleisen (sleisys) (f)**	slice
rhyfedd	odd, strange	**soser lloeren**	satellite dish
rhyngwladol	international	**sothach**	rubbish (figurative)
rhywbeth	something		
rhywbeth felly	something like that	**stafell fwyta (f)**	dining room
		stamp (–iau)	stamp
rhywun	someone	**stondin (–au)**	stand, stall
Saesnes (–au) (f)	Englishwoman	**stryd (–oedd) (f)**	street
safle bysiau	bus stop	**stumog (f)**	stomach
Sais (Saeson)	Englishman	**sut?**	how?
sâl	ill	**sut° ...?**	what kind of ...?
sawl	(+ sing.)? how many ...?	**sŵn**	noise
		swper	supper
sawl un?	how many?	**swydd (–i) (f)**	job; (English) county
sbectol	glasses, spectacles		
		swyddfa (swyddfeydd) (f)	office
sboncen (f)	squash (game)		
sebon	soap	**swyddfa bost**	post office
sedd (–au) gadw	reserved seat	**swyddfa docynnau (f)**	ticket office
sefyll (sef–, saf–)	stand		
sefyllfa (f)	situation	**swyddfa'r post**	post office
selsig	sausage	**swyddog (–ion)**	official (n)
sglodion	(pl) chips	**swyddogol**	official (adj)
'sgwn i	I wonder (N)	**sych**	dry
sgwrs (sgyrsiau) (f)	conversation	**syched**	thirst
		syml	simple
sianel (–i) (f)	(TV) channel	**symud**	move
siarad	speak; talk	**synhwyrol**	sensible
sicr	sure	**syniad**	idea
sicrhau	assure; make sure	**synnu**	be surprised
		syrthio	fall
siec (–iau) (f)	cheque	**syth**	straight
silff (–oedd) (f)	shelf	**syth ymlaen**	straight on/ahead
sillafu	spell	**ta beth**	whatever; all the same
sinema (sinemâu) (f)	cinema		
		tacluso	tidy up
Siôn Corn	Father Christmas	**tad**	father
siop (–au) (f)	shop	**tad-cu**	grandfather (S)

tafarn (–au) (f)	pub	**traeth (–au)**	beach
tafell (–au) (f)	slice	**trafnidiaeth (f)**	traffic
taflen (–ni) (f)	leaflet	**trafod**	discuss
taflu	throw; throw away	**tramor**	overseas
taid	grandfather (N)	**tre (trefi) (f)**	town
taith (teithiau) (f)	journey	**trefniadur (–on)**	personal organiser
tal	tall	**trefnu**	arrange; organise
tâl	payment, fee	**trefnus**	organised
talu	pay	**trên (trenau)**	train
tan	until	**treth (–i) (f)**	tax
tanlinellu	underline	**treulio**	spend (time)
taro	hit	**trigolion**	(pl.) inhabitants
tatws	potatoes	**trio**	try
taw	that . . . (focus/ identification)	**troed (traed)**	foot
		troi (tro–, trodd–)	turn
tawel	quiet	**troi ymlaen**	turn on
te	tea	**trosglwyddo**	transfer
tebyg	likely; similar	**trwm**	heavy
teg	fair	**trwsio**	mend
tegan (–au)	toy	**trwy°**	through
teimlo	feel	**trwy gydol . . .**	throughout (time expression)
teisen (–nau) (f)	cake		
teithiwr (teithwyr)	traveller, passenger	**trwy'r . . .**	all . . . (time expressions)
teledu	television	**trwydded (–au) (f)**	licence
tenau	thin		
tenis	tennis	**trwyn**	nose
tenis bwrdd	table-tennis	**trydan**	electricity
tennyn	lead (for dog)	**trydanol**	electric
teulu (–oedd)	family	**trydanwr**	electrician
tew	fat	**trydydd**	third
timod	y'know (S)	**trysorydd**	treasurer
tirlun	landscape	**tu allan**	outside
tithau	you	**tu fas**	outside
tlawd (tlot–)	poor	**tu fewn/mewn**	inside
'to	again; still	**tu ôl**	behind
tocyn (–nau)	ticket	**tu ôl/cefn**	behind
torri	break; cut	**tua**	about (approximation)
torri ar draws	interrupt		
torth (–au) (f)	loaf	**tudalen (–nau)**	page
tost	sore, painful	**tueddu**	tend

tun (–iau)	tin	wyddoch chi	y'know (N)
twll	hole	wyddost ti	y'know (N)
twym	warm, hot	wyneb	face
tŷ	house	wythnos (–au) (f)	week
tŷ bach	toilet	y	the
tŷ bwyta	restaurant	y ... 'na	that ... (see
tybed	I wonder		Lesson 11)
tymor	season; term	y chwith	the left
tynnu	pull; draw	(y) ddannodd	toothache
tynnu lluniau	take pictures	y dde	the right
tywod	sand	(y) llall	the other (one)
tywydd	weather	(y) lleill	the other (ones)
tywyll	dark	y rhain	these (ones)
theatr (–au) (f)	theatre	y rhan fwya(f)	the majority,
ucha	highest		most part
uchel	high	y rheiny	those (ones)
unffordd	one-way	ychydig	a little; a bit
uniongyrchol	direct	yfed (yf–)	drink
Unol Daleithiau	United States	yfory	tomorrow
unrhywbeth	anything	ynganu	pronounce
unrhywun	anyone	ynghylch	about,
unwaith	once		concerning
uwch	higher	ynglŷn â	about concerning
uwd	porridge	yma	here
wal (–iau) (f)	wall	ymadael	leave (*intrans.*)
wastad	always	(ymadaw–)	
wats	watch (time-	ymaelodi â	join (club)
	piece)	ymarfer	practice
wedi	after; past (time	ymdopi (â)	cope with
	expressions)	ymddangos	appear
wedi blino	tired	ymddiheuro	apologise
wedi torri lawr	broken down	ymgeisio	apply (for job)
wedyn	then; later on	ymgyrch	campaign
weithiau	sometimes	ymlaen	on, onward
well 'da/gan ...	... would prefer	ymlaen llaw	in advance;
well i ...	... had better		beforehand
wir?	really?	ymolchi	wash (oneself)
wrth°	by; while ...	ymosod ar	attack
	-ing	ymweld	visit
wrth ochor	beside	(ymwel–) â	
wrth reswm	of course	ymylon	(pl.) outskirts
wy (–au)	egg	yn (NM)	in

yn	*particle before VNs*	**yntefê**	*question tag*
yn°	*particle before nouns and adjectives*	**ynys (–oedd)** (f)	island
		Ynysoedd Prydeinig	British Isles
yn barod	already	**yr**	the
yn bendant	definitely	**yr Alban**	Scotland
yn benna(f)	mainly, chiefly	**yr eiddoch**	yours ...
yn ddiweddar	recently	**yr hyn ...**	what (= the thing) (that) ...
yn enwedig	especially	**yr Wyddfa**	(Mount)
yn erbyn	against		Snowdon
yn gwmws	precisely	**ysbyty (ysbytai)**	hospital
yn gyfangwbwl	completely	**ysgafn**	light
yn gywir	truly	**ysgol (–ion)** (f)	school
yn hytrach na (AM)	rather than	**ysgol feithrin**	(Welsh language) nursery school
yn lle	instead of	**ysgrifennu**	write
yn ogystal (â)	as well, also	**ysgrifenyddes** (f)	secretary
yn ôl	back; ago	**(y)sbwriel**	rubbish
yn union	exactly	**(y)sgrifennu**	write
yn ymyl	beside	**(y)stafell** (f)	room
yn ystod	during	**(y)stafell fwyta** (f)	dining room
yna	there	**(y)stafell molchi**	bathroom
yno	there (out of sight)	**(y)stafell wely**	bedroom
		ystyried	consider
yntau	he; it	**yswiriant**	insurance

Index

The numbers refer to the lessons in the book. In the index headings, Welsh words are in bold type. English words are in italics. This is printed in alphabetical order according to the English alphabet.